ALFRED BELLENGER

A TRAVERS

L'ITALIE

SOUVENIRS DE VOYAGE

PARIS

A. ROGER ET F. CHERNOVIZ

7, RUE DES GRANDS-AUGUSTINS, 7

1882

A TRAVERS L'ITALIE

PARIS. — IMPRIMERIE ÉMILE MARTINET, RUE MIGNON, 2

ALFRED BELLENGER

A TRAVERS
L'ITALIE

SOUVENIRS DE VOYAGE

PARIS

A. ROGER et F. CHERNOVIZ

7, RUE DES GRANDS-AUGUSTINS, 7

1882

A TRAVERS L'ITALIE

CHAPITRE PREMIER

LE CHEMIN DE L'ITALIE

Un mot au lecteur. — Le *sleeping car*. — Marseille. — Le Mistral. — Notre-Dame de la Garde. — Nice. — Monaco. — Monte-Carlo. — La roulette.

Peut-on encore émettre une idée neuve sur l'Italie pittoresque et artistique ; une idée qui n'ait pas été cent fois déjà développée par des voix plus compétentes que la mienne ?

C'est bien difficile.

En effet, on chercherait vainement une parcelle de l'Italie antique ou moderne, qui n'ait pas été explorée par la foule des curieux accourus des quatre coins du monde.

Tous les jours, chaque fût de colonne renversée, chaque fragment de muraille antique, chaque bas-relief, même à demi effacé, est lorgné, dessiné, décrit, chanté, toisé, selon que le hasard lui amène un archéologue, un peintre, un littérateur, un poète ou un architecte.

En tous cas, je n'ai pas l'intention et encore moins la prétention d'écrire un guide en Italie.

Je veux seulement esquisser, au courant de la plume, en quelques chapitres simples et familiers, mes impressions de touriste, sans parti pris, curieux de tout, prenant le caprice pour *cicerone*; et, ne parlant que des choses que j'ai vues, je serai forcément incomplet.

Montaigne a dit de ses pensées : « Je ne les donne pas comme bonnes, mais comme miennes. » J'appliquerai ce mot à mes récits de voyage qui sont de petits croquis faits d'après nature, emboités les uns dans les autres, sans souci de la correction, ni de la régularité. Aussi, quand je passerai d'un sujet à un autre, j'irai droit au but, sans m'évertuer pour trouver une laborieuse transition.

Un vieux proverbe prétend que tout chemin mène à Rome. Si cet adage est vrai, trois chemins seulement se recommandent à un Parisien pour atteindre ce but : celui du Simplon, le plus pittoresque; celui du Mont-Cenis, le plus court; celui de la Corniche, le plus long des trois. Je choisis ce dernier.

Parti le soir de Paris, je débarquai le lendemain

matin à Marseille, ahuri par le bruit et brisé par les cahotements d'un affreux *sleeping car*. Ne prenez jamais de *sleeping car*, cher lecteur, cette voiture n'offre pas le comfort que des réclames, aussi mensongères que tapageuses, lui ont faussement octroyé.

A la sortie de la gare, on descend à Marseille, en suivant des boulevards bordés de maisons en pierres de taille et plantés de vieux arbres. C'est bien là l'entrée d'une grande ville.

On enfile plusieurs rues, puis, tout à coup, s'ouvre une artère plus large qui vous laisse apercevoir dans le vieux port une forêt de mâts de navires.

Vous êtes dans la merveille de Marseille, la rue Cannebière.

Si cette dernière excite encore notre hilarité, elle n'en mérite pas moins notre admiration; en effet, comme le dit M. Edmond About : « La Cannebière est une porte ouverte sur la Méditerranée et sur l'univers entier; car la route humide qui part de là fait le tour du monde. »

Le vieux port en est la continuation; toujours fort animé, il a perdu malheureusement cet aspect joyeux et théâtral que lui donnaient les costumes bigarrés de l'Orient, dont il était encore émaillé, il y a moins de soixante ans.

Aujourd'hui, l'Orient se présente à nous en jaquette et en ulster; aussi n'est-il plus pour nous l'Orient.

En revanche, le mistral fait rage et souffle avec une violence inouïe, chacun se serre dans ses vêtements, retenant son chapeau d'une main et cherchant de l'autre un appui pour ne pas être renversé.

Je veux monter tout de suite à l'église de Notre-Dame de la Garde, pour admirer du haut de la colline cette mer majestueuse, habituellement calme et azurée et prise soudain d'un violent accès de fureur.

Les cochers de fiacre refusent de me conduire, redoutant la colère du mistral; je suis obligé de remettre au lendemain mon pèlerinage. En attendant, je retourne à la Cannebière.

A gauche, s'étend la ville neuve le long des ports de la Joliette. Ses maisons splendides, construites sur le modèle de celles de Paris, sont l'œuvre de la Société Immobilière qui a sombré dans cette entreprise.

Beaucoup de ces maisons sont mal louées, d'autres sont vacantes; d'autres encore restent inachevées, faute de capitaux ou de locations assurées.

A droite, se dresse une colline sur laquelle est entassé pêle-mêle le vieux Marseille, comme un amas d'objets mis au rebut.

Les ruelles y sont tortueuses et nauséabondes,

leurs habitants, faute de place, jettent encore par les fenêtres le trop plein de leurs maisons.

Rebutante aux yeux et à l'odorat, cette montagne est impraticable aux voitures. Les archéologues et les savants perdraient leur temps à chercher une perle dans ce fumier, et les ennemis les plus acharnés du progrès doivent souhaiter que l'on rase toutes ces bicoques ainsi que la butte sur laquelle elles s'étagent.

Néanmoins, les travaux accomplis jusqu'à ce jour sont considérables et le progrès marche à si grandes enjambées, qu'il faut renoncer à décrire Marseille, à moins de remanier chaque jour sa description.

Finissons-en avec le port de Marseille, en disant que toute sa fiévreuse activité se consume dans l'importation. L'exportation, le vrai chemin de la richesse pour tout pays, n'y joue qu'un rôle effacé.

Le lendemain j'allai à Notre-Dame de la Garde par un chemin montueux, poussiéreux, tracé en lacets sur les flancs de la montagne, au sommet de laquelle s'élève l'église.

Cette chapelle votive n'offre rien de remarquable au point de vue architectural. Elle est couronnée par une statue colossale de la Vierge, qui étend sur les flots une main protectrice; les murs sont intérieurement tapissés d'*ex-voto* apportés par la piété des fidèles reconnaissants.

En dehors du pèlerinage, la vue dont on jouit du parvis de l'église mérite bien que l'on fasse cette longue ascension.

De Marseille je me rends à Nice. Le chemin de fer sillonne un pays pauvre que se partagent, en fait de culture et d'arbres, les oliviers, les citronniers et les aloès.

Quoique la saison fût avancée, je rencontrai beaucoup d'étrangers.

Dans mon compartiment, à ma gauche, un *gentleman* consulte fréquemment son *guide* pour s'assurer de l'exactitude des indications qu'il renferme. A ma droite, une vieille *miss* anglaise est absorbée par la lecture d'un volume de la collection Tauchnitz. En face de moi, une énorme Allemande, haute en couleurs, les yeux fermés et le nez ronflant, se laisse voiturer comme un simple colis. Son mari, profitant de ce sommeil, mange et boit sans vergogne à ses côtés.

Le mistral me suivit jusqu'à Nice. A mon arrivée, ses rafales froides et insupportables, alternant avec le soleil, m'impressionnèrent désagréablement et me laissèrent rêveur. Je me demandais comment des médecins pouvaient envoyer leurs malades chercher dans cette contrée une santé qui les fuit. Car il faut une robuste constitution pour résister à ces subites variations de température. Nice me parut en effet un endroit tout indiqué aux neveux pour y expédier leurs oncles à héritage, rhumatisants, catarrheux, phtisiques ou goutteux.

Que dire de Nice ? Bien peu de chose. Ses somptueux hôtels, ses villas princières sont habités l'hiver, soit par des convalescents, soit par des gens désœuvrés, toujours à la recherche de plaisirs nouveaux.

Cette population flottante, contraire en cela aux hirondelles de nos pays du Nord, s'envole aux premiers beaux jours pour revenir s'abattre sur la ville dès les premiers frimas.

La promenade des Anglais se déroule au bord de la mer ; on voit chaque jour défiler sur cette longue avenue la riche collection de types bizarres, dont le roman et la comédie modernes se sont depuis longtemps emparés.

Une des attractions de cette partie du littoral est la minuscule principauté de Monaco, lambeau de terrain enclavé dans le département des Alpes-Maritimes. On s'y rend facilement de Nice par le chemin de fer.

Monaco se compose de deux parties bien distinctes ; la ville aux ruelles tortueuses et étroites, au milieu desquelles se dresse un vieux château-fort, habité par un vieillard délaissé, triste et aveugle, le prince de Monaco ; puis le casino de Monte-Carlo ; la seule maison industrielle du monde qui prospère sans travail.

Qu'est-ce que Monte-Carlo ?

Imaginez le paradis terrestre, agrémenté des raffinements de la civilisation moderne, voilà le nid délicieux qui fait suite à Monaco sur le bord de la mer.

Autrefois, il n'y avait là que des rochers escarpés, une terre aride et inculte; mais une maison de jeu s'y installe, et les bénéfices exorbitants qu'elle réalise, lui permettent de tout transformer, comme par enchantement.

Autour du casino sont venus se grouper de splendides villas et des hôtels luxueux. De superbes jardins, où s'épanouissent les fleurs et les arbres des tropiques, servent de cadre à ces merveilleuses habitations.

Ici, la passion du jeu a pris des proportions étonnantes; plus elle fait de victimes, plus elle a d'adeptes. C'est une épidémie terrible dont les ravages vont toujours grandissant.

Les gens qui se rendent à Monte-Carlo emportent avec eux plus ou moins d'argent et beaucoup d'espérances; mais ils ne remportent guère que ces dernières, n'ayant pu les jouer.

Un employé supérieur du Casino m'a dit que, d'après les calculs établis sur les résultats obtenus, dix-sept coups contre un tournaient finalement au profit de la Banque. Cet employé ajoutait que deux jours auparavant avait eu lieu l'assemblée des actionnaires du Casino

On avait annoncé à ces derniers que l'exercice de l'année 1880 s'était soldé par un bénéfice de quinze millions.

On peut toutefois accorder quelques circonstances atténuantes à ceux qui exploitent ainsi la bêtise humaine, car plusieurs formalités précautionnelles sont requises pour pouvoir pénétrer dans la salle de jeu; aucun coup n'est tenu sur parole, aucune menée déloyale n'est possible.

Écœuré par ce spectacle, je m'éloignai, pressé d'arriver enfin en Italie.

CHAPITRE II

GÊNES ET PISE

Les tunnels. — 40 minutes écoulées en une seconde. — Les Anglais. — Le papier-monnaie. — Les ruelles de Gênes. — Anecdoctes. — Le port de Gênes. — L'Acqua-Sola. — Les églises. — Carlone. — Les palais. — Le Campo Santo. — La gare. — Encore les tunnels. — Pise. — La cathédrale. — Le baptistère. — La tour penchée. — Le Campo Santo. — Églises fermées.

En diligence, le voyage de la Corniche est splendide; en chemin de fer, il est insupportable, le voyageur emprisonné sous d'interminables tunnels, est privé du coup d'œil superbe de la montagne et de la mer. C'est un voyage de taupe.

A la sortie de l'obscurité on se sent réjoui par une éblouissante lumière, on découvre une mer nacrée, où le sable doré du rivage appelle le baigneur. On se penche vers la portière, pour mieux saisir l'ensemble..... Soudain, le sifflet se fait entendre et l'on rentre sous terre.

Au moment où l'on franchit la ligne qui sépare

la France de l'Italie, on vieillit subitement de près d'une heure. C'est une triste nouvelle que nous apporte l'horloge des chemins de fer réglée sur le méridien de Rome.

En quittant le département des Alpes-Maritimes, faites un pas, vous êtes en Italie ; mais ce pas occupe quarante minutes. Que de temps pour franchir une simple ligne frontière !

Enfin nous arrivons à Gênes. Je m'attendais à voir des Italiens ; point, des Anglais, des nuées d'Anglais, du reste l'univers en est rempli. On peut se demander s'il n'y a pas trop d'Anglais à l'étranger et s'il en reste encore assez pour l'ornement des Iles britanniques.

En mettant le pied sur le sol italien, il faut faire connaissance avec un objet crasseux, repoussant. Je veux parler du papier-monnaie, qui a cours forcé dans ce pays où « l'or est une chimère ».

Ces morceaux de papier arrivent souvent à un degré de malpropreté répugnante, quand ils ont dormi dans bon nombre de poches et passé par des mains vierges de toute ablution. A force d'être salis, ils ont rendu faux le mot de Vespasien : « L'argent ne sent pas mauvais. »

Ce qui manque en Italie, c'est la pince à papier-monnaie. (Nous avons bien la pince à sucre qui est inutile !)

On éprouverait, j'en suis sûr, une véritable satisfaction à ne plus toucher avec les mains ces chiffons de papier devenus vénérables par leur grand âge et leur maturité.

Gênes est un immense labyrinthe où l'orientation est des plus difficiles. Je m'amusais à sortir au hasard dans la ville et à me perdre dans ce dédale inextricable, en prenant de préférence les ruelles les plus inconnues, les plus impraticables, dans lesquelles il semblait que personne n'eût jamais passé.

C'est la vraie manière de jouir de cette ville étrange.

Beaucoup de ces ruelles sont si étroites qu'elles paraissent être un souterrain, un puits long et très haut, du fond duquel on aperçoit le ciel comme une tache bleue. Rarement un rayon de soleil parvient à se glisser dans ces sortes de crevasses bâties par la main des hommes.

On a entassé des maisons les unes contre les autres, tant qu'elles ont pu conserver leur centre de gravité. D'ailleurs, si l'une d'elles venait à choir, elle ne tomberait pas dans la rue, elle s'inclinerait sur la maison qui lui fait face.

Il ne faut pas s'étonner de voir à Gênes tant de ruelles étroites où la circulation est impossible Rappelons-nous qu'elle fut la ville des guerres intestines.

Les Génois ont été les plus inconstants de tous les peuples; ardents aventuriers, passionnés pour les expéditions lointaines, fils de la mer et amoureux de la mer, ils ont aimé retrouver sur la terre et dans leur cité les mêmes tempêtes que sur les flots.

Et quand on pense qu'en quatre ans, de 1390 à 1394, dix révolutions ont bouleversé Gênes, on comprend alors que le génie de la guerre civile a lui-même tracé ces couloirs resserrés, afin qu'on ne pût attaquer les palais qu'ils entourent.

Avec un tel tempérament, les Génois ont forcément une histoire très longue dont je ne veux retenir que deux faits :

En 1684, Louis XIV fit bombarder Gênes qui avait insulté son ambassadeur ; le doge dut aller en personne à Versailles lui faire réparation.

En 1800, les Français, sous les ordres de Masséna, soutinrent dans Gênes un siège héroïque contre les Anglais et les Autrichiens.

Cette ville n'a pas le charme de plaire à tout le monde, témoin le président de Brosses qui en 1739 écrivait à son ami de Neuilly : « Parmi les plaisirs que Gênes peut procurer, on doit compter pour un des plus grands, celui d'en être dehors, car marchands, aubergistes, maîtres de poste, ouvriers, tout est d'une friponnerie et d'une méchante foi inouïes. »

La mauvaise réputation des Génois remonte plus haut. Louis XI ne disait-il pas : « Les Génois se donnent à moi et moi je les donne au diable. »

Entièrement absorbée par les affaires, Gênes n'a que peu de temps à consacrer aux choses de l'esprit ; et le président de Brosses nous dit : « Je cherchai en vain sans pouvoir en trouver des gens de lettres, car les Génois ne connaissent de lettres que les lettres de change. »

Cette ville est depuis longtemps entrée dans la voie d'une prospérité croissante ; elle partage avec Marseille le commerce de la Méditerranée, commerce auquel Livourne prenait autrefois une plus large part.

Son port, auquel elle doit sa richesse, forme un grand hémicycle d'environ une lieue de tour. Dans cette forme demi-circulaire qui représente l'enfoncement d'un genou immense, Gênes aurait puisé l'étymologie de son nom : du latin *genu*. Rempli de navires de fort tonnage et de bateaux de petit cabotage, le port a été agrandi, grâce à la munificence du richissime duc de Galliera qui a légué 20 millions à la ville.

L'aspect général de Gênes est animé, brillant même. On vit beaucoup dans la rue, sur les places publiques. Le soir, la ville entière semble en fête. Tout le monde, en toilette, se dirige vers la belle promenade de l'*Acqua-Sola*, où l'on se promène en écoutant la musique militaire. A neuf heures, la musique cesse de jouer, le public se répand alors dans les nombreux cafés, en plein air, sous les citronniers, les orangers en fleurs et chargés de fruits.

Et tous ces Italiens vont boire...... de la bière; adieu la couleur locale!

Les églises de Gênes ne sont pas très belles, mais en revanche elles sont fort nombreuses. La cause en est curieuse à rechercher. La voici telle qu'elle m'a été donnée par un homme fort compétent.

Soixante-dix à quatre-vingts églises ou oratoires de la ville sont chacun l'œuvre d'un seul homme ou plutôt d'une seule famille; ils ont été fondés en expiation de crimes politiques, ou de vengeances amoureuses, la vendetta ayant existé sur le territoire de Gênes depuis les temps les plus reculés.

Il convient de nommer quelques-unes de ces églises.

La cathédrale date de 1100, elle est bâtie tant à l'intérieur qu'à l'extérieur de marbres alternativement blancs et noirs. Saint Laurent est son patron.

Je cite cette église fort peu remarquable, pour dire que la sacristie renferme un plat célèbre. Ce plat est creux; il mesure quarante centimètres de diamètre, et fut longtemps considéré comme fait d'une seule émeraude. Ce n'est qu'une simple verroterie. La Condamine s'en convainquit en le rayant avec un diamant.

Suivant la tradition, la malicieuse reine de Saba en aurait fait présent à Salomon, qui l'admira beaucoup et le prit pour une gigantesque émeraude. Puis ce plat figura, dit-on, sur la table, lors du repas de la Cène, et Joseph d'Arimathie s'en servit pour recueillir le sang du Sauveur. Enfin, pendant les croisades, lors de la prise de Césarée, il fut placé dans le lot de butin des Génois.

De pareils souvenirs suffisent à expliquer le soin jaloux avec lequel on conserve ce plat, en le dérobant même aux regards des visiteurs. Il faut une permission du maire de Gênes pour être admis à le voir. Néanmoins, on en montre au public une copie très exacte, qui a suffi à satisfaire ma curiosité.

Montons au sommet de l'église de *Santa Maria in Carignano.*

On découvre de son dôme un panorama éblouissant. La ville étale à vos pieds son fouillis de maisons. La mer apparaît dans toute sa majesté. L'œil se plaît à suivre la dentelure qu'elle découpe sur la côte, pour former ce beau golfe de Gênes.

L'église de *Saint-Cyr* est ornée de fresques dont l'origine mérite d'être racontée.

Cette église communique avec un couvent de moines théatins. Le peintre Carlone avait pour élève Pellegro Piola, dont les progrès étaient si rapides et le talent si plein d'avenir, qu'ils portèrent ombrage à son maître. Carlone résolut de se débarrasser d'un rival dangereux et l'assassina lâchement à la faveur de la nuit. Son crime accompli, Carlone, pour échapper à la justice des hommes, se réfugie dans l'église de Saint-Cyr, appartenant, comme je l'ai dit, aux pères théatins. Le droit d'asile était encore attaché à ce sanctuaire.

Carlone va se jeter aux pieds du prieur, lui témoigne son repentir et le conjure d'implorer sa grâce. Le prieur se laisse toucher et promet d'employer son influence à obtenir le pardon du coupable, mais à la condition qu'en l'attendant il peindra l'église à fresque.

Cette grâce fut longue à venir. D'un côté, la noirceur du crime était un obstacle sérieux, de l'autre, le désir qu'avaient les moines de voir Carlone achever son ouvrage, imprimait à leurs démarches une sage lenteur.

Enfin la grâce arriva, au moment où notre artiste avait achevé ses fresques. Son œuvre faite hâtivement est médiocre.

Une église dans laquelle le talent de Carlone se révèle d'une façon plus grandiose, c'est l'église de l'Annonciation, qui doit sa magnificence à la famille Lomellini. Une singularité digne de remarque se rencontre dans un tableau qui a pour sujet cette défense : « *Ne occidas,* » Tu ne tueras pas.

Il a pour auteur Carlone l'assassin. La voûte de la nef, suspendue sur dix colonnes d'ordre ionique en marbre blanc et dont toutes les cannelures sont incrustées de marbre rouge, est décorée d'un chef-d'œuvre de Proccaccini intitulé *la Cène.*

Une chapelle de l'église appartient à la France. Elle conserve pieusement les restes du maréchal de Boufflers, qui, selon l'historien Denina, fut reçu par les Génois comme un libérateur et en mérita le titre par l'héroïsme et le génie qu'il déploya dans la défense de Gênes contre les Autrichiens.

On ne peut pas quitter cette ville sans parler de ses palais, dont la réputation est surfaite. Écoutez le président de Brosses : « Il n'y a que les menteurs qui disent et les niais qui croient que tous les palais de Gênes sont bâtis en marbre. »

Dans plusieurs de ces palais en marbre ou en faux marbre, les salons sont au deuxième étage, élévation qui représente au moins quatre étages parisiens. Les propriétaires logent dans les combles, au-dessus de ces vastes appartements, destinés à notre époque seulement à satisfaire la curiosité des étrangers.

Mais tous ces palais, splendides par leurs proportions, sont loin d'être remplis de chefs-d'œuvre. On pourrait, je crois, beaucoup discuter le mérite et l'authenticité de certains tableaux qu'on offre à l'admiration des étrangers et que ceux-ci admirent de confiance. Éliminez les portraits et voyez ce que vous y trouverez après un sévère triage : à peu près rien !

Le plus beau de tous les monuments de ce genre est le palais *Durazzo*.

Dans la grande salle des réceptions, deux tableaux initient les modernes aux splendeurs officielles de l'ancienne République. Dans l'un, Bertolotto nous fait assister à l'audience donnée par le sultan à un Durazzo, ambassadeur de la République près la Sublime Porte; dans l'autre, Dominique Piola nous détaille le festin somptueux donné par le sultan au même ambassadeur.

Un autre salon a pour principal ornement *une chaste Suzanne* de Rubens.

Finissons par une visite au cimetière ou *Campo Santo*. Établi en 1867, aux environs de Gênes, il est considéré comme le plus beau de l'Italie.

Dans tous les pays catholiques, éclatent un respect et une affection pour les morts qui échappent aux protestants.

En Angleterre, les cimetières sont abandonnés et souvent servent de décharge publique.

Les sculpteurs les plus distingués de l'Italie ont, dans un grand nombre de monuments funèbres du Campo Santo de Gênes, donné la mesure de leur talent. Les survivants y sont représentés, avec une ressemblance parfaite, pleurant leurs parents défunts.

Je ne retourne en ville que pour me diriger vers le chemin de fer.

Là, il faut cinq quarts d'heure pour enregistrer quarante malles. Un employé, qui semble être le chef de gare, cumule tous les emplois, jusqu'à celui de porte-faix.

De tous côtés, aux alentours de la gare, une nuée de polissons, déguenillés ou drapés dans des manteaux, qui tranchent de l'ordre composite, à force d'être rapiécés, flânent, rôdent, tendent la main ou s'approprient de force les bagages de ce flot roulant d'étrangers que le mouvement du chemin de fer, semblable à celui de la marée montante, jette dans la ville et remporte avec elle; le flux et le reflux !

De Gênes à Pise le chemin de fer s'engouffre sous quatre-vingt-quatre tunnels. Inutile de dire que l'on n'a d'impressions que celle de l'ennui que procurent six heures passées dans l'obscurité.

Pise était autrefois une cité active et puissante, elle est aujourd'hui somnolente et déserte, elle s'incline vers la tombe comme l'un de ses monuments. On l'a surnommée la savante, à cause de l'université qu'elle possède ; néanmoins, elle n'est plus qu'un tombeau. Un cinquième seulement des 120 000 âmes qui la peuplaient jadis, continue à l'habiter de nos jours, les guerres civiles et les grandes luttes de la République ont dévoré le reste.

L'Arno traverse Pise et partage cette ville par le milieu. C'est au moins un beau fleuve, un véritable fleuve qui ne ressemble pas à ses frères italiens presque tous à sec pendant l'été, ce qui a fait dire à Alphonse Karr : « Singuliers fleuves que ceux d'Italie, tout au plus propres à faire sécher le linge ! »

Alexandre Dumas père raconte qu'en Espagne, passant près du Manzanarès, il lui fit l'aumône d'un verre d'eau. Ce serait une charité bien profitable à la plupart des fleuves italiens.

Les deux rives de l'Arno sont encadrées de quais qui sont reliés entre eux par trois ponts. Le plus beau, celui du milieu, est tout construit en marbre blanc, l'une de ses extrémités aboutit au palais Lanfreducci également en marbre blanc.

Dans l'état actuel de Pise, ses quais, ses ponts, ses palais, sa cathédrale, ses monuments nous rappellent la grandeur de sa puissance passée et contrastent péniblement avec l'abandon dans lequel elle est tombée.

Mais ne nous occupons pas de la foule absente et passons à la visite de ses monuments.

Deux quartiers bien distincts composent la ville, celui où l'on s'ennuie, en vivotant provincialement depuis la décadence, l'autre où se dressent ses monuments, véritables reliques d'une vie éteinte.

Vasari nous dit : « Les Pisans étant au sommet de leur grandeur et de leur avancement, seigneurs de la Sardaigne, de la Corse, de l'île d'Elbe, de grands et puissants citoyens rapportaient des lieux les plus éloignés des trophées et des dépouilles infinis. »

Aucune ville de l'Italie ne possède dans un espace aussi restreint que la place du Dôme, plus de merveilles que celles qui s'y trouvent rassemblées : la cathédrale, le Baptistère, la Tour penchée et le Campo Santo. D'un seul coup d'œil on peut les embrasser et les admirer sans fatigue. Commencés pendant les onzième et douzième siècles et terminés dans les siècles suivants, ces quatre chefs-d'œuvre sont en marbre blanc de Carrare, plus blancs et presque aussi fins que l'albâtre.

En arrivant à la place du Dôme, j'éprouvai quelque honte pour le ciel italien qu'on se figure à Paris d'un bleu inaltérable ; de grands nuages noirs, chargés d'orage, encombraient l'espace céleste et d'immenses éclairs déchiraient les nues à l'horizon. La pluie se mit à tomber en hachures fines et serrées et le sol fut bientôt si profondément détrempé, que mon excursion ne fut plus une promenade, mais une navigation, une vraie pleine eau.

Je demandai à la cathédrale un abri protecteur. Avant d'en franchir le seuil, j'avais remarqué son dôme byzantin, gracieusement affilé. Sa pesanteur naturelle est allégée par une ceinture de fines colonnettes, qui forment un élégant promenoir.

Le portail est gothique. De chaque côté de la grande porte, deux colonnes corinthiennes s'enveloppent d'un riche feuillage de marbre. Trois immenses portes de bronze donnent accès dans l'intérieur du temple.

Ces portes, œuvre de Jean de Bologne, peuvent rivaliser en beauté avec celles du baptistère de Florence, dont la réputation est si grande.

Soixante-huit colonnes corinthiennes de granit, accouplées quatre par quatre, s'élancent du sol vers la voûte pour la soutenir. Elles semblent une forêt et divisent l'église en cinq nefs.

Une seconde allée coupe en croix celle du milieu ; et au-dessus de cette belle futaie, des files de colonnes plus petites se prolongent et s'entre-croisent.

L'ensemble est plein de grâce et de majesté. Le plafond est une surface plane ; les fenêtres, trop petites, ne laissent filtrer qu'une lumière indécise.

De chaque côté du maître-autel, s'avancent en saillie deux chapelles. Celle de gauche renferme un temple en vermeil soutenu par des anges, en guise de tabernacle; derrière l'autel, on a sculpté la tentation d'Ève par le serpent. On s'étonne que l'artiste ait donné au serpent une tête de femme : pour tenter une autre femme, c'est illogique !

A la chapelle de droite se trouve un tombeau en marbre d'une finesse exquise comme exécution.

Les guides font remarquer que par un hasard singulier, les veines de marbre représentent deux figures humaines. Je crois l'artiste capable d'avoir aidé le hasard.

Près de la cathédrale, le baptistère se fait remarquer par sa forme circulaire, couronnée d'un joli dôme.

Deux étages de colonnes corinthiennes antiques, ornées de bas-reliefs, courent le long des murs à l'intérieur, vide comme un temple païen.

Au centre bâille un large bassin octogone; sur chacune de ses huit faces s'épanouissent des fleurs en mosaïque de marbre.

Un écho singulier y produit un effet saisissant. Cet écho s'empare du timbre de la voix, le grandit tout d'abord, le maintient au même diapason pendant quelques secondes, puis laisse le son s'affaisser en se dégradant lentement.

Traversons la place et arrivons à la fameuse *tour penchée*. On rencontre en Italie plusieurs exemples de tours penchées, notamment à Bologne et à Venise, où trois clochers ont dévié de la perpendiculaire. Si cette bizarrerie est volontaire, il faut y voir un des traits du moyen âge.

La tour de Pise ou *Campanile* divise les Pisans en deux camps.

A-t-elle été construite inclinée? s'est-elle inclinée à la suite d'un affaissement du sol? J'abandonne la solution de ce problème aux Saumaises futurs.

La célébrité dont elle jouit lui vient plutôt de son inclinaison que du mérite de son architecture.

Figurez-vous un cylindre de marbre blanc, haut de cinquante-six mètres, avec dix-sept mètres d'épaisseur diamétrale, creux à l'intérieur, enveloppé de huit étages de colonnes au nombre de deux cent sept. Telle est cette tour.

La déviation de la perpendiculaire est de quatre mètres trente centimètres.

On dit que l'on n'a jamais vu personne s'asseoir ou se coucher sur le sol, du côté où elle penche. C'est là une prudence excessive.

Aucun garde-fou n'est placé au sommet de la tour, aussi le gardien a l'ordre de ne jamais laisser monter moins de trois personnes à la fois.

On espère de cette façon prévenir le retour des nombreux suicides, dont les Pisans gardent encore le souvenir.

Calculée ou fortuite, l'inclinaison de cette tour a servi aux expériences de Galilée, pour déterminer les lois qui régissent la chute des corps.

Finissons par le cimetière. Ce *Campo Santo* est un ancien cloître rectangulaire et fort long. Au centre s'étend un préau, rempli de terre du mont Calvaire, que l'archevêque Ubaldo, après la perte de la Terre Sainte, fit venir sur cinquante-trois navires pour enterrer les morts.

Quatre grands murs de marbre poli l'entourent de leur paroi blanche et solide. A l'intérieur, une galerie carrée forme promenoir et ouvre sur le cimetière par des arcades percées de fenêtres ogivales.

Elle est remplie de monuments funèbres, bustes, inscriptions, statues de toutes formes et de tout âge.

Les hautes murailles du cloître sont recouvertes de fresques. Les guides les affirment très belles; aussi, je les ai admirées de confiance, car elles sont effacées. Néanmoins celles qui ont pu braver jusqu'à ce jour l'injure du temps sont un magnifique enseignement du passé.

La République de Pise, fertile en grands hommes, avait de bonne heure compris que pour perpétuer le souvenir de ses splendeurs, elle devait en confier l'histoire à ses peintres.

C'est pourquoi on ne peut s'empêcher de regretter que le gouvernement ne prenne pas l'initiative de la restauration de ces fresques. Malgré leur état de détérioration, j'ai pu encore distinguer un moine aux prises avec le démon, auquel il résiste depuis bientôt six siècles. Puis, la femme de Noé, qui voyant son mari en état d'ivresse, est suffoquée de honte, se voile la face avec ses mains (mais elle se hâte de regarder au travers de ses doigts).

On dit que Pise possède plusieurs églises belles et intéressantes. Je ne pourrai pas en parler, car j'ai été privé de les voir. Je les ai trouvées toutes fermées.

Fort surpris, je me suis informé de la cause de cette clôture. On me répondit que l'usage était de fermer toutes les églises de Pise à huit heures du matin. Mais alors à quelle heure les ouvre-t-on?

Et maintenant en route pour Rome.

CHAPITRE III

ROME

Quartier des étrangers. — Vue de Rome. — Impressions. — Considérations générales. — Division. — Pincio. — Place du peuple. — Villa Médicis. — La Trinité du Mont. — Fontaine de Trevi. — Colonne Antonine. — Palais. — Le Gesu. — Villa Borghèse. — Canova.

De Pise à Rome en suivant la côte, le chemin de fer traverse la maremme toscane, pays déplorable, malsain, inculte, désolé. Pas un mot à en dire.

Enfin, l'on devine Rome dans le lointain. Avant d'y arriver, la ligne du chemin de fer décrit un demi-cercle autour de la ville.

Pendant ce trajet, on aperçoit une foule de monuments de la ville éternelle qui dessinent leurs silhouettes majestueuses sur l'azur bleu du ciel. Inutile de dire combien est vive l'émotion que l'on ressent alors.

La poitrine haletante, la tête penchée vers la portière, les yeux fixes, on cherche à reconnaître cette cité qu'on n'a jamais vue, mais que la peinture, la gravure et les descriptions nous ont rendue familière.

Arriver à Rome pour la première fois est un événement qui marque dans la vie, et dont l'impérissable souvenir reste gravé autant dans l'esprit que dans le cœur.

En effet, tous les étrangers qui connaissent Rome, ou y ont séjourné assez longtemps pour apprécier le séjour de cette ville sont tourmentés par le désir d'y retourner, comme s'ils y avaient oublié quelque chose d'eux-mêmes. Ces gens-là se recherchent les uns les autres naturellement, pour se communiquer leurs pensées et leurs opinions.

Je veux citer ici l'impression que Rome produisit sur des hommes différents, nés à des époques différentes.

Voici le sceptique Montaigne : « Les douceurs de la demeure de ceste ville s'estoient de plus de moitié augmentées en la practiquant ; je ne goûtai jamais air plus tempéré pour moy, ni plus commode à ma complexion. »

Après lui, M. Ampère : « On peut ne pas se plaire à Rome, mais qui s'y est plu quelque temps s'y plaira toujours davantage ; qui s'y est attaché une fois, ne s'en détachera jamais. »

Mais pour que cette opinion soit vraie, Stendhal nous indique la ligne de conduite à suivre :

« Il faut des études préparatoires pour le voyage

de Rome. Ce qui ajoute au désagrément de cette fâcheuse vérité, c'est que tout le monde dans la société de Paris croit fermement aimer les beaux-arts et s'y connaître. C'est par amour pour les beaux-arts que l'on se rend à Rome : là, cet amour vous abandonne, et comme à l'ordinaire, la haine est sur le point de le remplacer. »

Et maintenant comment décrire ses impressions sur cette ville, jadis capitale du monde civilisé, restée aujourd'hui la capitale de la catholicité entière? On se sent accablé par tant de grandeurs et tant de merveilles. On se demande si l'on pourra mettre de l'ordre dans ce chaos qui se fera dans l'esprit, quand on aura vu tant de temples, de basiliques, de théâtres, de naumachies, d'arcs de triomphe, de thermes, de cirques, de colonnes, de fontaines, d'aqueducs, d'obélisques, de tombeaux, de mausolées et de palais.

Le meilleur moyen de bien visiter Rome est encore de suivre le conseil de Stendhal : « S'attacher à ce que l'on voit, peu se soucier des noms, ne croire qu'aux inscriptions. »

Car la description de Rome, d'une façon complète, au triple point de vue religieux, historique et artistique, constituerait un ouvrage capable d'enfler plusieurs in-folio.

Le lecteur n'attend pas de moi cette patience, ni cette périlleuse témérité. Du reste, le cadre restreint dans lequel je veux me renfermer ne me permet qu'une description sommaire, dont j'essaierai d'agrémenter la monotonie par quelques anecdotes. J'y ajouterai en courant un aperçu superficiel des mœurs. Pour le surplus, je renvoie le lecteur aux guides et aux ouvrages de critique qui pullulent sur ce sujet.

Si je néglige beaucoup de détails, c'est que je ne veux pas fatiguer le lecteur, qui a tant de choses à voir avec moi, en le forçant à lire les noms d'artistes secondaires ou des descriptions d'un intérêt médiocre.

L'étranger qui entreprend de tout voir dans Rome se sent bien vite écrasé par le nombre des splendeurs qu'il rencontre à chaque pas; bientôt la satiété le blase et la fatigue le rend incapable de nouveaux plaisirs.

Il n'est pas facile d'adopter un plan régulier et bien clair pour décrire Rome avec ordre et méthode, je me suis cependant arrêté à la division suivante; elle comprendra six chapitres :

Le présent chapitre traitera du quartier des Étrangers, du Corso, la Rome des temps modernes, c'est-à-dire la ville actuelle. Dans un prochain chapitre je parlerai des collines du Quirinal, du Vimimal et de l'Esquilin, situées à l'est, couvertes de constructions dans l'antiquité; mais aujourd'hui dénudées. Dans le chapitre suivant, je parlerai des quartiers près du Tibre, sur la rive gauche, la ville aux rues étroites du moyen âge, les quartiers de la basse classe.

Un autre s'occupera de la Rome antique, des quartiers du sud, aujourd'hui en grande partie inhabités et où se trouvent les principaux monuments de l'antiquité.

Un autre comprendra les quartiers de la rive droite du Tibre, dans lesquels s'élèvent le Vatican et Saint-Pierre, la Lougara et le Transtévère.

Enfin, le dernier complétera cet ensemble par une description des Catacombes, un aperçu du caractère et des mœurs des habitants de Rome et de la physionomie de sa campagne.

Je commence donc par le quartier des étrangers, le Corso, la Rome moderne.

Nous sommes à la *piazza del Popolo*.

Montez un matin sur le Pincio pour avoir une idée générale de Rome : le soleil se lève derrière vous, il éclaire la merveilleuse lanterne magique qui va dérouler toutes ses richesses à vos yeux.

On peut alors compter les sept collines, parcourir des yeux le Corso dans toute sa longueur, faire le dénombrement des obélisques, des dômes, des palais, s'égarer dans le Ghetto et le Transtévère et deviner les ruines dont on n'aperçoit que les formes indécises. La vue s'arrête seulement à la villa Doria Pamphili, dont les pins forment la toile de fond de ce merveilleux décor.

Mais, dans ce spectacle si étendu et si divers, un objet attire sans cesse les regards, on a de la peine à les en détacher, on n'a des yeux que pour Saint-Pierre qui dessine son admirable coupole moitié dans la ville et moitié dans le ciel.

Avant de descendre dans les détails, contemplons encore d'une manière générale cette cité qui est couchée à nos pieds.

Tout est commun, tout est prosaïque dans la plupart des villes, et Rome plus souvent qu'aucune autre, présente l'aspect navrant de la misère et de la ruine; mais tout à coup une colonne brisée, un bas-relief moitié détruit, des pierres, soudées par le ciment indestructible et mystérieux des architectes de l'antiquité, rappellent qu'il y a dans l'homme une puissance éternelle, une étincelle divine, et qu'il ne faut pas se lasser de l'exciter en soi-même et de chercher à la ranimer dans les autres.

On éprouve un sentiment d'irritation difficile à contenir, en voyant tous ces bâtiments modernes qui viennent panacher de leur monotonie les débris antiques. Mais un portique debout auprès d'une humble masure, mais des colonnes entre lesquelles les fenêtres ogivales d'une église sont pratiquées, mais un tombeau dans la campagne romaine, qui sert d'abri à toute une famille de paysans, procurent un plaisir sans cesse renouvelé de découvertes qui inspirent un intérêt continuel.

Il ne faut pas l'oublier, Rome est par excellence la ville des contrastes, car elle est tout à la fois belle et laide, grande et petite, riche et pauvre, majestueuse et infime. Pleine de souvenirs et d'espérances, elle attire l'attention par des monuments splendides et par des masures délabrées, par des places larges et grandioses et par des ruelles obscures et tortueuses; digne de notre admiration pour ses établissements d'art, de science et d'éducation publique, pour ses institutions religieuses et charitables, elle mérite notre indulgence pour son administration encore en enfance, ses finances mal équilibrées, son industrie presque nulle, son commerce sans crédit, ses lois défectueuses, son instruction populaire négligée, ses quartiers ravagés à certaines époques de l'année par la *malaria*.

Avec ses avantages et ses inconvénients, Rome est de toutes les villes de l'Italie la plus hospitalière, la plus agréable, et celle qui laisse les plus doux souvenirs.

On passe dans les autres villes de l'Italie avec plaisir, on s'en éloigne presque sans regret, mais on s'arrête à Rome, et quand on la quitte on promet d'y revenir, et l'on se tient parole ; volontiers on y reste comme le fit M. Ampère, lequel y étant allé passer vingt-cinq jours de vacances, s'y oublia vingt-cinq ans !

Avant de descendre du Pincio, il faut en dire quelques mots.

Ces admirables rampes qui s'élèvent de la place

du Peuple au sommet du Pincio sont l'œuvre des Français.

La promenade qui couronne cette colline est suffisante pour les piétons comme pour les voitures. Souvent déserte, elle n'est fréquentée que le dimanche; une musique militaire assez mauvaise s'y fait entendre accidentellement.

Les arbres qui ombragent cette promenade ont été plantés par ordre de Napoléon Ier.

Partout où, en Italie, on rencontre une promenade plantée d'arbres, on peut être sûr qu'elle est l'ouvrage d'un préfet français, sur les indications de Napoléon.

Stendhal fait à ce propos une observatiou judicieuse : « Les Italiens modernes abhorrent les arbres; les peuples du Nord, qui n'ont pas besoin d'ombre vingt fois par an, les aiment beaucoup; cela tient à l'instinct de cette race d'hommes nés dans les bois. »

Si nous descendons du Pincio, nous arrivons à la *piazza del Popolo*, vaste triangle auquel viennent aboutir trois des principales rues de Rome. Cette place est fermée par la porte dite *del Popolo*.

Les Français les appellent la porte et la place du Peuple, nous devrions traduire l'italien par la place et la porte du Peuplier. Sur ce terrain était autrefois planté un grand bois de peupliers.

C'est l'ancienne porte Flaminia, par laquelle le 31 décembre 1494, le jeune roi de France Charles VIII fit une entrée triomphale dans Rome, à la tête de son armée.

Au centre de la place *del Popolo* se dresse l'obélisque de granit du roi Sésostris qu'Auguste fit venir à Rome; à chaque angle, des lions égyptiens lancent des gerbes d'eau dans des vasques.

En face de l'obélisque descend la principale rue de Rome, le *Corso*. Ce nom lui vient de ce qu'autrefois on y faisait des courses de chevaux en liberté.

Mais avant de nous avancer plus avant dans Rome, allons voir ce que la France y a de plus cher, *la villa Médicis*.

En dehors des deux ambassades que la France entretient à Rome, elle est encore représentée dans la capitale des Arts par l'Académie de France, établie dans le palais des Médicis.

S'il est une seule de nos institutions que l'Europe peut nous envier, c'est bien celle-là, parce qu'elle est libérale, féconde et glorieuse.

Fondée par Louis XIV et Colbert, elle devint bientôt une institution populaire vraiment française, chère à notre patrie, précieuse pour notre orgueil.

Il est à remarquer qu'après cent vingt-huit ans de paix et d'éclat, la Révolution adopta cette institution monarchique. Bien plus, la Convention, pour assurer son bon fonctionnement, la plaça sous la direction de l'agent français près du saint-siège et dota les artistes qui remportaient les grands prix d'une pension de 2,400 francs pendant cinq ans.

Quand la tempête qui avait sévi sur l'Europe fut un peu calmée, le Directoire promulgua la loi du 25 octobre 1795, dont l'article septième était ainsi conçu : « Les artistes français, désignés par l'Institut et nommés par le Directoire exécutif, seront envoyés à Rome. Ils y résideront cinq ans dans le palais national, où ils seront nourris et logés aux frais de la République.

» Comme par le passé, ils seront indemnisés de leurs frais de voyage. »

Le premier consul, en signant le Concordat, opéra la restauration de l'Académie de Rome.

Sur son ordre, le directeur, M. Suvée, échangea le palais de Nevers contre la villa Médicis et offrit ainsi aux jeunes artistes une demeure délicieuse.

Puis Bonaparte, trouvant insuffisant le nombre des grands prix de Rome, lesquels, sous la royauté, n'embrassaient que trois branches des beaux-arts : la peinture, la sculpture et l'architecture, fonda, en 1803, des prix pour la gravure en taille-douce, la gravure en médailles et en pierres fines, et pour la composition de la musique.

Je crois utile de donner la nomenclature des principaux artistes qui ont remporté les grands prix de Rome et dont les noms passeront sûrement à la postérité. Je ne remonterai pas plus haut que l'année 1801 qui ouvrit une ère nouvelle pour l'école de Rome.

Examinons d'abord la peinture ; je citerai :

En 1801, Ingres, lauréat à vingt ans, avec *Œdipe et le Sphinx, Jupiter et Thétis*. Il devait devenir plus tard le chef de l'école française.

En 1817, Léon Coignet, avec le *Départ des volontaires, Bonaparte en Egypte, le Tintoret peignant sa fille morte*.

En 1832, Flandrin, l'élève chéri de Ingres.

En 1845, Cabanel, avec les *Martyrs dans le Cirque*.

En 1850, Bouguereau, avec *Sainte Cécile transportée dans les Catacombes*.

Parmi les musiciens, il faut nommer :

En 1812, Hérold, avec le *Pré aux Clercs* et *Zampa*.

En 1819, Halévy, avec la *Juive*.

En 1832, Ambroise Thomas, avec le *Caïd* et le *Songe d'une nuit d'été*.

En 1839, Gounod, avec *Faust*.

En 1844, Victor Massé, avec *Galatée*.

En considérant à leur tour les sculpteurs, je retiendrai les noms de :

David d'Angers, en 1811.

Pradier, en 1813, avec le *Fils de Niobé, Psyché et Phryné*.

Montreuil, en 1817, avec *Eurydice mourante*.

Dumont, en 1823, avec son *Génie de la liberté*

là colonne de la Bastille et la statue de *Napoléon Ier* sur la colonne Vendôme.

Bonassieux, en 1836, avec son *Amour se coupant les ailes* et sa *Jeanne Hachette*.

Cavelier, en 1842, avec sa *Pénélope endormie*.

Carpeaux, en 1854, avec son groupe d'*Ugolin* et son *Jeune pêcheur*.

Si nous arrivons à la série des architectes, il faut rendre hommage au talent de :

Duban, en 1823, le restaurateur du Louvre.

Vaudoyer, en 1826, l'auteur de la cathédrale de Marseille.

Lefuel, en 1839, l'architecte du Louvre.

Garnier, en 1848, le constructeur de l'Opéra.

De l'énumération qui précède ressort un chiffre éloquent, qui répond mieux que tous les raisonnements aux accusations dont l'école de Rome est l'objet.

En quatre-vingts ans, elle a produit au moins cent artistes dont les noms resteront inscrits en lettres d'or dans les annales des beaux arts.

Il faut donc, malgré ses nombreux détracteurs, maintenir, à Rome, dans la villa Médicis, cette école, dont la gloire s'accroît chaque année.

On a demandé beaucoup de réformes et de modifications, relativement à cette institution. Je me contenterai de reproduire ici la réponse qu'a faite à cette demande le regretté M. Beulé, le secrétaire général de l'Académie des beaux arts.

« Et moi, dit M. Beulé, je viens à mon tour déclarer, pour ce qui concerne l'école de Rome, que les réformes réclamées amèneraient infailliblement son abaissement et sa ruine.

» C'est l'espoir de quelques esprits chagrins qui n'ont jamais caché ce vœu digne des barbares, mais ce serait l'affliction de tous les honnêtes gens qui considèrent l'Académie de France, à Rome, comme une *Institution nationale*, d'où sont sortis nos plus beaux talents, et qui n'a survécu à toutes les révolutions, que pour mieux affirmer la vitalité du génie français.

» S'il nous reste encore une gloire non contestée, c'est celle des arts; ne la compromettons pas follement en répudiant deux siècles d'un passé fécond, en tranchant l'avenir dans sa fleur. Ce serait pour l'Europe elle-même un sujet de stupeur. Que tous ceux qui aiment le beau, leur pays, la jeunesse, s'unissent pour former ce concert de voix convaincues qui s'appelle l'opinion publique, et qui, s'il ne persuade pas toujours l'administration, la force du moins à réfléchir. »

L'allée de chênes qui passe devant l'Académie de France aboutit à la place de la Trinité. A gauche, est bâtie l'église de la Trinité-du-Mont. Un escalier en gravit les hauteurs, et conduit de la place d'Espagne au portail du temple.

Cet escalier en marbre blanc est considéré comme le plus grand et le plus beau de l'Europe;

j'en excepte toutefois celui de l'Opéra de Paris, qui est d'un genre différent.

Huit paliers en marbre blanc, fermés de balustrades et revêtus d'inscriptions, en rompent la monotonie et laissent reprendre haleine dans cette longue ascension.

Ce travail quoique fort beau a été fait sans soin ; toutes les marches disjointes réclament une prompte restauration.

L'église est censée appartenir à la France, parce que sous Louis XVIII, le cardinal de Polignac a pris l'initiative de sa réédification ; aussi, ne lui a-t-on pas ménagé les éloges *lapidaires* sur les rampes de l'escalier.

Cette église possède la célèbre *Descente de croix* de Daniel de Volterre.

Stendhal raconte l'avoir vue en 1811 chez le peintre Palmaroli, qui était chargé de sa restauration. Le général Miollis, gouverneur des États romains, pressait cet artiste de rendre le tableau, qui devait être envoyé à Paris, comme tribut de guerre. Palmaroli répondait toujours que l'ouvrage n'était pas terminé et sut le faire durer de 1808 à 1814. Il disait à ses amis : « On n'a enlevé que trop de tableaux à notre pauvre Rome, tâchons de sauver au moins celui-ci. »

Et il le sauva !

En traversant la place d'Espagne, lieu de rendez-vous des étrangers, et en prenant à gauche, on arrive promptement à la fontaine de *Trevi*. Grandiose dans son ensemble, soignée dans ses détails, cette fontaine est la plus belle et la plus grande de Rome. Quoique son architecture ait été beaucoup critiquée, elle reste la fontaine la plus abondante du monde entier. Cette source coule depuis bientôt dix-neuf siècles, car c'est Agrippa qui la fit venir dans Rome au moyen d'aqueducs.

Elle est ornée de colonnes corinthiennes. Trois niches la surmontent. Dans la niche du milieu du demi-dôme, soutenu par quatre colonnes, Neptune, brandissant son trident, s'avance sur un char en coquille, traîné par des chevaux marins, que conduisent deux tritons sonnant de la conque. Les chevaux se cabrent, en poursuivant leur course victorieuse au milieu de rochers. De toutes parts s'échappent des torrents d'eau qui retombent en cascades dans un vaste bassin.

Cette fontaine est encore appelée *del l'acqua vergine*, parce que l'on croit qu'une jeune fille en indiqua la source à des soldats altérés.

Dirigeons-nous vers la place Colonna pour saluer la colonne Antonine.

Il est à remarquer que Rome a possédé beaucoup de colonnes surmontées de la statue d'un personnage illustre, sans doute dans le but de perpétuer la mémoire de ce dernier.

Trois colonnes remarquables subsistent encore

de nos jours : la colonne Antonine, la colonne Trajane et la colonne de Phocas.

La première, la colone Antonine, a été élevée à la gloire de Marc-Aurèle. Faite seulement de vingt-huit morceaux de marbre de Paros, elle est noircie et gâtée d'un côté.

D'après la tradition, lors de l'invasion des barbares, les Goths irrités de voir que les bas-reliefs du monument ne racontaient au monde que leurs défaites, voulurent le renverser; mais la colonne résista vaillamment à leurs efforts.

Furieux de leur insuccès, ils élevèrent près d'elle de gigantesques échafaudages pour en détruire les sculptures par le feu.

On comprend difficilement qu'ils n'aient accompli leur œuvre vengeresse que d'un seul côté de la colonne et qu'au lieu du feu, ils n'aient pas employé le marteau qui eût été une arme plus prompte et plus sûre.

La colonne a été plusieurs fois frappée par la foudre.

En 1589, Sixte-Quint la fit restaurer par Fontana, et la dédia à l'apôtre saint Paul. La statue de ce saint a remplacé au sommet celle de Marc-Aurèle qui avait été brisée lors de l'invasion des Barbares.

Par erreur, cette colonne fut appelée Antonine; ses sculptures, en effet, ont trait aux expéditions militaires de Marc-Aurèle et non à celles d'Antonin le Pieux.

La véritable colonne Antonine a été découverte seulement en 1705, dans les jardins des prêtres de la mission; elle était de granit rouge, avait 47 pieds de longueur et 17 de circonférence. Un incendie avait gravement endommagé ses bas-reliefs, le pape Pie VI employa le fût par fragments à diverses restaurations et transporta le piédestal dans les jardins du Vatican.

Si l'on parcourt le Corso, on y verra un grand nombre de palais.

Ils ont tous un caractère grandiose.

Nous entendons mieux que les Italiens la distribution, l'ornementation, les commodités de l'intérieur, enfin tout ce qui rend la vie confortable et facile; mais ils l'emportent sur nous par la magnificence, l'éclat et la grandeur extérieure. Les deux goûts réunis feraient une habitation parfaite, à moins qu'ils ne se nuisissent réciproquement, car l'architecture du dehors d'un palais peut quelquefois gêner la bonne distribution de l'intérieur; néanmoins, pour qu'un monument soit vraiment beau, il faut qu'il commence à l'être dans la rue.

Ces palais possèdent des cours immenses, des murailles semblables à celles d'une forteresse, des façades monumentales, mais tout est désert, on dirait que le palais est abandonné, et il l'est souvent. Le maître ruiné se confine dans deux chambres, sous les combles, et tâche de tirer quelque revenu du reste de son palais, en le louant à des étrangers. Les bâtiments sont trop vastes, et ne peuvent convenir à notre vie moderne un peu mesquine, fort dispendieuse, mais plus confortable que celle des Romains. Ces palais ne sont propres qu'à l'installation de musées ou de ministères.

Le nombre des domestiques, en temps ordinaire, y est fort restreint ; on conserve dans le garde-meuble de la maison une collection de livrées fanées, que l'on fait endosser à des gens de louage les jours de réception.

Vous sonnez à l'un de ces palais ; un suisse au visage terreux arrive lentement ; et, sans prononcer un mot, il vous conduit à travers une série d'escaliers d'une hauteur et d'une largeur prodigieuses, vous enfilez à sa suite une série de pièces immenses qui toutes se commandent les unes les autres. Vous ne voyez que peu de meubles, ils sont défraîchis, usés, le tout est mal tenu, enfin, après une course fatigante, on vous introduit dans un petit réduit, où le maître de la maison enfouit son oisiveté et son ennui.

L'un de ces palais appartient au prince Gustiniani. Son propriétaire, au siècle dernier, avait eu la prétention de remplir une salle immense exclusivement de vierges de Raphaël ; le malheureux prince ne s'aperçut pas que sa collection comprenait un seul original dans la proportion de *trente copies* médiocres !

Un peu plus loin, l'on voit le palais Doria qui appartient à la famille de ce nom, l'une des plus riches de Rome. Les salles renferment huit cents tableaux, dont beaucoup sont l'œuvre de grands maîtres ; mais la lumière y est si défectueuse qu'il est impossible d'avoir une idée exacte de toutes ces toiles.

A la place d'honneur, comme il convient, on voit le portrait de l'amiral André Doria, le premier citoyen et le libérateur de Gênes.

En poursuivant notre course jusqu'à l'extrémité du Corso, nous arrivons à la place de Venise ; elle doit son nom au palais des ambassadeurs de la République de Venise, qui borde l'un de ses côtés.

Aujourd'hui, ce palais est la résidence de l'ambassadeur d'Autriche.

En tournant la place de Venise, on arrive à l'église du *Gesu*.

Cette église est desservie par les jésuites. Chef-d'œuvre de magnificence et de goût, elle est une des plus fréquentées par l'aristocratie romaine.

Les peintures à fresque abondent de tous côtés, plafonnent dans la coupole, s'étalent dans la nef, débordent sur les chapelles, s'emparent des coins, se déploient en vastes compositions sur le portail et sur les voûtes.

L'aile gauche renferme la chapelle de Saint-Ignace, construite en marbres de provenances nombreuses, dont l'assemblage est si correct, qu'il constitue une des plus jolies chapelles de Rome.

Les jésuites devaient bien cet hommage posthume au fondateur de leur ordre.

Dans une niche se trouve la statue du saint, haute de deux mètres quatre-vingt-dix centimètres. On ne la montre qu'aux grandes fêtes.

La tête et la chasuble du saint sont en argent, le reste est en cuivre argenté. Cette statue reçoit tous les jours les marques de la vénération des disciples de saint Ignace.

A sa droite, la Foi convertit un Japonais, à sa gauche, la Religion foudroie l'Hérésie. Ces deux statues en marbre blanc de Paros fort remarquables sont dues au ciseau de sculpteurs français: Legros et Jean Théodon.

Cette église possédait une autre statue semblable en argent, que Pie VI fut obligé de faire fondre afin de pouvoir payer au Directoire l'énorme tribut imposé à la papauté par le traité de Tolentino.

Près du Corso, les jésuites desservent une autre église très vaste, celle de Saint-Ignace; le dôme n'ayant pu être achevé, un des leurs, le père Pozzi, a peint à la détrempe, sur une toile placée au plafond, la figure concave d'un dôme en perspective.

Pour en finir avec le quartier des étrangers, retournons à la place du Peuple; franchissons la porte du Peuple et entrons sans plus tarder dans la villa Borghèse.

La villa Borghèse appartient à la famille de ce nom qui a fourni à l'église un pape et plusieurs cardinaux.

C'est en 1803 que Camille Borghèse, prince de Sulmone, épousa Pauline Bonaparte, veuve du général Leclerc, et devint ainsi le beau-frère de celui qui fut l'année suivante Napoléon Ier.

La villa est un vaste parc d'une lieue de tour, décoré de constructions diverses.

Le portique égyptien de l'entrée en gâte l'effet. Les prairies sont verdoyantes, émaillées de fleurs; les pins espacés les uns des autres profilent dans l'espace leur taille élégante et leur tête sévère.

A l'intersection des routes, on entend les fontaines qui bruissent au pied de grands chênes tordant leurs vaillants corps, sous leur épaisse ramure. La villa Borghèse est très fréquentée à Rome, parce qu'elle possède des promenades charmantes, des bosquets mystérieux, un lac, des jets d'eau, un hippodrome, un temple, des casinos, une riche collection d'antiquités et d'objets d'art. Celle-ci a été commencée par son fondateur, le cardinal Scipion, neveu de Paul V, et que ses descendants n'ont cessé d'augmenter.

Mais ce lieu enchanteur cache la maladie et même quelquefois la mort sous ses charmes; la *malaria* y exerce de véritables ravages. Les jardiniers ne peuvent pas y coucher pendant six mois chaque année. On ne se promène donc jamais dans les belles soirées d'été sous les bosquets de lauriers, sous les voûtes de chênes verts de ce parc délicieux !

Des troupeaux de cerfs et de daims, moins timides que les promeneurs, troublent seuls le soir cette solitude enchanteresse.

Le grand casino, situé au centre, est celui qui possède le plus d'objets d'art.

Citons au hasard quelques-unes des sculptures les plus remarquables :

Le *Gladiateur combattant*, qui passe pour l'une des plus belles statues antiques; c'est dans les ruines d'Antium, que les Borghèse le trouvèrent, sous le pontificat du pape Paul V, leur oncle.

L'*Hermaphrodite*, découverte dans les jardins de Salluste. Elle dort sur un matelas de marbre, fait par le Bernin et que le ciseau de l'artiste a rendu moelleux à la vue, jusqu'à l'illusion, et doux même au toucher.

Le *Fauve* portant dans ses bras un petit Bacchus.

Bélisaire aveugle réduit à la mendicité.

Sénèque expirant dans un bain. Grande statue de basalte d'un réalisme aussi saisissant qu'affreux. Le philosophe est debout, les pieds reposant dans un bassin ; on lit sur ses membres vieillis l'affaiblissement qui les envahit peu à peu, signe précurseur d'une fin qui ne se fera pas attendre longtemps. L'ensemble est hideux, presque repoussant, mais prouve la supériorité de l'artiste, resté inconnu.

Chez les modernes, il faut citer deux œuvres d'une réelle valeur :

Un *David ;* la main armée d'une fronde, il s'apprête au combat et semble attendre le moment propice pour frapper Goliath. On a reproché à cette statue la recherche excessive de l'expression de la physionomie ; l'affectation est du reste le défaut du Bernin.

Apollon sur le point d'atteindre Daphné qui se change en laurier, statue aussi belle que curieuse. Cette jeune fille d'une sveltesse pleine de grâce ne semble tenir au sol que par l'extrémité de ses pieds, déjà transformés en racines qui s'incrustent dans la terre. Ses charmes se voilent de feuilles. Sur son buste se greffent des branches, on croit voir la métamorphose s'opérer et l'on éprouve un véritable regret de ce changement. La physionomie de Daphné qui nous échappe, respire la crainte. Le corps d'Apollon est beau, bien découplé ; ce dieu, plein de surprise et de déception, étend vainement les mains pour saisir l'objet de sa convoitise, une rugueuse écorce dans un instant, s'offrira seule à ses baisers.

Une autre œuvre très moderne, mais d'une immense valeur, ne peut être passée sous silence ; je veux parler de la statue de Pauline

Bonaparte qu'on appelle la *Vénus Borghèse* à cause de sa prodigieuse beauté, que le ciseau de Canova a immortalisée, et parce que l'artiste, guidé par un sentiment de délicate flatterie, a mis dans la main de Pauline la pomme, prix de la beauté.

Je crois que jamais l'art n'a poussé plus loin le soin extrême, le poli et le fini ; les détails accessoires sont traités comme l'œuvre principale. Le coude de Pauline repose sur un oreiller, mais cet oreiller du marbre le plus fin s'affaisse sous la pression comme le plus moelleux édredon.

Puisque j'ai nommé Canova, je profite de cette occasion pour dire quelques mots de cet illustre sculpteur.

Le grand artiste vint à Paris pour la seconde fois en 1811. Napoléon, toujours désireux de grossir la phalange de grands hommes qui l'entouraient parce que leur gloire rejaillissait sur lui, offrit à Canova une immense habitation à son choix, cinquante mille francs de pension et vingt-quatre mille francs par statue qu'il ferait pour lui.

Canova refusa cette existence superbe et ces honneurs. Il revint à Rome dans son petit logement au troisième étage d'une vieille maison. Il sentait que loin du soleil d'Italie, son génie se refroidirait bientôt, et que le prestige de sa gloire en serait diminué.

Napoléon lui témoigna toute sa mauvaise humeur de lui voir préférer Rome à Paris : « Mais, nous avons ici, lui disait-il, tous les chefs-d'œuvre des arts qui étaient à Rome, nous avons le Pape, il ne reste plus rien à cette pauvre Rome. — Sire, répondit l'artiste, il lui reste son ciel, son sol, sa campagne, ses vieux monuments et ses souvenirs sacrés qui sont imprenables même pour votre Majesté impériale et royale. »

CHAPITRE IV

ROME

(Suite.)

Collines du Quirinal, du Viminal et de l'Esquilin. — Place et palais Barberini. — Église et cimetière des Capucins. — Villa Ludovisi. — Villa Albani. — Le Quirinal. — Thermes de Dioclétien. — Sainte-Marie-des-Anges. — Sainte-Marie-Majeure. — Saint-Laurent-hors-les-murs. — Saint-Pierre-aux-liens. — Le Tibre.

Si le lecteur veut bien m'accompagner, il se transportera avec moi à la place Barberini, sur laquelle s'éclaire le palais de ce nom.

Vaste, propre, très fréquentée, le Bernin a placé à son centre une fontaine fort curieuse.

Quatre dauphins soutiennent un large coquillage, sur lequel un Triton géant sonne d'une conque, d'où s'élance un jet d'eau qui retombe en pluie fine.

Le palais qui borde cette place est bien solitaire aujourd'hui; sa galerie de tableaux est en mauvais état, presque oubliée. J'étais seul le jour de ma visite dans ces salles malpropres et délabrées, mais aux murs desquelles pendent cependant quelques très belles toiles. Parlons seulement des principales.

Le portrait de la jeune *Béatrice Cenci*, du Guide.

On sait que cette jeune fille passe pour avoir, de concert avec sa mère Lucrèce, fait assassiner son père Francesco Cenci qui, par sa vie de turpitudes, souillait l'honneur de sa maison. Béatrice, accusée et convaincue de ce crime, fut condamnée à mort et périt sous la hache du bourreau.

Il paraît qu'un savant bibliophile vient d'exhumer des manuscrits qui détruiraient complètement ce petit roman, en affirmant que cette histoire est en partie une légende; et en outre que ce portrait n'est nullement celui de Béatrice Cenci.

Remarquons un *plafond* de Pierre, de Cortone.

Une *Tête de femme*, de Léonard de Vinci.

La *Mort de Germanicus*, du Poussin. Le héros sentant sa fin prochaine, confie ses enfants à ses amis, qui le pleurent; il les charge de venger sa mort.

Une *Fornarina*, par Jules Romain, et une autre par Raphaël; on éprouve une profonde surprise en voyant le portrait de cette femme peint par le grand maître, dont elle fut la maîtresse et dont elle causa la mort prématurée.

On s'attend à trouver une femme jolie, coquette, à l'air fripon, pleine de cette affectation d'élégance, de mélancolie et de faiblesse physique qui est le propre des femmes brillantes de notre époque.

Point du tout ; Raphaël nous représente une physionomie d'un grand caractère, respirant la franchise et le dédain de toute ruse, mais en somme nullement jolie. Des gens se risquent jusqu'à l'appeler laide.

Au nord de la place Barberini, le cardinal de ce nom, frère du pape Urbain VIII, a bâti l'église dite des Capucins en 1624 pour le couvent de ces religieux.

L'église n'est composée que d'une seule nef. A droite, un tableau du Guide, véritable chef-d'œuvre, attire l'attention : *Saint Michel foulant aux pieds Lucifer*.

Certains critiques ont fait un rapprochement entre l'archange et Apollon du Belvédère en disant : « Même triomphe dans le regard, même mépris pour l'ange déchu. »

Voyons encore deux belles peintures du Dominicain représentant, l'une *Saint François ravi en extase*, l'autre la *Mort de saint François*.

Au maître autel, un excellent tableau de Lanfranc : l'*Immaculée Conception*.

Dans cette église, deux hommes célèbres reposent sous leur tombeau de marbre : Alexandre Sobieski, le fils de Jean III, roi de Pologne, le libérateur de Vienne, et le cardinal Barberini, dont voici l'épitaphe funèbre, composée par lui-même : « *Hic jacet pulvis, cinis et nihil!* » Ci-gît de la poussière, de la cendre, rien !

Dans le côté gauche, n'oublions pas un tableau de Pierre de Cortone, la *Conversion de saint Paul*. De l'église, un père à figure bienveillante me conduit par un escalier étroit au cimetière des Capucins.

Formé d'arceaux en briques, le terre-plein est rempli par des tombes; la terre rapportée de Palestine revêt les corps directement sans cercueil.

Tout dans ce cimetière est uniforme, et les locataires y sont uniformément vêtus.

Sur des lits de repos ménagés dans des excavations, des squelettes de capucins dorment dans leur froc; l'un a conservé des lambeaux de peau, l'autre une touffe de barbe.

Des guirlandes d'ossements serpentent sur les murs et au plafond. L'imagination capricieuse des moines s'est laissé entraîner à des bizarreries qui donnent le frisson. Des lampes, suspendues à la voûte, descendent du plafond et y remontent à volonté; elles sont faites d'ossements humains; au mur, un trophée attire votre attention : vous vous approchez, il est fait d'ossements humains. Des sentences graves couvrent les murs et vous ramènent sans cesse à la pensée de la mort, elles sont écrites avec des ossements humains!

En passant par une rue montueuse dont le nom est indifférent, on arrive à la *villa Ludovisi*.

Cette dernière renferme les plus grands jardins de Rome; ce sont ceux dits de Salluste, agréablement dessinés, embaumés de petits bois d'orangers, décorés de vases et de statues, ombragés de grands cyprès; ils forment ainsi une des promenades fréquentées de Rome.

Le cardinal Ludovisi, neveu de Grégoire XV, bâtit cette villa sur la partie nord du Pincio, en 1622. On éprouve un réel plaisir à errer dans ces immenses allées d'arbres verts; puis, quand la satisfaction est comble et avant qu'elle soit épuisée, on va voir l'*Aurore* du Guerchin dans un des casinos du parc. C'est tout un poème.

Le char de l'Aurore est traîné par des chevaux superbes, qui font feu des quatre pieds. Dans un coin du tableau, le vieux Tithon se montre en soulevant un voile.

Grande est sa surprise de voir fuir l'Aurore répandant des fleurs et chassant les ténèbres. Il faut surtout admirer la personne de la Nuit, qui dort sur un livre, et celle de Lucifer, génie ailé, qui porte un flambeau.

Au premier étage, Guerchin a peint une belle Renommée qui tient un rameau d'olivier et sonne de la trompette.

Un peu plus loin, nous rencontrons la *Villa Albani*, la plus riche de Rome en marbres, en statues et en colonnes antiques.

Elle a été bâtie au dix-huitième siècle par le

cardinal Alexandre Albani, sur les plans qu'il avait lui-même dressés.

Tout y respire le grand seigneur et l'homme de cour. Ces jardins et ce parc ont quelque chose de factice : la nature y a été dirigée dans le sens de la volonté du maître. L'eau tombe en panache dans des vasques et des urnes. Les pelouses sont encloses par d'énormes remparts de buis qui dessinent sur le sol des figures de géométrie. C'est un petit Versailles.

On voit que tout y a été disposé pour le plaisir de la vue, comme pour celui de la conversation, et pour les habitudes de salon.

Le cardinal Albani avait du goût pour les souvenirs de l'antiquité. Outre deux galeries et un portique circulaire, qu'il a remplies de statues antiques, il a collectionné des débris de sculpture de toute sorte.

Par le traité de Tolentino, Napoléon enleva trois cents statues dans cette villa; en 1815, elles furent restituées; mais les frais de transport effrayèrent le prince Albani, qui préféra vendre ces statues au roi de Bavière.

En tournant à droite, on arrive bientôt au carrefour des *Quatre fontaines*, situé sur le chemin de la *place d'Espagne* au palais du Quirinal. Il est formé par l'intersection de deux rues qui se coupent à angles droits.

Leur régularité est si parfaite, qu'elles procurent

uue vue étendue, l'une depuis la Trinité-du-Mont jusqu'à Sainte-Marie-Majeure, et l'autre depuis la porte Pia jusqu'à Monte-Cavallo.

Dans les pans occupés du carrefour jaillissent quatre belles fontaines surmontées de statues.

Puis, sur la colline voisine nommée Monte-Cavallo, est bâti le palais du Quirinal. On y jouit d'un coup d'œil splendide.

Au milieu de la place, deux écuyers en pierre, d'une taille colossale, mènent en main un cheval. Sur le piédestal de l'un, on lit : *Opus Phidiæ*; sur le piédestal de l'autre : *Opus Phaxitelis*. Mais il est fort probable que ces chevaux vulgaires n'ont jamais été pansés par la main de ces illustres sculpteurs.

En janvier 1787, sous le pontificat de Pie VI, l'architecte Antinori plaça au milieu des deux groupes l'obélisque égyptien que l'on y voit.

Une fontaine au pied des statues complète avec bonheur cet ensemble de monuments.

Avant l'occupation de Rome par les troupes italiennes, le Quirinal était habité par les papes autant que le Vatican. Mais le Quirinal est mieux situé, l'air y est plus pur; le palais est plus commode, plus logeable, et possède plus de confort intérieur; ainsi, au Quirinal, il y a des cheminées; au Vatican, on n'en trouve pas; on y est réduit au poêle ou, le plus souvent, au brasero allumé dans le milieu des salles; mais le Quirinal est moins grand que le Vatican et n'est pas comme ce dernier enrichi des merveilles de l'art.

Aujourd'hui, le roi d'Italie l'habite. On est rarement admis à le visiter ; je suis contraint d'emprunter au président de Brosses une sommaire description de ce palais : « La cour est très grande, environnée de portiques, l'escalier large et beau. Tout le bâtiment est simple et peu orné, ainsi que les appartements intérieurs, vastes à la vérité et à longues enfilades, mais dénués de parures et meublés simplement en damas cramoisi qui n'est pas neuf. Quoiqu'il y ait beaucoup de peintures, elles paraissent clairsemées dans un lieu si vaste, d'ailleurs, celles qui attirent le spectateur n'y sont pas en grand nombre.

» Les jardins sont grands et beaux. On y trouve quantité de fontaines jaillissantes et dans un salon en mosaïque un mont Parnasse où les neuf sœurs et leur chef Apollon, sa lyre en main, donnent, quand on veut, un petit concert par le moyen de l'eau, mais le concert ne vaut pas grand'chose.

» Le sol du palais est fort escarpé d'un côté, ce qui, grâce à une grosse tour, lui donne quelque air d'une forteresse. »

Je passe sans m'arrêter devant des ruines intéressantes, des palais délabrés, des églises curieuses, et j'arrive à la gare du chemin de fer. Nous sommes sur l'emplacement des *Thermes de Dioclétien*, bâtis par cet empereur en 302. Plus de 3,000 baigneurs y pouvaient prendre à la fois leurs ébats.

Il ne reste de ces splendeurs passées que quelques ruines éparses qui *tordent encore* leurs membres décharnés. Le percement de voies nouvelles et surtout de la grande rue Nationale a obligé la municipalité romaine à raser beaucoup de ces ruines.

Le souvenir néanmoins en survivra toujours, parce que Michel-Ange y a laissé son empreinte. Ce grand homme, alors âgé de quatre-vingt-huit ans, sur l'ordre de Pie IV, mit son génie au service de la transformation de la salle chaude et de la salle froide des thermes de Dioclétien. Il sut habilement en profiter et dessina entre elles une croix grecque de 112 mètres de longueur sur 103 de largeur qui porte le nom d'église de *Sainte-Marie-des-Anges*. La nef principale a 28 mètres de hauteur sur 25 mètres de largeur.

En 1749, Vantivelli fut chargé de la restauration de cette église et lui fit subir des modifications fâcheuses.

Le méridien de Rome coupe un des bras de la croix.

Huit colonnes de granit, d'un seul jet, sont un des principaux ornements de ce monument.

A l'entrée de l'église, à droite, le sculpteur français Houdon a placé une statue de *Saint Bruno* plongé dans une pieuse méditation.

Clément IV admirait tant l'expression de la figure qu'il avait coutume de dire : « Ce saint parlerait, si la règle de son ordre ne lui prescrivait le silence. »

Dans les chapelles, on est captivé par deux admirables fresques le *Martyre de saint Sébastien*, du Dominiquin, et le *Baptême de Jésus-Christ* de Maratta.

Ces deux fresques avaient été exécutées à Saint-Pierre. On s'aperçut bientôt que l'humidité les gâtait. Un architecte plein de talent et d'une rare audace, Zabuglia, offrit de transporter ces fresques à Sainte-Marie-des-Anges. Il osa scier les murs à cinq pieds de profondeur et au moyen de poutres énormes, il enleva ce cube monstrueux en pierres qui portait un chef-d'œuvre.

Une entreprise aussi pleine de difficultés s'explique pour la fresque du Dominiquin, cet artiste que l'opinion publique plaçait au premier rang des peintres de la deuxième catégorie. La première comprenait Raphaël, Corrège et Titien.

En Italie, il faut longuement parler des églises, si multipliées, si généralement remarquables comme œuvres d'art, et d'une importance si marquée dans ce beau pays, où les grands génies ont surgi et se sont développés sous l'influence immédiate de la religion catholique.

De Sainte-Marie-des-Anges à Sainte-Marie-Majeure, il y a seulement quelques centaines de mètres.

Cette dernière basilique est bâtie sur le penchant du mont Esquilin, la place qui la précède est ornée de l'admirable colonne du temple de la Paix placée là par Charles Maderne sur l'ordre de Paul V ; elle est surmontée d'une statue de la Vierge en bronze doré.

On ne se lasse pas d'admirer ce fragment de l'architecture antique, qui était resté seul debout au milieu des ruines du temple de la Paix, comme l'unique rejeton d'une illustre famille engloutie par une tempête.

Derrière la basilique, on aperçoit l'obélisque tiré du tombeau d'Auguste par Fontana, qui l'érigea en cet endroit. A l'ombre de l'obélisque se dresse une petite colonne de granit portant une croix, abritée d'un baldaquin.

Ce petit monument fut élevé en mémoire de la conversion de Henri IV.

On a prétendu que cette colonne ressemblait à un canon. S'il en est ainsi, on a voulu faire un jeu de mots, en gravant sur le socle la devise bien connue : *In hoc signo vinces.*

Revenons à Sainte-Marie-Majeure. Sur une large éminence, la basilique surmontée de ses dômes se dresse noble et complète à la fois, avec ses deux façades.

Elle date du cinquième siècle, c'est le pape saint

Libère, qui fut son fondateur sous le nom de *Sainte-Marie-de-la-Neige*, puis quand plus tard Sixte III, ami de saint Augustin, l'agrandit, lui donna sa forme actuelle, en conservant dans le plan général toute l'idée antique, il l'appela *Sainte-Marie-Majeure*, parce qu'elle était la plus grande des églises de Rome placées sous le vocable de la Vierge.

La façade du nord est du dix-septième siècle, elle fut élevée par les papes Clément IX et Clément X, la façade du midi est l'œuvre de Benoit XIV, un Lambertini.

C'est lui qui avait dit aux cardinaux du conclave : « Si vous voulez un bon garçon, prenez-moi. » Il sut de plus se montrer un homme supérieur et un pape éminent.

A l'intérieur, une vaste nef à voûte horizontale s'ouvre, soutenue par deux rangées de colonnes blanches d'ordre ionique.

Rappelons que le premier or que Philipe IV, roi d'Espagne, découvrit aux Indes fut envoyé par lui comme hommage à la basilique de Sainte-Marie-Majeure.

L'architecte Fuga en forma ces riches et innombrables caissons, ces rosaces étincelantes qui brillent dans toute l'étendue de l'immense plafond.

Un temple de Junon a fourni les trente-six colonnes ioniques de marbre blanc qui portent ce plafond merveilleux.

Fuga s'est encore servi de l'or envoyé des Indes, pour dorer les palmes qui enlacent leurs rameaux autour des quatre colonnes de porphyre, sur lesquelles repose le baldaquin du maître-autel. Une grande urne antique, extraite du tombeau de Jean Patricius, forme l'autel qui est surmonté par une image de la Vierge. Ce portrait, peint par saint Luc sur un fond de lapis-lazzuli, enrichi de pierres précieuses, est soutenu par quatre anges de bronze doré.

Par sa décoration, ses peintures, ses mosaïques, ses marbres et ses statues, Sainte-Marie-Majeure est la plus riche basilique du monde, aucune autre ne possède autant d'objets d'art.

Certains artistes la préfèrent même à Saint-Pierre, mais ils conviennent qu'elle n'a pas le même aspect grandiose et imposant. Saint-Pierre n'eût-il que son dôme, ne pourrait être surpassé en majesté.

Avant d'arriver au Tibre, voyons encore deux églises.

Par des chemins déplorables, détrempés par les pluies et sillonnés d'ornières, on arrive à la basilique de *Saint-Laurent-hors-les-murs*.

Constantin en fut le fondateur en l'an 330. Placidie, fille de l'empereur Théodore, l'agrandit et la développa. Pélage Ier y déposa le corps de saint Étienne ; Pélage II, Honorius III et Pie IX transformèrent et embellirent ce temple.

4.

Un cimetière vaste et riche en monuments, s'étend près de l'église. On sait que Pie IX avait manifesté le désir d'être inhumé dans ce lieu; et l'on se rappelle que ses restes y furent transportés pendant la nuit, au milieu de scènes scandaleuses de désordre.

En descendant par une suite de ruelles étroites et sales, je rentre dans Rome; mon cocher me montre, en passant, le palais de Lucrèce Borgia et j'arrive enfin à l'église de Saint-Pierre-aux-liens *San Pietro in Vincoli*. On va voir dans cette église les chaînes de saint Pierre et le *Moïse* de Michel-Ange.

Cette grande sculpture surprend moins qu'on ne l'aurait cru, probablement parce que la gravure nous l'a rendue familière; mais elle est polie et finie avec une perfection extrême. Une jolie chapelle lui sert de cadre.

Fixez ce Michel-Ange pendant quelque temps et vous verrez cette figure de bouc, comme l'appelle Stendhal, cette masse colossale faire son effet.

M. Taine a raison de dire qu'alors, l'on sent la volonté supérieure, l'ascendant, l'énergie tragique du législateur et de l'exterminateur. Par ses muscles héroïques, par sa barbe virile, c'est un barbare primitif, un dompteur d'hommes; par sa tête allongée, par les saillies des tempes, c'est un ascète.

« S'il se levait, quel geste, quelle voix de lion! »

On montre au genou une écorchure que Michel-Ange lui fit d'un coup de marteau, dans un mouvement d'impatience, en disant à sa statue : « Mais parle donc enfin, puisque tu es vivant! »

Encore impressionné par le charme de ce regard fascinateur, je rentre à mon hôtel, mais en route, je rencontre le Tibre qui coupe Rome en deux parties inégales.

Ce fleuve prend sa source dans les Apennins en Toscane, arrive à Rome sans avoir l'air de se presser, il s'avance, en se traînant avec lenteur, sous une charge de limon; il entre dans la ville par la porte du Peuple, et en sort vers la basilique de Saint-Paul-hors-les-murs, puis enfin va se jeter dans la mer près d'Ostie.

Il serpente entre les plis capricieux du terrain, métamorphosant, à chaque pas que l'on fait sur ses rives, les aspects de la ville éternelle. On le rencontre sans cesse, et quand on croit lui tourner le dos, souvent l'on court encore vers lui.

Dans sa marche lente et embarrassée à travers Rome, le Tibre se divise en deux branches, pour former l'île de Saint-Barthélemy.

S'il faut en croire la légende, le peuple romain aurait jeté dans le fleuve les moissons appartenant au roi Tarquin, qu'il venait d'expulser.

Ces moissons auraient alors formé un noyau d'atterrissements, qui serait aujourd'hui cette île d'origine révolutionnaire.

On travaille à doter le Tibre de quais commodes, ce dont il a été privé jusqu'à ce jour. On comprend combien l'aspect général en était amoindri et quel désavantage en résultait pour la navigation, au détriment de la propreté des rues avoisinantes.

CHAPITRE V

ROME

(Suite.)

Quartiers près du Tibre sur la rive gauche. — Le palais Borghèse. — Le Panthéon. — Fontaines. — La place Navone. — Biographie du comte Rossi. — Le palais Farnèse. — Le Ghetto. — Le théâtre de Marcellus.

Nous commencerons aujourd'hui notre excursion par le palais Borghèse.

Bâti par l'architecte Longhi, sur une petite place, sa façade principale la plus longue et la plus belle se trouve sur une rue tortueuse.

A l'intérieur, s'offre une première cour carrée, formée de quatre corps de bâtiments, au tour desquels règnent deux ordres de colonnades, le premier d'ordre dorique, le deuxième d'ordre ionique, supportant un attique qui s'élève jusqu'au toit. La seconde colonnade, sur laquelle on a percé les fenêtres et les portes, forme balcon, donnant accès dans les appartements.

Les salles du rez-de-chaussée servent de galeries

de peinture, et se composent d'une série fort longue de pièces, remplies de tableaux, dont beaucoup sont des chefs-d'œuvre.

Ils ont tous d'ailleurs une grande valeur à cause de leur caractère d'authenticité certaine; en effet, la plupart ont été achetés directement aux peintres, ou aux personnes, qui les avaient acquis de ceux-ci. On peut donc y étudier en toute sécurité la manière d'un artiste.

Quand on pense que cette galerie contient dix-sept cents tableaux, on renonce à les décrire.

Je citerai néanmoins les deux toiles qui m'ont le plus frappé.

L'Amour sacré et l'Amour profane, du Titien. Voilà un chef-d'œuvre que la copie a rendu populaire.

Une belle femme richement habillée, une femme demi-nue et un paysage dans le lointain, c'est là tout le sujet. L'amour profane est cette femme aux brillants atours, qui a besoin, pour plaire, d'emprunter le luxe de la civilisation. L'amour sacré, au contraire, est cette femme demi-nue, qui n'a pour charmer que sa beauté naturelle.

La *Chasse de Diane*, du Dominiquin. On voit des jeunes filles, rieuses, un peu vulgaires, qui se baignent, tirent de l'arc et jouent. Toutes ces fillettes sont rondes, alertes, gentilles, pleines de jeunesse et de naturel.

Par une série de rues tortueuses, on arrive à

une place laide et malpropre, sur laquelle est construit le Panthéon.

Devant le portail, l'obélisque de Sérapis et une fontaine, formée d'un vaste bassin de porphyre, sont au centre d'un marché et servent de point de ralliement aux troupeaux de chèvres qui parcourent la ville.

Le Panthéon était le plus beau des monuments qui s'élevaient dans la plaine de l'ancien Champ de Mars. Il est lourd, trop bas et manque de grâce. Il aurait fallu le construire sur une éminence et l'entourer de vastes dégagements ; malheureusement, le sol des rues avoisinantes est plus élevé. Trop étroites, ces rues l'enlacent de réseaux sinueux qui l'étouffent. Il était autrefois défiguré par de vieilles masures qui s'épaulaient contre ses murs, semblables à des excroissances d'une végétation parasite. Pie IX l'en débarrassa en 1852.

M'autorisant de la parole du comte de Maistre touchant le Panthéon : « C'est un morceau trop beau pour être passé sous silence, mais trop connu pour être cité, » j'essaierai d'en donner un aperçu historique et artistique.

Agrippa, gendre d'Auguste, dédia ce temple à Jupiter vengeur, en mémoire de la victoire d'Actium que son beau-père avait remportée sur Antoine et Cléopâtre. Ces événements se passaient il y a dix-neuf siècles.

Plus tard, le paganisme consacra le Panthéon

à la gloire de toutes les divinités ; comme son nom l'indique du reste.

Il resta fermé depuis l'année 391 jusqu'en l'an 608. A cette époque, l'empereur Phocas en fit hommage au pape Boniface IV, qui lui donna le nom de *Sainte-Marie-des-Martyrs.*

Ce pontife y fit transporter vingt-huit chariots d'ossements de martyrs, extraits des Catacombes.

Quel malheur que la religion catholique ne se soit pas emparée de tous les temples païens; Rome antique serait aujourd'hui debout presque tout entière !

Le Panthéon, plus heureux que Saint-Paul-hors-les-murs et que Saint-Jean-de-Latran, a bravé impunément deux incendies, l'un sous Domitien, l'autre sous Trajan; aussi est-il resté l'image de la grandeur romaine, comme le Colisée en est le spectre.

Ce temple est précédé d'un péristyle de 34 mètres de largeur, sur 25 mètres de profondeur, composé de 16 colonnes de granit, d'un seul bloc, hautes de 15 mètres.

La voûte est ouverte à son sommet. C'est un œil sublime de 27 pieds de diamètre, œil cyclopéen, toujours ouvert. Le jour, on y voit briller le soleil et courir les nuages; la nuit, la lune y déverse les pâles éclats de sa lumière.

Cette ouverture circulaire de la voûte est le vestige le plus frappant, que l'on trouve de nos jours, d'un culte où l'on brûlait les victimes, puisqu'elle était destinée à donner passage à la fumée.

On raconte que cette ouverture faillit être fatale à Charles-Quint. On sait que cet empereur avait fait le sac de Rome en 1528; il revint dans la ville éternelle en 1536. Un jour, il eut la fantaisie de monter sur la plate-forme de la rotonde, guidé dans cette excursion par deux Romains, le père et le fils; tout à coup, le fils se retourne vers son père et lui communique la pensée qu'il a, de pousser l'empereur dans l'abîme, ouvert sous ses pas; voulant ainsi venger ses concitoyens des souffrances que leur avait fait endurer ce cruel vainqueur. Son père plus sage lui répondit : « On fait ces choses, mais on ne les dit pas. » Aussi Charles-Quint mourut-il seulement vingt-deux ans plus tard, au couvent de Just, en Estramadure.

L'intérieur du monument est divisé en petits caissons, dont huit chapelles rompent la monotonie; des colonnes corinthiennes cannelées, tirées des plus précieux marbres antiques, font cercle le long des murs.

Le pavé en marbre a été disposé en pente douce pour faciliter l'écoulement des eaux de pluie; tombant par l'ouverture du dôme, elles disparaissent dans un puits perdu recouvert d'un grille. Le pape Urbain VIII, un Barberini, fit enlever les poutres de bronze du portique et tous les ornements du même métal. C'est l'origine du mot bien connu : « *Quod non fecere Barbari, fecerunt Barberini.* »

Ce reproche est injuste; car Urbain VIII se servit de cette masse de bronze, pour en faire l'admirable baldaquin du maître-autel à Saint-Pierre.

Le Panthéon est un lieu de sépulture, Victor-Emmanuel y est enterré. Plusieurs grands hommes y reposent également; les plus connus sont : Peruzzi, Jean d'Udine, Zuccari, Annibal Carrache et enfin le grand Raphaël Sanzio d'Urbin qui avait lui-même indiqué le lieu de sa sépulture et la décoration de son tombeau.

L'académie de Saint-Luc croyait posséder le crâne de Raphaël; on fait voir ce prétendu crâne à un Français, très versé dans la science de la phrénologie; il déclare que c'est le crâne d'un brigand; grande rumeur à Rome. Pour trancher la question, on se décide à exhumer les restes du grand peintre; on trouva ses ossements complets, y compris la tête.

Gall et Lavater triomphaient.

Sur le chemin du palais de la Chancellerie, je traverse la *place Navone*, célèbre par sa belle fontaine, que je m'attarderai à considérer un instant.

Rome, comme on le sait, a la réputation d'être bâtie sur sept collines; elle n'en est pas moins située sur un plan plus bas qu'une chaîne d'autres collines, abondantes en sources, qui forment autour d'elle un demi-cercle, semblable à une ceinture dénouée.

Puis, dans Rome, l'inégalité du terrain a bien servi la passion de ses anciens habitants pour de nombreuses ablutions; les aqueducs amènent l'eau dans les endroits les plus élevés, d'où elle jaillit avec impétuosité.

On comprend qu'au point de vue de l'alimentation de l'eau, cette situation est très favorable, quoique la plupart des sources sourdissent à des distances variant entre 15 et 35 kilomètres.

De grands travaux d'art ont donc été nécessaires pour amener l'eau dans tous les quartiers de la ville.

Dans cette entreprise gigantesque, les Romains semblent avoir voulu jeter un défi au monde ancien et au monde futur. En effet, ils n'ont été ni surpassés, ni même égalés.

L'ancienne Rome avait de l'eau en surabondance, comme en témoignent les ruines de nombreux aqueducs, répandus dans la campagne, ainsi que les fontaines décorant les places publiques, les palais et les maisons particulières; comme en témoignent aussi les vestiges des merveilleuses piscines et des thermes immenses de Caracalla et de Domitien.

Malgré la destruction de la plupart des aqueducs, à la suite des guerres, des sièges, des invasions, il en reste debout un nombre suffisant pour que la population puisse user largement de l'eau, sans aucune crainte d'en manquer jamais.

Un de ces aqueducs alimente la fontaine qui jaillit gracieuse et grandiose au milieu de la place Navone.

Sur les quatre angles d'une masse imposante de rochers, percés à jour, sont couchés les quatre colosses du Danube, du Nil, du Gange et du Rio de la Plata, exécutés par les élèves du Bernin. Ils représentent les quatre parties du monde.

De leurs urnes penchantes s'échappent des torrents d'eau qui ruissellent et se brisent en paillettes d'argent sur la pointe des rochers. Le soleil y vient décrire un arc-en-ciel multicolore, sur les millions de gouttelettes, qui tombent en pluie de perles fines dans un bassin de granit.

Un obélisque également de granit, découvert dans le cirque de Maxence, originairement érigé en l'honneur de Domitien, surplombe la masse des rochers.

Deux fontaines plus petites, font pendant à leur sœur du milieu.

Celle du nord soutient un Neptune aux prises avec un monstre marin; des néréïdes et des chevaux marins sortent des flots pour voler au secours de leur dieu.

Celle du sud, signée du Bernin, représente des

masques et des tritons, entourant une statue de nègre.

Au mois d'août, pendant les chaleurs de la caninule, on ferme, le samedi soir, l'écluse de la place Navone : on bouche les exutoires de la vasque, qui bientôt déborde et inonde la place qu'elle transforme en un lac.

Les gens du peuple s'y livrent avec bonheur à des joutes aquatiques, sans danger.

J'ai nommé plus haut le *palais de la Chancellerie* pour avoir l'occasion de donner la biographie rapide du comte Rossi.

Les marches de ce palais, on s'en souvient, ont été teintes du sang de Rossi, victime d'un lâche assassinat.

Cet homme éminent mérite notre respect et notre admiration pour la distinction de son esprit, la hauteur de ses vues, son dévouement à la papauté, son éloquence persuasive et son courage à toute épreuve. Et, comme il a servi la France, sa vie nous intéresse, bien plus, elle nous appartient.

Pellegrino Rossi naquit à Carrare en 1787 ; tout jeune, il fut forcé de s'exiler d'Italie comme *carbonaro*. Genève l'adopta, lui conféra le titre de citoyen, lui confia une chaire de droit romain et l'envoya siéger à la Diète helvétique. Rossi fut chargé de reviser le pacte fédéral.

Paris le ravit à Genève. Nommé professeur de droit constitutionnel, la jeunesse parisienne, lui reprochant son titre d'étranger, refusa d'abord de l'entendre. La force armée dut l'aider à prendre possession de sa chaire.

Rossi se montra à ses détracteurs, comme il se montra plus tard à ses assassins, c'est-à-dire calme, confiant, dédaigneux. Sa noble et belle figure, si grave, si hautaine, aux traits fins et réguliers, resta impassible devant les injures.

Une fois en chaire, il promena sur son auditoire tumultueux un regard pénétrant et assuré. Aussitôt qu'on eut entendu sa parole éloquente et sympathique, les cris et les sifflets se changèrent en tonnerres d'applaudissements.

Plus tard, il devint doyen de la faculté de droit de Paris, membre de l'Académie des sciences morales et politiques, pair de France.

Puis tout à coup, il apparaît à Rome, après vingt-huit ans d'absence, en qualité d'ambassadeur du roi des Français, près le pape Grégoire XVI.

Sa personne et sa mission déplurent d'abord. Il venait demander au pape la dissolution des établissements des jésuites; mais il échoua devant la fermeté du souverain Pontife.

Par son habileté politique consommée, il acquit toutefois une influence énorme dans Rome et devint le conseiller de la papauté.

Au conclave de 1846, c'est lui qui détermina le

Sacré Collège à élire Pie IX, qui l'accueillit avec empressement.

En 1848, la révolution le priva de son ambassade, mais Rossi reconquit son titre d'Italien, en se fixant à Rome définitivement.

Tous ses talents furent alors consacrés au souverain Pontife, qui l'appela au ministère.

Rossi accomplit vite de grandes choses.

Les révolutionnaires comprirent bientôt qu'il était le seul obstacle sérieux à leurs projets subversifs. Sa mort fut aussitôt résolue.

Les pièces du procès des assassins de Rossi nous mettent au courant de la scène nocturne du théâtre Capranica. Les assassins furent tirés au sort et étudièrent leur coup sur un cadavre apporté par un chirurgien.

Criblé d'injures, lacéré d'insultes, Rossi répond à la vile multitude par ce seul mot : « Il y a des louanges qui offensent et des insultes qui honorent. »

Les sociétés secrètes redoutant son éloquence et son influence sur les députés, on décide de le poignarder à son arrivée au palais de la Chancellerie.

Rossi est averti secrètement du danger qu'il court ; mais il veut le braver, en faisant son devoir malgré toutes les menaces.

Quand la voiture de Rossi s'arrête devant le palais de la Chancellerie, et que le ministre en descend, il est accueilli par des sifflets et des huées, au travers desquels, on distingue les cris de : « A mort Rossi. »

Au milieu de cette tempête, Rossi, calme, intrépide, dédaigneux, suivi de son secrétaire, s'avance d'un pas ferme vers le grand escalier, la tête haute, jetant des regards de mépris à ces misérables, qui ajoutent l'insulte à leur lâcheté.

Mais bientôt il est enveloppé; un sicaire lui assène un violent coup de canne; un autre lui enfonce un poignard dans la gorge, au moment où il tourne la tête.

Rossi chancelle et s'affaisse, baigné dans son sang; son secrétaire et son valet de pied le relèvent et le portent sur un canapé au premier étage. On appelle aussitôt le curé de San Lorenzo, qui pénètre jusqu'à Rossi, par un escalier secret, et lui administre les derniers sacrements.

A la nouvelle de sa mort, le président Sturbinetti, son ennemi personnel, réprima l'émotion que cet assassinat avait jetée dans l'assemblée et s'écria : « Messieurs, passons à l'ordre du jour. »

L'ambassadeur de France, le duc d'Harcourt, dit alors à ses collègues : « Sortons, messieurs, pour ne pas rester complices de cette criminelle indifférence. »

Pie IX fit des funérailles solennelles à son infortuné ministre.

. . . .

En poursuivant notre course par des ruelles dont les noms sont indifférents, nous arrivons au *palais Farnèse*. Il est le plus grand et le plus beau des palais de Rome, qui sont de véritables fossiles par leur ancienneté.

Situé sur la place du même nom, ornée de deux belles fontaines en girandole, le palais Farnèse est aujourd'hui la résidence de notre ambassadeur près le roi d'Italie. La France habite là en garni.

Si ce Palais respire un grand air de majesté, il charme peu les yeux par son architecture trop sévère.

Ses fenêtres sont garnies de barreaux de fer; serait-ce là une caserne, ou plutôt une maison de détenus ?

Plusieurs architectes célèbres ont coopéré à son édification, Michel-Ange en a fait la corniche.

Quand je songe à l'origine du palais Farnèse, je partage l'opinion du président de Brosses qui regrettait que ce palais ornât la ville de Rome.

Les matériaux, dont il est construit, proviennent des démolitions opérées par ces insensés de Farnèse dans le Colisée. Ils y trouvèrent une carrière commode et voisine de nombreux matériaux à bon marché.

De cet acte de vandalisme, Talleyrand aurait dit : « C'est plus qu'un crime, c'est presque une faute. »

On entre d'abord dans un vestibule sombre,

peuplé d'arabesques. Là s'ouvre l'admirable cour intérieure qui est le chef-d'œuvre de l'édifice.

La disposition extérieure est pour la défense, mais à l'intérieur, on peut se livrer à la promenade et prendre du repos et le frais.

Cette cour intérieure est carrée et entourée de plusieurs étages de portiques, remplis d'objets d'art. Les Farnèse y avaient placé trois statues, dont la réputation est universelle : le *Taureau Farnèse*, la *Flore* et l'*Hercule Farnèse*.

Elles se trouvent aujourd'hui au musée de Naples; j'aurai l'occasion d'en parler ultérieurement.

La voûte de la galerie Farnèse a été peinte à fresque par Annibal Carrache, qui mit neuf ans à exécuter ce travail. Malheureusement, ces fresques ont été enfumées par les six mille bougies qui éclairaient les fêtes de l'ambassadeur de Naples, dont ce palais était autrefois la résidence.

Pour achever la visite des quartiers près du Tibre, sur la rive gauche, il ne nous reste plus à voir que le Ghetto.

Le Ghetto est le lieu où était autrefois parquée la population israélite. Depuis 1847, les juifs peuvent se répandre dans les autres parties de Rome.

Ceux qui se plaignent que dans la ville éternelle, la voirie publique laisse à désirer et que les fenêtres des maisons et des palais sont pavoisées de linges qui sèchent, à faire croire à l'étranger qu'il est dans la capitale de la blanchisserie, ceux-là devraient aller au Ghetto. Ils y trouveraient un cloaque hideux de parias, des ruelles tortueuses qui s'enchevêtrent parmi des ruisseaux fétides, des maisons à la façade ventrue et disloquée, des cours noires et suintantes, des escaliers de pierre, dont le boyau s'entortille autour d'un mur encrassé par une malpropreté séculaire.

Ils auraient fort à faire pour y débusquer la misère sordide et rapace qui s'y est retranchée.

Rien n'y est changé depuis 1739, temps où le président de Brosses appelait ce quartier purulent *une archisaloperie*.

M. Edmond About a encore renchéri sur lui, en disant : « Il n'y a ni pluie, ni vent, ni soleil qui puisse nettoyer le Ghetto; il faudrait pour le purifier, une inondation ou un incendie. »

Et comme la misère et la malpropreté sont les plus puissants stimulants de la fécondité des mariages, on y voit des grappes d'enfants grouillants qui encombrent les ruelles.

Trop nombreux pour qu'on en prenne soin, ils croupissent dans un abandon coupable de leurs parents.

Malgré cette exubérance de fécondité, la population décroît chaque jour; mais il en faut voir la cause dans l'émigration, qui seule leur procure l'aisance, impossible à saisir dans la mère patrie.

Ces gens ont un type laid, le teint livide, la

physionomie dégradée par la misère. On les dit cependant intelligents et de mœurs douces.

La municipalité de Rome vient heureusement d'entreprendre dans le Ghetto des expropriations pour l'établissement de quais, destinés à augmenter la salubrité de la ville et sa prospérité, en permettant aux bateaux de venir décharger leurs cargaisons dans Rome même.

C'est près du Ghetto qu'était autrefois le *théâtre de Marcellus* dans la *via Montanara*.

Dans cet endroit où jadis 30 000 spectateurs se pressaient avides d'émotions, nous ne trouvons plus qu'un pan de mur, de la plus belle architecture il est vrai, mais enfumé et souillé par la présence d'ignobles échoppes de chiffonniers et de marchands d'objets qui n'ont plus de nom, à force d'être repoussants et hideux.

CHAPITRE V.1

ROME

(Suite.)

Situation. — Capitole. — Forum. — Arc de Septime Sévère. — Ara Cœli. — Prison mamertine. — Les ruines. — Temple de Vénus et Rome. — Sainte-Françoise-Romaine. — Arc de Titus. — Arc de Constantin. — Le Colisée. — Forum de Trajan. — Colone Trajane. — Palais des Césars. — Thermes de Caracalla. — Saint-Jean-de-Latran. — Obélisque. — Baptistère de Constantin. — Scala Santa.

Avant de commencer, je veux prévenir mon lecteur bienveillant, que ce chapitre sera de tous ceux contenus dans ce volume le plus aride et le plus ennuyeux. J'essaie d'y décrire la Rome ancienne.

Cette partie de la ville, on le sait, ne présente qu'un intérêt purement archéologique.

La Rome ancienne était assise sur sept collines, dont les noms suivent :

1º *Le mont Capitolin*, ou Capitole, du latin *caput*, tête. Aujourd'hui, par corruption de langage, on l'appelle *Campidoglio*, mot qui signifie en italien, champ d'huile.

Sur un de ses côtés se dressait la roche Tarpéienne, d'où l'on précipitait les coupables de haute trahison. Le sol, tout autour, a été tellement exhaussé, qu'elle semble s'être affaissée et ne mérite plus d'attirer notre attention.

2° *Le mont Palatin*, aujourd'hui le quartier le plus salubre de Rome. Il porte sur sa crête le squelette du palais des Césars.

3° *L'Aventin*, devenu désert.

4° *Le mont Cœlius.*

5° *L'Esquilin*, où était située la villa donnée par Auguste à Mécène.

6° *Le Quirinal*, quartier très sain, où se trouve le palais du même nom.

7° *Le Viminal*, du latin *vimina*, saule, parce qu'il était couvert d'un bois de saules.

A la suite des victoires successives de Rome sur ses nombreux ennemis, ses richesses s'accrurent, la population de cette ville étant devenue trop considérable envahit d'autres collines :

Les monte Citorio, monte Sacro, monte Mario, monte Pincio, monte Vatican, monte Tetaccio et le Janicule.

A tout seigneur tout honneur ; quand on visite la Rome antique, il est naturel de commencer par le Capitole.

En effet, toute l'histoire romaine se résume dans

le mot de Capitole, depuis Tatius, roi des Sabins, qui s'y établit, jusqu'aux conservateurs qui l'ont occupé de nos jours.

Au Capitole, s'assemblait le Sénat pour délibérer sur les affaires du gouvernement; au Capitole, les consuls préparaient la victoire ; au Capitole, ils montaient pour rendre grâces aux dieux des succès remportés; au Capitole, Manlius foudroya les Gaulois et sauva la patrie ; au Capitole, Cicéron, forcé de chercher dans l'exil un refuge contre la haine de Claudius, déposa sa statue domestique de Minerve et la voua à la garde et à la protection de Rome; au Capitole encore, nous raconte M. Ampère, eut lieu le triomphe de Rienzi, ce tribun qui voulait rétablir la république romaine.

Enfin, au Capitole eut lieu un autre triomphe, celui de Pétrarque, l'ami de Rienzi, que l'on y couronna.

Dolce, l'historien de Pétrarque, prétend que le chantre de Laure y devint subitement chauve. Au moment de son couronnement, une vieille femme, au lieu de lui verser sur la tête l'eau de senteur en usage, l'inonda d'un liquide corrosif. Interrogée sur la provenance de ce liquide, elle répondit que c'était de l'urine qu'elle avait, dans le but d'assouvir une vengeance personnelle, conservée chez elle pendant sept ans.

De nos jours, cette femme aurait employé le vitriol.

On se souvient que dans l'antiquité, le Capitole a été sauvé par les oies. En mémoire de cette délivrance il était d'usage à Rome, dit M. Ampère, de porter une oie en triomphe et d'égorger un chien.

Et ce savant historien ajoute qu'il a connu un paysan romain, riche et avare, qui faisait garder son trésor par des oies, les trouvant plus vigilantes que les chiens.

Pendant l'occupation française, on vendait une caricature, dont le succès fut très grand. Elle représentait un soldat français plumant une oie au Capitole, avec cette légende au bas : « *Vengeance d'un Gaulois.* »

L'entrée du Capitole était jadis sous l'arc de triomphe de Septime Sévère du côté du *forum romanum*, elle a été reportée à la façade opposée.

Une rampe y conduit. Sur la place du Palais, les frères Castor et Pollux font trotter leurs chevaux.

Le Capitole comprend trois corps de bâtiment. Au fond, le palais du Sénateur; à droite, le palais des Conservateurs, et à gauche, le musée du Capitole.

Le palais du Sénateur ressemble à une forteresse; il a été construit par Boniface IX pour la résidence du sénateur de Rome.

Le soubassement et le double escalier sont l'ouvrage de Michel-Ange.

Le palais des conservateurs. Sous le portique, nous saluons en passant les statues de Jules César et d'Auguste, l'urne cinéraire d'Agrippine, veuve de Germanicus, puis des débris d'une statue colossale.

La statue équestre de Marc-Aurèle, haranguant son armée, a été placée au centre de la cour.

Le cheval piaffe et semble hennir d'impatience. Un artiste de l'antiquité, dont le nom m'échappe, le trouvait si parfait qu'un jour il lui dit : « Que ne marches-tu donc, ne sais-tu pas que tu es en vie ? »

Cependant ce cheval ne plaît pas à tout le monde, certains critiques prétendent qu'il est trapu, pansu et fourbu. Il est de la race des anciens chevaux de guerre romains. C'est le type le plus éloigné du pur sang anglais.

Milizia a raison de dire qu'il est le plus beau coursier sorti des écuries des sculpteurs anciens et modernes. On considère généralement cette statue équestre comme la meilleure que nous aient léguée les Romains.

Quelle supériorité elle a sur la statue de Henri IV qui orne le Pont-Neuf; le malheureux roi a l'air de ne se préoccuper que de ne pas tomber de cheval ! Marc-Aurèle, au contraire, est tranquille et simple.

Après ce tribut d'admiration payé, on monte le

grand escalier et on arrive devant les galeries du Capitole.

Mais comment les décrire? Faut-il tomber dans une vulgaire énumération?

Je suis obligé de citer quelques-unes des statues comme point de repère, pour donner un soutien aux idées que l'on veut émettre sur leur compte.

Voici le *Gladiateur mourant*. Des critiques veulent que ce soit un Gaulois, à cause de la corde qu'il porte au cou en signe d'esclavage.

On ne peut voir sans émotion cette statue réaliste, non idéale.

La beauté des formes, qui ne sont pas exagérées vient des exercices corporels, auxquels se livraient les gladiateurs.

Deux larges blessures au flanc laissent échapper les dernières gouttes de son sang.

Tombé sur son bouclier, sa main a lâché son épée et soutient encore son corps qui s'affaisse, sa tête s'incline, ses cheveux se hérissent sous les souffrances de l'agonie, une sueur de mort perle sur son front; sa respiration pénible entr'ouvre sa bouche, son âme va s'envoler entre ses lèvres livides.

On a entouré le *Gladiateur mourant* d'un *Antinoüs*, d'une *Junon drapée*, du *Faune* de Praxitèle, d'une *Amazone qui tire de l'arc*.

Plus loin un *Faune* en marbre rouge, statue latine, qui pourtant semble grecque. Il tient dans chaque main une grappe de raisin et les montre avec un air de bonne humeur charmante, exempte de vulgarité.

Dans la salle des bustes, nous nageons en pleine énumération :

Scipion l'Africain. Une large tête avec peu de cheveux, mais pleine de grandeur, une vague ressemblance avec Napoléon Ier; les tempes aplaties, le front proéminent, le menton accentué, les lèvres énergiquement serrées des dominateurs.

Pompée le Grand. On voit qu'il a usurpé ce qualificatif.

Caton d'Utique. De grandes oreilles, de la raideur, dans un visage de travers, un esprit étroit, voilà l'homme.

Aristote rappelle vaguement la tête de Cuvier, ample, complète; la joue droite est maculée d'une légère difformité.

Marc-Aurèle. Son buste se rencontre si souvent, qu'on le reconnaît tout de suite ; ses yeux, à fleur de tête, sont un point de repère très sûr.

Une noble tristesse envahit tout son être, le travail du cerveau chez lui domine toutes les facultés, il rêve un idéal insaisissable.

Démosthènes. Sa figure respire l'énergie d'un homme d'action ; c'est le zélé patriote qui enflamme par la chaleur et la puissance de sa parole le courage de ses concitoyens.

Tibère. Une tête sans noblesse, le développement

du front indique cependant un homme d'État de premier ordre; mais le froncement du sourcil révèle une nature bassement vicieuse.

Néron. Le menton est en galoche, la tête est celle d'un histrion fat et ordurier, habitué à faire la parade.

Messaline, une femme sans beauté, mais ayant une recherche extrême dans la mise et la coiffure; son rire cynique est effrayant, il dénote le vice et la férocité.

Trajan. La physionomie d'un homme de génie, mais avec l'emphase et la fierté espagnoles.

Julien l'Apostat. Le regard trouble, indécis, avec une grande barbe négligée, qu'il disait lui-même être habitée.

L'aile gauche du palais regorge de statues antiques, d'inscriptions à peu près indéchiffrables et de débris de grandes tables de marbre, sur lesquelles est gravé le plan de la Rome ancienne.

On y voit tout un peuple, en marbre et en pierre, de dieux, d'empereurs, de philosophes, de poètes et de personnages restés inconnus. Je ne citerai que les statues les plus remarquables.

Celle de *Pyrrhus,* roi d'Épire, vêtu d'une cote d'armes brodée; statue colossale.

Une autre, la seule que l'on possède de *Marius.* On a cru le reconnaître, en confrontant cette statue avec une médaille trouvée en Angleterre, qui portait en exergue : *Cos. VII* (sept fois consul).

Une tête de *Brutus*, sans corps, à la physionomie dure, énergique et scélérate; c'est bien là le type d'un assassin.

A côté, un corps sans tête; on prétend que c'est *Virgile*, seulement on ne sait pas pourquoi; mais je suis sûr que c'est un poète, puisqu'il a perdu la tête.

Un groupe en bronze représentant la *Louve allaitant Romulus et Rémus*.

La jambe droite de derrière de l'animal a été brisée et fondue en partie par la foudre qui la frappa, au moment même où César expirait sous le poignard de Brutus. Cicéron, qui était alors consul, s'empara de ce fait accidentel, pour s'en servir comme d'un argument péremptoire contre Catilina, dans la troisième harangue qu'il prononça contre ce dernier.

La statue en bronze de Léon X, mort à quarante ans d'une attaque d'apoplexie foudroyante. On sait que les services rendus par ce pape aux lettres, aux arts et aux sciences sont si considérables, qu'il mérita de river son nom à son siècle comme Périclès et Louis XIV.

Plus loin, on a conservé l'étalon des mesures romaines; précaution bien utile, qui nous permet de faire la comparaison entre nos mesures et celles des anciens.

Au-dessous du Capitole, sous un bosquet épais, la municipalité de Rome entretient à ses frais un loup et une louve vivants, pour perpétuer le souvenir de cette louve, aux soins maternels de laquelle Rome doit sa fondation.

Des auteurs habiles ont essayé d'expliquer cette légende de la manière suivante :

Faustine, qui recueillit les deux jumeaux Romulus et Rémus, était, à les entendre, de mœurs fort légères et comme l'on donnait le surnom de *louve* aux femmes de mauvaise vie, ils croient avoir expliqué la légende.

C'est ingénieux, mais nullement péremptoire.

Descendons du Capitole pour nous rendre au *Forum*.

Des centaines d'archéologues se sont péniblement évertués pendant des siècles, pour reconstruire par la pensée le Forum romain.

Leurs systèmes renferment plus d'habileté que d'exactitude; je n'en veux pour preuve que les systèmes nouveaux, mis chaque jour en avant, pour battre en brèche et renverser ceux qui les ont précédés.

N'ayant pas de préférence, je ne parlerai que des assertions restées sans contradicteurs.

En 1083, le Normand Robert Guiscard incendia et ravagea la partie de Rome, occupée par le Forum romain.

Depuis lors, ce quartier abandonné devint un lieu de décharge publique, un dépotoir général de touttes les immondices. On ne saurait expliquer autrement l'exhaussement de huit mètres, qui existe dans cette partie de la ville.

Les paysans de la Sabine trouvèrent commode d'y établir leur marché aux bestiaux, d'où le nom de Campo Vaccino, donné au Forum dans les temps modernes.

On vit alors le Forum, ce musée gigantesque de l'empire du monde, devenir le lieu de réunion des troupeaux, après avoir été celui des anciens citoyens de Rome; on entendit mugir les bœufs de la Sabine, sur l'emplacement même de la tribune aux harangues, que Cicéron avait illustrée, en la faisant retentir de son éloquence; enfin les bestiaux furent mis à l'encan dans cette enceinte où l'avaient été les trônes de l'Asie.

Mais cette place si resserrée, qui a été le théâtre de tant de faits célèbres, est une preuve frappante de la grandeur morale de l'homme.

L'état déplorable dans lequel était le Forum depuis tant de siècles ne cessa que sous l'administration française. Napoléon fit faire les fouilles et déblaiements qui amenèrent la découverte des ruines.

Parmi ces dernières, on distingue encore de nos jours deux colonnes de portique, la célèbre tribune aux harangues, puis une foule de ruines plus ou moins intéressantes, sur la destination desquelles l'accord n'est pas encore parfaitement établi.

N'oublions pas la colonne de *Phocas*, l'une des

plus belles qu'aient produites les ciseaux de l'antiquité.

Jusqu'en 1813, son nom et son origine étaient restés inconnus; grâce aux fouilles opérées par ordre de Napoléon, on exhuma l'inscription ensevelie depuis des siècles. On apprit alors que cette colonne élégante, cannelée et corinthienne, avait été élevée à l'empereur grec Phocas, dont la statue dorée la surmontait autrefois.

A l'une des extrémités du Forum, plus bas que le Capitole, nous apercevons l'arc de Septime Sévère. Ce monument a été élevé en 205 par le Sénat et le peuple romain, pour perpétuer le souvenir des victoires remportées par Septime Sévère sur les Arabes.

La longueur de l'inscription est ce qui frappe d'abord; on y voit l'intention de porter jusqu'à la postérité la plus reculée l'histoire de hauts faits militaires. Nous voyons que cette intention a été couronnée de succès.

Le nom de Septime Sévère est associé à celui de ses deux fils, Géta et Caracalla, unis à leur père dans le triomphe.

Quand Caracalla eut égorgé son frère Géta pour s'assurer le pouvoir suprême sans partage, il prit la précaution de faire effacer le nom de Géta sur l'arc de triomphe, espérant ainsi trouver dans l'oubli, l'absolution de son exécrable forfait.

Autrefois, au sommet du monument, on voyait

les statues de Septime Sévère et de ses deux fils, assis sur un char de bronze, traîné par quatre chevaux attelés de front; deux soldats à cheval et deux soldats à pied formaient l'escorte. Le tout a disparu.

Un peu plus loin, sur l'emplacement de l'ancien temple de Jupiter Capitolin, se dresse l'église de *Santa Maria in ara Cœli.*

Une inscription, placée au-dessus de la porte d'entrée, nous avertit que la voûte de ce temple fut dorée à l'occasion de la célèbre victoire de Lépante.

124 marches de marbre blanc de Paros, toutes disjointes et menaçant ruine, escaladent péniblement la butte sur laquelle est bâtie l'église.

Deux files de colonnes dissemblables en granit, provenant de l'ancien temple en soutiennent la voûte.

A l'intérieur, un monument nous rappelle un touchant souvenir : c'est le tombeau du général marquis de Saluces, envoyé par François Ier au secours de Clément VII, assiégé dans le château Saint-Ange par le connétable de Bourbon.

A la première escarmouche, notre infortuné compatriote fut criblé de blessures, dont il mourut peu de temps après, sans avoir rempli sa mission.

Le *Santisimo Bambino* repose dans la sacristie. C'est une poupée magnifiquement emmaillottée, qui représente l'enfant Jésus au moment de sa naissance.

Elle a été sculpté par un moine dans un morceau de bois rapporté du Jardin des oliviers.

Cette statuette est l'objet d'une grande vénération.

Au pied du Capitole, à gauche, près du Forum, se trouve la petite église de *San Pietro in carcere*, qui cache sous sa crypte un cachot infiniment précieux que nous nommons aujourd'hui *Prison mamertine*. Cette grossière construction est divisée en deux étages ; la partie haute reçoit la lumière par un soupirail pratiqué dans l'église de San Pietro in carcere, qui surplombe le tout.

La partie basse s'appelle *Tullianum*, affreux cachot obscur, humide, sans porte, ni fenêtre ; on y accède par un orifice béant, avide d'engloutir les victimes destinées à la mort.

Ce cachot a été construit par le roi Servius Tullius ; il est donc le plus ancien monument de Rome.

C'est là, dans l'obscurité, entre ces quatre murs, suant l'humidité et l'humiliation, que Jugurtha, roi de Numidie, fut jeté après le triomphe de Marius ; c'est là qu'on le fit mourir de faim ; c'est là que Cicéron fit égorger Lentulus Céthégus et les autres complices de Catilina ; c'est là que César, sans respect pour le courage de son héroïque adversaire, fit mettre à mort le Gaulois

Vercingétorix; c'est là que Tibère fit subir le même sort à son favori Séjan, quand il fut fatigué de ses platitudes; c'est là que saint Pierre et saint Paul furent enfermés pendant huit mois en attendant le martyre; c'est là enfin que saint Pierre fit jaillir miraculeusement une source, visible encore de nos jours, pour baptiser ses deux geôliers et quarante-sept autres prisonniers.

C'est encore là que l'on égorgeait les prisonniers qui, après avoir orné le char du vainqueur, devenaient pour lui un embarras dont il avait hâte de se défaire.

Salluste nous a minutieusement décrit ce cachot; rien n'y a été changé, depuis son temps.

Nulles murailles n'ont été les témoins de plus de terreurs, de souffrances, de désespoirs.

En un mot, cette prison, comme le fait remarquer M. Ampère, est à la fois le plus ancien monument de l'histoire romaine et de la tradition chrétienne à Rome.

Je renonce à décrire les ruines nombreuses qui gisent ici de toutes parts, dans un état de délabrement et d'abandon complet. Il faudrait écrire vingt pages pour en donner une simple idée, c'est plus qu'elles ne valent.

On se croirait dans une ville abandonnée et morte, squelette d'un grand peuple soudainement anéanti.

Je ne puis néanmoins passer entièrement sous silence quelques-unes de ces précieuses reliques de l'antiquité : le *Temple de Vénus et Rome* dont un pan de mur a survécu seulement.

L'empereur Adrien en fut lui-même l'architecte, mais il mourut sans indiquer la destination de cette bizarre construction.

Apollodore, le célèbre auteur de la colonne Trajane, s'étant permis de signaler deux défauts à l'empereur, ce dernier le fit égorger et détruisit plusieurs de ses ouvrages.

Avant de quitter le *Temple de Vénus et Rome*, parlons de l'église de *Sainte-Françoise-Romaine* construite par Nicolas Ier, sur une partie de l'emplacement de ce temple.

Dans la crypte, le tombeau de la sainte, par le Bernin, mérite toute notre attention. On montre encore une pierre encastrée dans le mur, où deux genoux humains semblent avoir creusé une empreinte profonde.

Une pieuse tradition veut que ce soit celle sur laquelle saint Pierre s'agenouilla, lorsqu'il fit tomber Simon le magicien.

Terminons en disant que cette église est desservie par les Olivétains, qui reçurent et nourrirent le Tasse, lorsqu'il était sans asile et abandonné de tous.

En faisant un détour par le Forum, on passe sous les arcs de triomphe de Titus et de Constantin avant d'arriver au Colisée.

Un mot sur chacun d'eux.

L'*arc de Titus* est postérieur au Colisée, il fut élevé, par le Sénat (sous le règne de Trajan), à Titus, vainqueur de Jérusalem et destructeur du temple de cette ville.

Le monument perpétue le souvenir non de la gloire, mais des crimes de Titus, qui ne recula pas devant le massacre et la vente à l'encan de plus d'un million de Juifs. Aussi les Israélites de Rome évitent-ils de passer sous cet arc de triomphe, qui leur rappelle la perte de la patrie, une servitude séculaire et leur vie toujours errante à travers le monde.

Ce monument est le modèle du genre, il est en marbre blanc, et n'a qu'une seule arcade.

Les bas-reliefs nous montrent Titus triomphant, debout sur un quadrige, escorté de licteurs, suivi de son armée. La Victoire vole vers lui pour ceindre son front des lauriers du vainqueur.

Rome, sous les traits de Minerve, mène en main l'un des chevaux du char; les soldats portent les dépouilles provenant du temple de Jérusalem : le candélabre d'or à sept branches, la table d'or, le coffre qui renfermait les tables de la loi et les livres sacrés.

Ce bas-relief éclaire d'une vive lumière l'étude des antiquités judaïques.

Dans un autre bas-relief nous voyons le Jourdain sous la figure d'un vieillard.

6.

L'apothéose de Titus décore la voûte de l'arcade. Un aigle emporte sur ses ailes l'âme du triomphateur, qui est qualifié de *divus*. Cette expression veut dire que l'empereur était mort, lorsque cet arc de triomphe lui fut dédié.

Une sotte tentative de restauration moderne a gâté le monument.

Il faut regretter, en effet, que M. Valadié, chargé par Pie VII de cette restauration, se soit permis d'enlever de nombreux blocs de marbre, pour les remplacer par des blocs de travertin.

Cet acte de vandalisme a fait dire à Stendhal : « Il ne nous reste plus qu'une copie de l'arc de Titus. »

L'*arc de triomphe de Constantin*, si l'on ne s'en rapportait qu'à l'inscription, aurait été élevé par le Sénat et le peuple romain à cet empereur, en souvenir de sa victoire sur Maxence. Cependant, nous savons bien qu'il fut érigé à la mémoire de Trajan.

Pour l'adapter à sa nouvelle consécration, il fallut le mutiler et le torturer dans plusieurs de ses parties. Mais les bas-reliefs, qui chantent les exploits de Trajan, nous dénoncent ce plagiat, que M. de Norvins appelle avec raison : « Un crime de faux en matière de monuments; » et il regrette que le code pénal romain n'ait pas prévu ce parricide d'un nouveau genre.

Enfin, voici le monument le plus curieux de la

Rome ancienne : le *Colisée* ou *amphithéâtre des Flaviens*.

Les souvenirs des magnificences de Néron troublaient le sommeil de Vespasien et de Titus. Ils résolurent de déblayer Rome des monuments qui pouvaient rappeler au peuple les splendeurs passées et ils voulurent rendre à ce peuple plus qu'ils ne lui prenaient; de là l'origine du Colisée.

La tradition veut que ce soit un chrétien du nom de Gaudentius, qui ait été l'architecte du Colisée. Cette assertion paraît invraisemblable, si l'on songe que Gaudentius y fut martyrisé.

Quel spectacle curieux offre au visiteur ce Colisée, lorsqu'il se place au centre de l'arène où combattaient les gladiateurs et qu'il tourne ses regards vers les gradins aujourd'hui écroulés, sur lesquels s'entassait autrefois tout un peuple, altéré de sang, peuple en décadence, gorgé de gloire et de richesses; mais échoué entre les mains des Césars qui lui servaient le *panem et circenses*, but unique désormais de ses aspirations.

Montons aux étages supérieurs par un escalier réparé depuis peu de temps, mais évitons les mauvais pas des voûtes amincies par les pluies et qui peuvent s'effondrer.

Au sommet des ruines, au dernier rang des gradins, on jouit d'une vue saisissante : au nord, presque à la même hauteur, le clocher de San Pietro in Vincoli crève la voûte bleue du ciel; au sud, la basilique de Saint-Paul-hors-les-murs se cache modestement derrière un rideau de cyprès. Au milieu de vieilles masures se dessine la tour d'où Néron contempla, avec une joie féroce, l'incendie de Rome allumé par ses ordres. Cette tour se dresse encore comme une menace du passé sur la grande scène du Capitole, du Forum et du Colisée.

Les sentiments que l'on éprouve alors peuvent s'indiquer, mais ils ne se communiquent pas. Le voyageur, foulant ces ruines, a l'esprit rempli de souvenirs, l'âme débordante d'émotions, il reste muet et longtemps rêveur.

Il se demande comment il pourra décrire ce Colisée, en le rapetissant assez pour ne pas être taxé d'exagération.

Cet édifice qui tombe en ruines, est peut-être aujourd'hui plus magnifique qu'au temps de sa splendeur. Autrefois, ce n'était qu'un théâtre, mais aujourd'hui c'est le plus grand vestige du peuple romain, avant sa chute qui l'a effacé de la carte du monde.

En contemplant ces ruines, Stendhal s'écrie avec beaucoup de vérité : « On peut faire aux Romains la même objection qu'à Napoléon : ils furent criminels quelquefois, mais jamais l'homme n'a été plus grand. » Passons à la description, quelle qu'en soit la difficulté. Le Colisée décrit une ellipse immense de constructions d'une hauteur prodigieuse, dont l'extérieur se tient fièrement en core debout du côté du nord. Le cote du sud est ruiné et porte les stigmates des ravages que lui infligèrent les barbares et les grands seigneurs de Rome, qui, pendant dix siècles, puisèrent dans ses ruines les matériaux de leurs palais.

Des chiffres seront plus éloquents que la description la plus savante.

Je dirai donc que cet amphithéâtre pouvait contenir 107 000 spectateurs, dont 87 000 assis et 20 000 debout sous les portiques du dernier étage, disposés à cet effet.

Trois ordres d'architecture se partagent la façade extérieure. L'ordre est dorique au rez-de-chaussée, ionique au premier étage, puis aux deux derniers étages, il se compose de demi-colonnes et de pilastres corinthiens.

Le monument a 57 mètres de hauteur, 547 mètres de circonférence. L'ellipse de l'arène, dans laquelle combattaient les gladiadeurs, a 95 mètres de longueur sur 61 mètres de largeur.

L'empereur Vespasien avait ramené de Judée 12 000 Juifs prisonniers, qu'il employa comme manœuvres à la construction de cet édifice. Ils périrent tous à la suite de mauvais traitements.

La mort surprit Vespasien au milieu de son ouvrage. Son fils Titus acheva l'œuvre paternelle, en l'an 80 de l'ère chrétienne.

Pour faire dignement la dédicace de cet amphithéâtre unique au monde, il ordonna des jeux pendant cent jours.

Cinq mille bêtes féroces et trois mille gladiateurs payèrent de leur vie cette fantaisie du peuple-roi.

Les arcades d'ordre dorique qui portent des numéros étaient les portes du cirque, cinquante-deux escaliers conduisaient les cent sept mille spectateurs à leurs places, en quelques minutes, et à chaque étage, de vastes dégagements rendaient la circulation facile.

Le centre de l'amphithéâtre portait le nom d'arène, du mot latin *arena*, sable, dont elle était recouverte.

Un mur l'enveloppait et protégeait ainsi les spectateurs contre les attaques des animaux sauvages.

Ces derniers pénétraient dans l'arène par des trappes pratiquées dans le sol.

Les vestales, l'empereur, sa famille, les sénateurs et les magistrats occupaient la place d'honneur sur le premier gradin appelé *podium*, d'où l'on pouvait suivre les moindres péripéties de la lutte.

Au-dessus du *podium*, commençait la longue série des gradins divisée en trois parties, la première en comptait douze, la deuxième quinze, tous en marbre, et la troisième un nombre à peu près égal, mais en bois.

Vingt mille places étaient payantes.

Le prix en était fixé à une somme équivalant à quinze francs de notre monnaie. Les autres places étaient gratuites pour le peuple.

Par un mécanisme aussi puissant qu'ingénieux, on pouvait développer au-dessus de l'amphithéâtre, pour protéger les spectateurs contre les ardeurs du soleil, un voile, *velum*, formé d'un assemblage d'immenses bandes de toile.

Aucun endroit dans le monde n'a donné asile à plus de pompes, à plus de foules en délire, à plus de passions sauvages que le Colisée.

Quel spectacle! quand ces cent sept mille spectateurs, vêtus d'étoffes aux couleurs éclatantes, enivrés par les jouissances matérielles, les seules appréciées alors, grisés par la vue du sang, tous ensemble criaient, applaudissaient, vociféraient des encouragements ou des menaces à l'adresse des gladiateurs ou des bêtes féroces.

Ajoutez-y l'éclat et le cliquetis des armes, les cris des combattants, les rugissements des animaux sauvages, les plaintes des victimes et au-dessus de tout cela, cet admirable ciel d'un bleu si profond, cette grande lumière du soleil d'Italie; vous aurez le spectacle tout à la fois le plus grandiose et le plus hideux dont l'homme ait été témoin.

Quiconque a vu des courses de taureaux en Espagne, pâle reflet des carnages du Colisée, peut se faire une idée de l'enivrement bestial, où l'homme peut se ravaler à une époque de décadence.

Quel contraste de nos jours!

Un silence de mort enveloppe ces ruines, l'abandon y règne souverainement, rien que les blocs de pierre délabrés, des herbes sauvages qui pendent aux murs, verdis par des touffes de mousse.

Au sommet du Colisée, on rencontre des blocs de travertin tellement volumineux que l'on est saisi de surprise. On cherche en vain de quelle manière les anciens élevaient ces masses à une pareille hauteur, sans le secours de nos machines actuelles.

On a risqué cette explication.

Il faut supposer qu'ils avaient établi près du Colisée des rampes en terre. On attelait deux ou trois cents esclaves à un bloc de pierre, qu'ils traînaient avec maints efforts jusqu'au sommet du monument. Souvent, plusieurs esclaves périssaient dans l'ascension, mais c'est là un détail qu'il est inutile de mentionner.

Pendant que Michel-Ange construisait la coupole de Saint-Pierre, il venait le soir, dit-on, errer seul au milieu de ces ruines sublimes, pour y puiser l'inspiration.

Dans l'espoir d'arrêter l'enthousiasme que soufflait dans les cœurs la religion nouvelle, enseignée par saint Paul, les empereurs envoyèrent beaucoup de chrétiens souffrir le martyre dans le Colisée. Ce lieu fut, pour cette cause, un but de pèlerinage pendant tout le moyen âge. La vénération des fidèles sauva le monument d'une destruction complète.

Huit papes s'occupèrent du Colisée. Trois travaillèrent à sa ruine, en y prenant des matériaux pour construire des palais ou des églises; cinq y exécutèrent des travaux de consolidation.

Pie VII construisit un immense arc-boutant en briques, pour étayer un pan de la façade extérieure, prêt à s'écrouler.

Benoît XIV érigea, autour de l'arène, quatorze petites chapelles, contenant chacune une station du chemin de la croix, cette mesure arrêta les dévastateurs.

Pie IX y dépensa utilement des sommes importantes.

Napoléon Ier, de 1810 à 1814, y fit faire des fouilles, des déblaiements et des réparations.

Du forum romain, passons au *Forum de Trajan*.

Au centre, le sénat et le peuple romain ont érigé une colonne à Trajan, l'an 99 de notre ère, en souvenir de ses victoires sur les Daces et pour lui servir de monument sépulcral.

Cet empereur mourut en Syrie, avant d'avoir assisté à l'achèvement de la colonne.

Cossidore nous raconte que les cendres de Trajan, renfermées dans une urne d'or massif, furent placées au pied de la colonne.

A l'origine, la statue de Trajan couronnait ce monument; lors de l'invasion des Barbares, elle disparut; en 1588, Sixte-Quint la remplaça par la statue de saint Pierre, qui, encore de nos jours, surmonte ce magnifique piédestal.

De 1810 à 1814, l'administration française fit déblayer le forum de Trajan, qui se trouve de la sorte, en contre bas du sol des rues avoisinantes.

La colonne Trajane est tout entière en marbre blanc de Paros, dix-sept morceaux ont suffi à en composer tout le fût; la base et le chapiteau sont faits de sept autres morceaux, soit au total vingt-quatre, et la colonne a 48 mètres de hauteur.

Les marches de l'escalier, qui conduit à la balustrade du sommet, ont été fouillées dans les blocs mêmes du marbre.

La lecture des bas-reliefs, dévidés autour de la colonne, nous donne le récit sommaire des expéditions militaires de Trajan.

2500 figures d'hommes et une nombreuse cavalerie s'agitent fiévreusement dans les vingt-trois tableaux sculptés sur place.

L'artiste a su grandir habilement les proportions des personnages, au fur et à mesure que les spirales du ruban des bas-reliefs s'éloignent du sol. L'œil peut les suivre sans fatigue.

La composition est d'un seul maître, Apollodore de Damas, mais l'exécution de ce travail gigantesque a nécessairement exigé le concours de nombreux artistes.

Les archéologues et les savants ont, de tout temps, fouillé d'un œil avide ces bas-reliefs, qui sont restés une mine inépuisable d'enseignements.

Néanmoins, ces sculptures, quoique bonnes, ne sont pas remarquables.

Mais, à l'aspect de ces trophées de marbre ou d'airain, destinés à perpétuer le souvenir de grandes victoires, nul ne peut s'empêcher de songer que les vaincus, devenus vainqueurs, sont venus, à leur tour, frapper ces monuments de leurs épées et témoigner par leur présence de l'instabilité de la puissance issue de la conquête, c'est-à-dire de la force brutale.

Nous en trouvons la preuve dans les trous qui défigurent les sculptures. Ces trous que l'on rencontre dans chacune des pierres de tous les monuments de la Rome antique réclament un mot d'explication.

Les anciens Romains ne construisaient qu'avec d'énormes blocs de pierre ou de marbre, dont la pesanteur assurait la stabilité. Ils ajustaient avec grand soin les lits les uns sur les autres, et ils mettaient entre eux une légère couche de chaux ou de ciment ; mais pour assurer davantage la parfaite solidité des monuments, les Romains avaient l'habitude de relier les pierres entre elles, au moyen d'une petite fiche de bronze, placée au centre de chaque pierre.

Lors de l'invasion des Barbares, Totila, roi des Huns, fit fouiller par le côté toutes les pierres des monuments de Rome, afin d'en extraire cette petite fiche de bronze, dont il fit forger des armes à ses soldats.

Pour entreprendre ce travail inouï, dont on ne comprend bien les difficultés qu'en voyant ces millions de plaies béantes aux flancs des anciens monuments, il faut que les barbares aient cru que ces petites fiches de bronze étaient en or. « Jamais, dit le président de Brosses, si grande peine n'a donné plus mince profit. »

Montons maintenant sur le mont Palatin; ce lieu est aujourd'hui désert; son sol appartient à plusieurs propriétaires. Napoléon III y avait acheté les jardins Farnèse du roi de Naples, François II, moyennant 250000 francs et y fit exécuter des fouilles par le savant archéologue, M. Pietro Rosa.

En 1870, le gouvernement italien racheta ces jardins moyennant 650 000 francs.

Les fouilles entreprises par Napoléon III avaient pour but, non de découvrir des trésors qui n'existent pas, mais d'enrichir la science archéologique de documents précieux sur les murs de la Rome antique et sur les constructions impériales.

Le mont Palatin est le berceau d'Auguste; son père y avait sa demeure. En souvenir de cet empereur, les autres Césars avaient choisi le Palatin pour siège de leur résidence.

Des incendies successifs anéantirent leurs palais, et les ruines, qui aujourd'hui jonchent cette colline et sont connues sous le nom de *Palais des Césars*, dépendent de la partie reconstruite par l'empereur Domitien.

M. Rosa explique de la manière suivante la destination des diverses salles, que l'on distingue encore au milieu des ruines.

En montant le grand escalier, on arrive dans une salle de réception déblayée par Bianchini en 1724.

En face de l'entrée principale, s'ouvre la tribune plaquée de marbre blanc et violet et flanquée de deux autres salles. Celle de gauche servait de chapelle privée, celle de droite était la basilique particulière de l'empereur. Dans cette tribune, saint Sylvestre et saint Laurent ont entendu l'arrêt qui les condamnait à mort.

On entre ensuite dans une cour carrée, appelée péristyle. — Dallée de marbre et décorée de colonnes également de marbre qui en dessinent le pourtour, elle surplombe deux pièces souterraines, bien connues sous le nom de Bains de Livie.

Ces derniers, enterrés vifs avec leurs fresques

et leurs dorures, sont les seuls vestiges qui aient survécu à l'incendie de la maison d'Auguste allumé par Néron.

En traversant le péristyle, on arrive à la salle à manger où une cavité demi-circulaire, faite dans le mur, indique la place de l'empereur.

A droite, s'ouvre le *nymphœum*, petite salle garnie d'un bassin ovale en marbre blanc.

La salle suivante est la bibliothèque. La dernière salle, dont une partie est garnie de gradins, est l'Académie.

D'autres ruines ont été désignées sous le nom de *Chapelle de la Fortune rétrospective ; Palais de Caligula, palais de Tibère, tombeau d'Acca*. Seuls, de très savants archéologues peuvent s'intéresser à la lecture presque indéchiffrable de ces ruines.

Dans la même direction, en sortant de Rome, se trouve la basilique de *Saint-Paul hors les Murs*. Cette église fut incendiée dans la nuit du 15 au 16 juillet 1823. Elle est bâtie sur le lieu même où fut enterré saint Paul.

Un tel hommage était dû à cet homme qui, par sa parole et ses écrits, a remué le monde entier, conquis sur lui une influeuce plus grande que celle de César ou de Napoléon et accéléré le cours de ce fleuve immense, qui sous le nom de religion catholique, vient se mêler à toutes nos affections.

Nous pouvons suivre *la Voie appienne* pour rentrer dans Rome.

Cette route est un des plus grands ouvrages qui nous restent de l'antiquité. Elle part de la porte Capena, se dirige vers Capoue et conduit jusqu'à Brindisi, qui est le chemin de l'Orient. Sa longueur est de 558 kilomètres. Nous arrivons aux Thermes de Caracalla. En 212, cet empereur construisit les Thermes qui portent son nom.

Héliogabale et Alexandre Sévère les développèrent, en les installant sur un pied grandiose.

Il ne faut pas oublier que les Thermes chez les anciens étaient des endroits de réunion, et tenaient lieu de nos cafés et de nos cercles.

Le philosophe Olympiodore dans ses *Commentaires* nous donne une description sommaire de ces Thermes, et nous affirme notamment que 3200 baigneurs pouvaient à la fois y prendre leurs ébats, sans se voir les uns les autres. Les petites chambres de bains étaient revêtues de marbres précieux et ornées de bronze doré.

Cet établissement couvrait une superficie de plus de 10 hectares.

La première salle que l'on rencontre, en y pénétrant, était destinée à des exercices gymnastiques, plus loin s'ouvre une salle immense, ayant dans chacun de ses angles une piscine pour l'eau chaude.

On y voit encore des restes de stuc, des tuyaux et des débris de marches descendant aux piscines.

A gauche, une autre salle contenait les bains froids, puis une autre les bains de vapeur.

Plus loin s'étendait le *Stade*, où les baigneurs se livraient à la course et à la lutte, ou plutôt assistaient aux spectacles que des esclaves donnaient devant eux.

On avait prodigué dans ces thermes un luxe inouï, si l'on en juge par la décoration qui subsiste sur les ruines, et par les œuvres d'art que les fouilles ont révélées.

Il suffit de citer parmi ces dernières : l'Hercule Farnèse, la Flore, le Taureau Farnèse, tous dans la collection du musée de Naples; le Torse, les deux Gladiateurs, la Vénus Callipyge, au musée du Vatican, et enfin l'admirable mosaïque des gladiateurs au musée du palais de Latran.

Nous pouvons donc conclure que si la civilisation romaine a été différente de la nôtre, elle n'a été ni moins fine, ni moins raffinée.

De nos jours, ces restes informes ne sont remarquables que par la hauteur des pans de murs qui restent debout. Ils nous indiquent bien l'immensité de la Rome des Césars. Cette ville s'était petit à petit accrue d'une population trop nombreuse, qui alla déborder dans les faubourgs. Le tout ensemble contenait des milliers de gens portant le titre de *pater familias* et des millions de gens, celui d'esclaves ou d'affranchis.

Avant de quitter ces ruines, il faut monter à leur sommet, pour contempler la campagne romaine. De là, on aperçoit la plaine rayée à perte de vue par des aqueducs en ruines, des arcades noircies, rougies, crevassées, déchiquetées, émiettées par la lime des siècles.

Maintenant, arrivons à la place de *Saint-Jean-de-Latran*, nous y voyons le plus grand obélisque de Rome. Il mesure 33 mètres de hauteur, 11 mètres de plus que celui de la place de la Concorde à Paris.

Constantin l'avait fait embarquer sur le Nil, son fils Constance l'amena d'Alexandrie dans Rome, sur une galère de 300 rameurs, dit l'Inscription.

C'était le principal talent des Égyptiens, talent d'esclave il est vrai, de transporter d'immenses fardeaux.

Cet obélisque fut placé au centre du grand Cirque. Les barbares, en le renversant, le brisèrent en 3 morceaux.

Longtemps enseveli dans l'oubli et la poussière du Cirque, il n'en fut exhumé que par Sixte-Quint, et Fontana le plaça à l'endroit où nous l'admirons aujourd'hui.

Cet obélisque est de granit rouge, chamarré d'hiéroglyphes, qui renferment dans leur belle sculpture le secret de l'histoire encore mystérieuse de l'Égypte. M. Champollion, l'interprête des Pharaons, n'est plus et nous attendrons peut-être toujours l'explication de ces muettes hiéroglyphes.

Nous avons plusieurs monuments à voir sur la place de Saint-Jean-de-Latran.

Commençons par la basilique.

Saint-Jean-de-Latran est la cathédrale et la vraie métropole du premier évêché de la chrétienté; l'Inscription du portail nous l'annonce : « *Ecclésiarum urbis et orbis mater et caput.*

Saint-Pierre n'est que la chapelle pontificale.

Cette basilique a une façade composite à cinq arcades hautes et étroites, formant au devant de l'église un péristyle au dessus duquel est une galerie en loges.

Une seconde façade, construite sur l'ordre de Sixte-Quint, relie l'église au magnifique palais de Saint-Jean-de-Latran.

L'église est vaste, ses murs et ses plafonds sont entièrement blancs. Elle est divisée en cinq nefs par quatre files de colonnes cannelées, dans lesquelles s'enfoncent des niches, qui servent de cadres aux statues colossales et médiocres des douze apôtres.

Auguste avait fait couler avec le bronze des proues égyptiennes d'Antoine et de Cléopâtre quatre magnifiques colonnes, dont il avait décoré le temple de Jupiter Capitolin; nous retrouvons ces colonnes à l'autel du Saint-Sacrement.

Deux colonnes de jaune antique, les deux plus grandes connues, soutiennent l'orgue : Le tabernacle gothique conserve pieusement les chefs de saint Pierre et de saint Paul.

Les statues et les tableaux de ce temple sont peu dignes d'une aussi magnifique hospitalité.

La statue de notre roi Henri IV fait caracoler son cheval de bronze sous un des portiques de l'église. Ce prince se fit nommer chanoine de Saint-Jean de Latran et obtint de transmettre son titre à ses successeurs. Pour cette cause, l'empereur Napoléon III, revendiqua pour lui-même l'honneur de cette dignité, qui ne devant pas tomber en quenouille, n'a pu être conférée à la république française.

Certains journalistes facétieux ont néanmoins ajouté à sa qualité de *une et indivisible* le titre de : *et chanoinesse de Saint-Jean-de-Latran.*

Un grand cloître fait suite à l'église. On y a rassemblé une collection d'antiquités, parmi lesquelles se trouvent plusieurs chaises de porphyre, ouvertes par devant, à l'usage de bains.

Derrière le palais de Saint-Jean-de-Latran, habité par les papes pendant 1036 années, on voit un petit temple octogone appelé *Baptistère de Constantin.* Deux de ses bas-reliefs représentent, l'un le baptême de Jésus-Christ et l'autre le baptême de Constantin.

Au centre, on a placé une grande urne de porphyre, dans laquelle on baptisait par immersion, suivant l'usage antique. Elle est surmontée d'un petit dôme, soutenu par huit colonnes de porphyre.

La bataille du tyran Maxence et autres traits de l'histoire de Constantin sont peints à fresque sur les murailles. Les meilleures peintures sont celles de la vie de la Vierge par André Sacchi.

En traversant la place, on arrive au beau portique construit par Fontana. Il renferme l'escalier de 28 marches en marbre blanc du palais de Pilate, que le Christ monta trois fois dans la même journée et qu'il sanctifia en l'arrosant de son sang. C'est la *Scala Sancta*.

La tradition veut que ce soit sainte Hélène qui ait fait venir cet escalier de Jérusalem.

Sixte-Quint au seizième siècle chargea Fontana de disposer les 28 marches en forme d'escalier. Le célèbre architecte fit placer la marche la plus élevée la première et successivement les autres, en descendant; celle de la base fut placée la dernière, de sorte que personne n'a foulé cet escalier avec les pieds.

La foule pieuse monte à genoux ces marches, que des planches de chêne préservent d'une usure trop hâtive.

Trois de ces marches offrent à la vénération des fidèles quatre gouttes de sang du Sauveur; des cristaux les recouvrent, en les laissant apercevoir.

Avec le présent chapitre, nous avons fini de voir la Rome ancienne ; dans les chapitres suivants, si nous rencontrons sur notre chemin quelques souvenirs de l'antiquité, j'en parlerai à leur place.

CHAPITRE VII

ROME

(Suite)

Le pont Saint-Ange. — Le château Saint-Ange. — Biographie de Michel-Ange. — Biographie de Raphaël. — Un mot du père Lacordaire. — Obélisque du Vatican. — Saint Pierre. — Le Vatican. — Chambres de Raphaël. — La bibliothèque. — Les jardins. — Le Transtévèré et ses habitants. — L'acqua Paola. — Bouche de la Vérité. — Saint-Onufre.

Nous allons visiter le Vatican, Saint-Pierre, et le Transtévèré. Après cela, nous aurons vu Rome dans son ensemble, d'une façon trop rapide, j'en conviens, mais du moins suffisante pour en avoir une idée exacte et générale. Et, si j'ai inspiré à mon lecteur, ne fut-ce qu'un faible désir de voir de ses yeux les choses dont je lui aurai parlé, j'aurai atteint le but que je me proposais.

Les courses sont longues dans Rome; aussi, nous prendrons une voiture qui nous conduira au *pont Saint Ange*.

Avant de franchir le pont, jetons un coup d'œil à

une petite place, sur laquelle, au temps du pouvoir temporel des papes, avaient lieu les exécutions des criminels.

A droite, près du Tibre, l'on aperçoit une chapelle, où les condamnés à mort entendaient la messe, avant de marcher au trépas.

Il était d'usage que le pape jeunât le jour d'une exécution capitale et priât spécialement pour le salut du coupable.

Le *pont Saint-Ange* enjambe le Tibre à la hauteur du château Saint-Ange. Il relie le *Borgo* au reste de la ville. Magnifique dans son ensemble, autant que soigné dans ses détails, encadré de chaque côté d'une balustrade de marbre blanc, il supporte sur ses acrotères dix anges qui tiennent dans leurs mains les instruments de la Passion et laissent flotter au vent de lourdes draperies également en marbre.

J'aime à croire que ces figures pieuses avaient été sculptées par le Bernin pour un lieu saint, et que, par erreur, elles ont été placées ou plutot déposées, à titre provisoire, sur les parapets de ce pont. Elles y sont exposées autant à la vénération qu'aux insultes des passants.

A l'extrémité du même pont se dresse le *château Saint-Ange* ou *tombeau d'Adrien*.

Auguste avait élevé le mausolée qui porte son nom pour recevoir les cendres des Césars. Adrien, craignant que les siennes y fussent à l'étroit, et voulant élever tombeau contre tombeau, construisit pour lui-même le mausolée, en partie détruit aujourd'hui, que nous appelons château Saint-Ange.

Quelques Césars furent inhumés près d'Adrien : on cite notamment Antonin le Pieux, Marc-Aurèle, Commode et Septime Sévère.

Cet édifice dut être dans son temps le plus merveilleux du monde.

Plusieurs rangées de colonnes tournées dans les marbres les plus précieux, entremêlées de statues gigantesques, pyramidaient depuis la base jusqu'au pinacle. Le monument était couronné de cette énorme pomme de pin que l'on voit dans les jardins du Vatican.

L'historien grec Procope, qui avait accompagné Bélisaire dans sa campagne en Italie, en qualité de secrétaire, nous a laissé une description aussi savante que détaillée du tombeau d'Adrien. Elle est malheureusement trop longue pour que j'en risque ici la traduction. Je renvoie donc le lecteur au texte grec.

Adrien, en construisant ce magnifique monument, avait compté sans les barbares, sans Constantin, sans Charles-Quint, sans le génie militaire. On dirait que les modernes s'y sont donné rendez-vous pour détruire la manifestation de l'omnipotence césarienne et du génie des arts. Il ne reste aujourd'hui de ce tombeau qu'une large tour, défendue par le glaive d'un ange exterminateur.

Constantin avait donné le signal de la spoliation du mausolée d'Adrien, en lui arrachant vingt-quatre colonnes de marbre violet, hautes de 12 mètres d'un seul bloc, qu'il transporta à la basilique de Saint-Paul-hors-les-Murs.

Néanmoins, si les artistes anciens, dont les noms ne nous sont pas parvenus, ont travaillé à l'ornementation de ce tombeau, des artistes modernes, tels que Pierre del Vaga et Jules Romain, y ont, dans des fresques charmantes, donné la mesure de leur talent.

Le château Saint-Ange fournirait à lui seul les matériaux d'une longue histoire.

A l'origine, comme je l'ai dit plus haut, il servit de sépulture aux empereurs. Au moyen âge, on le travestit en une place forte et une prison. Les mânes des Césars y errent avec surprise sur les créneaux et dans les cachots.

Léon IV y éleva des murailles pour se protéger contre les menaces des Sarrasins.

Nicolas V en fit augmenter les fortifications, lorsqu'il reçut l'empereur Frédéric II et Ladislas de Hongrie.

Benoît VI y fut étranglé.

Jean XIV y mourut de faim.

Alexandre VI s'y réfugia pour échapper à

Charles VIII, lorsque le roi de France fit son entrée triomphale dans Rome.

Clément VII demanda protection à cette forteresse contre les brutalités de la soldatesque allemande du connétable de Bourbon.

En 1814, le général Miollis s'y enferma avec des vivres, des munitions et un bataillon et soutint un siège héroïque contre Joachim Murat, qui avait trahi la France. Miollis sut conserver intact l'honneur du drapeau français jusqu'au traité de Fontainebleau. Il avait envoyé M. de Norvins assurer Napoléon qu'il rendrait la place, seulement quand l'ange exterminateur, qui la domine, aurait remis l'épée au fourreau.

On voit donc que l'histoire du mausolée d'Adrien s'incarne dans celle des partis, qui tour à tour au pouvoir, ensanglantèrent Rome dans leurs luttes criminelles.

Si nous continuons notre route vers Saint-Pierre, nous saluerons, en passant, la maison où mourut Raphaël.

Mais avant d'aller plus loin, comme j'aurai l'occasion de parler souvent de Michel-Ange et de Raphaël, je crois utile de donner ici brièvement la biographie de ces deux hommes de génie, dont les noms ont retenti dans le monde entier. Ces hommes ont occupé une si large place dans la civilisation en Italie par leurs productions en sculpture, architecture et peinture, qu'il est nécessaire de connaître leur vie.

Je commence par Michel-Ange, je finirai par Raphaël.

Michel-Ange Buonarotti naquit dans les environs de Florence le 6 mars 1474; son vrai nom était Simoni Canossa.

Son père, vieux gentilhomme l'envoya de bonne heure chez le grammairien Francesco da Urbino. Mais tous les instants que l'enfant pouvait dérober à l'étude de la grammaire, il les consacrait à celle du dessin.

Un jour, un peintre lui donna une tête à copier, le jeune artiste réussit cette copie si parfaitement, que le peintre ne s'aperçut pas qu'il lui rendait la copie à la place de l'original; il est vrai que Michel-Ange avait eu soin d'exposer son travail à la fumée, pour lui donner une teinte ancienne.

Son père contrariait toujours son irrésistible vocation, ne voyant pas de différence entre un tailleur de pierre et un sculpteur. Le jeune homme allait souvent dans les jardins de Saint-Marc à Florence pour y faire de la sculpture. Il avait alors quatorze ans. Un jour, il y sculptait un masque en marbre, Laurent de Médicis dit le Magnifique passe et voit l'enfant : « Qu'est-ce que ce masque ? » dit-il. — « Celui d'un vieux faune qui rit. — C'est beau, mais pourquoi a-t-il toutes ses dents, il en manque toujours aux vieux ? » Un éclair traverse l'esprit de l'enfant, qui, d'un coup de marteau, casse deux dents au satyre et lui déforme la gencive. Laurent vit dans ce masque un chef d'œuvre et l'emporta. Il est aujourd'hui au musée de Florence.

Après cette aventure, Laurent de Médicis demanda Michel-Ange à son père, qui n'osa plus résister. Le jeune homme fut logé dans le palais de Florence, reçut cinq ducats d'appointements par mois et fut comblé d'honneurs.

Mais Laurent de Médicis mourut peu après, le 9 avril 1492. Avec sa mort, la civilisation sembla reculer d'un siècle. Michel-Ange âgé seulement de dix-huit ans, n'ayant plus de protecteur, retourna chez son père.

Stendhal raconte que heureusement il tomba beaucoup de neige à ce moment. Pierre de Médicis, le fils de Laurent, eut la fantaisie d'avoir une statue colossale en neige. Il fit appeler Michel-Ange pour exécuter le travail; le jeune artiste s'en étant tiré avec bonheur, Pierre de Médicis lui rendit sa chambre et son traitement.

Pendant la guerre civile qui ensanglanta la Lombardie, Michel-Ange se réfugia à Venise, et ne rentra dans Florence qu'après l'expulsion des Médicis. Il fit alors un *Amour endormi*. Sur le conseil d'un ami, il ternit la blancheur du marbre, rendit son œuvre en tous points semblable à une statue antique et la vendit comme telle 200 ducats à un cardinal Romain, qui passait pour un grand connaisseur.

Notre artiste fit ensuite le *Bacchus* de la galerie de Florence et vint à Rome ciseler la *Pieta* de Saint-Pierre; de retour à Florence, il tailla la statue colossale de *David*.

Il faut remarquer que c'est à partir de cette époque, qu'il introduisit dans ses œuvres le genre terrible. Considérons que Phidias a fait des dieux heureux, et Michel-Ange des héros souffrants, les uns valent bien les autres : c'est la même magnanimité, ici exposée aux misères du monde, là bas affranchie de ses misères.

Quand Jules II fut nommé pape, il appela près de lui Michel-Ange, qui lui proposa de sculpter son tombeau. Le souverain pontife accepta et l'artiste partit aussitôt à Carrare, pour y faire le choix des marbres, qu'il amena dans Rome par le Tibre et qu'il débarqua sur la place Saint-Pierre. Alors le pape le combla de faveurs, mais bientôt craignant que la construction de son tombeau ne parut de mauvais augure, il lui en fit suspendre le travail et lui commanda la statue de *Moïse*, aujourd'hui dans l'église de Saint-Pierre-aux-Liens.

Puis Jules II et Michel-Ange se brouillèrent, mais leur réconciliation eut lieu bientôt après à Bologne. A cette époque, le pape ordonna à notre artiste de peindre à fresque le plafond et les murs de la chapelle Sixtine.

On comprend dans quel embarras Buonarotti se trouva en face d'un art si nouveau pour lui. Son amour-propre était excité vivement et sa réputation était en jeu, car, à quelques pas de lui, Raphaël brossait ses fameuses chambres. Il se mit aussitôt résolument à l'œuvre, mais n'obtint que de mauvais résultats. Il eut alors la pensée de s'adresser à l'architecte Sangallo, qui lui indiqua les causes de son insuccès et lui apprit à faire le crépi qui devait recevoir la peinture.

Buonarotti termina la voûte de la chapelle Sixtine en vingt mois, il avait alors trente-sept ans.

La postérité doit un tribut d'hommage à ce génie, qui pour son coup d'essai, dans un art qu'il n'avait pas étudié, fit un coup de maître. Sa fresque la plus grande connue, imitée d'aucun artiste, est classée au premier rang parmi les œuvres de ce genre.

Plus tard, quand Léon X fut élu pape, il eut avec lui une contestation relative à une qualité de marbre; il fut si piqué qu'on lui eût donné tort, qu'il se retira à Florence, et resta pendant les neuf années du pontificat de Léon X sans rien produire. On ne connait de détails sur sa vie pendant ce temps que l'apostille qu'il mit au bas de l'adresse envoyée au pape, relativement au tombeau que les Florentins voulaient élever à leur poète immortel, le Dante.

L'original de cette adresse est conservé dans les

archives de l'hopital de Santa-Maria-Nuova à Florence. Voici l'apostille de notre artiste : « Moi, Michel-Ange, sculpteur, adresse la même prière à Votre Sainteté, offrant de faire au divin poète un tombeau digne de lui. »

Bientôt la révolution chassa de nouveau les Médicis de Florence, qui, pour éloigner tous les prétendants, nomma roi Jésus-Christ. Un comité de neuf membres fut chargé de la direction des affaires publiques; Michel-Ange en fit partie et reçut de plus le titre de gouverneur des fortifications. Les soldats allemands du pape assiégeaient alors Florence. Aussitôt Michel-Ange fit le tour des remparts et, s'étant aperçu de leur mauvais état, il entreprit de couvrir la ville de fortifications que Vauban lui-même a qualifié d'excellentes.

Après onze mois de siège, la ville se rendit à discrétion; Michel-Ange, dont la tête avait été mise à prix, sut échapper aux recherches de l'ennemi.

Quand Paul III monta sur le trône pontifical, il voulut avoir tout le temps de l'artiste; il alla lui rendre une visite officielle, accompagné de dix cardinaux, pour voir le carton du *Jugement dernier*.

Le pape aurait voulu que cette grande œuvre fût peinte à l'huile, mais Buonarotti lui répondit qu'il la voulait faire à la fresque, parce que la peinture à l'huile ne convenait qu'à des femmes ou à des paresseux.

Michel-Ange mit huit ans à peindre le *Jugement*

dernier, qu'il découvrit le jour de Noël 1541, il avait alors soixante-sept ans.

Plus tard, il devint, malgré lui, l'architecte de Saint Pierre et ainsi légua à notre admiration cette coupole qu'il a marquée du sceau de son génie.

A l'âge de quatre-vint-huit ans, Michel-Ange dessina l'église de Sainte-Marie-des-Anges dans les thermes de Dioclétien. Florence, au même moment, lui demanda un plan d'église, il en envoya cinq à sa ville natale.

Michel-Ange a laissé de nombreux plans de monuments divers. On peut donc s'étonner que, de nos jours, au lieu de mettre au concours le plan d'un monument, on ne se contente pas de choisir un de ces plans.

Ce grand homme dirigeait les travaux de Saint-Pierre depuis dix-sept ans, lorsque la mort vint le surprendre sur ses chantiers, le 17 février 1563, à l'âge de quatre-vingt-huit ans, onze mois et quinze jours.

On dit que Buonarotti travaillait avec impatience, impétuosité, violence même; c'est la cause pour laquelle il a souvent trop marqué les détails. Quand une idée bouillonnait dans son cerveau, il la poursuivait, en fouillant avec fureur le marbre qui lui cachait sa statue. Ses biographes prétendent qu'il faisait voler plus de marbre en un quart d'heure que trois jeunes gens en trois heures, et qu'il travaillait avec tant de furie qu'on tremblait pour le ciseau, pour le marbre et pour l'artiste, tout à la fois.

L'amour de l'étude et du travail l'avait, dès sa jeunesse, jeté dans une solitude d'où il était difficile de le tirer. Il ne cultiva aucune amitié, ne fréquenta aucune société. Servi par un domestique, il se promenait toujours seul et travaillait isolé sur ses échafauds.

Une seule femme eut une place dans son cœur, ce fut la belle marquise de Pescaire, et encore ne l'aima-t-il que d'un amour platonique. Le soir, après les labeurs du jour, il écrivait un sonnet à sa louange, et s'agenouillant en esprit devant elle, comme Dante aux pieds de Béatrice, il la priait de le soutenir dans ses défaillances et de le garder dans le droit sentier.

Quand cette belle marquise mourut, il n'osa pas déposer un baiser sur son front pâli, mais il avoua plus tard la regretter amèrement.

Cette mort, en effet, lui causa un chagrin qui le plongea pendant quelque temps dans un état voisin de la folie.

Les livres qu'il préférait étaient ceux de l'Ancien et du Nouveau Testament, et surtout les discours éloquents et terribles de son maître et ami le moine Jérôme Savonarola. Il l'avait vu attaché au pilori, puis étranglé et brûlé. Mais il entendait toujours, disait-il, sa parole brûlante vibrer dans son âme.

On lui reprocha de ne s'être jamais marié; il répondit : « La peinture est jalouse et veut posséder l'homme sans partage. »

Le grand duc Côme le combla de bienfaits; son fils François de Médicis ne lui parla jamais que la barrette à la main.

Plus de douze têtes couronnées lui envoyèrent des messages flatteurs, et quand Charles-Quint entra dans Rome, Michel-Ange alla lui présenter ses hommages; l'empereur répondit à son compliment par ces paroles : « Il y a au monde plus d'un empereur, mais il n'y a qu'un seul Michel-Ange. »

Esquissons maintenant la biographie de Raphaël dont le nom n'est pas moins célèbre.

Raphaël Sanzio naquit à Urbin, près de Pérouse, le vendredi saint 1483, neuf ans après Michel-Ange.

Remarquons qu'il mourut également le vendredi saint, en 1520.

Voici comment sa vie si courte fut si largement remplie.

Tout enfant, il apprit le dessin. Son premier maître fut son père, peintre médiocre. Quand il sut tout ce qu'il pouvait étudier dans la boutique de son père, il passa dans l'atelier de Pérugin, à Pérouse.

Ses progrès furent si rapides, que bientôt il fut en état d'égaler son maître, et même de le surpasser dans la noblesse des figures.

Un peintre célèbre alors, Pinturicchio, prit avec lui Raphaël, âgé seulement de vingt-cinq ans, pour l'aider à faire les fresques de la sacristie de la cathédrale de Sienne. Notre jeune artiste exécuta les esquisses et les cartons de la totalité de ces fresques, et l'on croit même que les plus jolies têtes sont de sa main.

En 1504, Raphaël se rend à Florence, où il se lie d'amitié avec Fra Bartolomeo della Porta, moine qui lui apprit le clair obscur et à qui, en échange, il montra la perspective.

En 1505, Raphaël retourne à Pérouse, et peint la chapelle Saint-Sévère.

A partir de ce moment, il dépouille sa première manière, et en adopte une seconde, dans laquelle il débute par le tableau de la *Madone avec l'enfant Jésus et saint Jean au milieu d'un paysage*. Cette toile se trouve dans la tribune de la galerie de Florence.

Son oncle Bramante, admirateur de son génie, intriguait pour lui auprès de Jules II, pour qu'il fût employé à quelque grand ouvrage. Il obtint bientôt du pape ce qu'il désirait pour son neveu. Raphaël, âgé de vingt-cinq ans, fut appelé à Rome et aussitôt chargé de peindre au Vatican un panneau d'une des chambres.

Pour donner la mesure de son talent, il produisit la *dispute du Saint-Sacrement*. On comprend quel enthousiasme il excita et pourquoi le pape fit démolir, à coups de marteau, les fresques exécutées précédemment, voulant que toutes les peintures des chambres sortissent de la palette de Raphaël.

Tous les gens riches faisaient alors au grand artiste une cour assidue, pour obtenir soit une peinture de sa main, soit seulement quelques coups de crayon.

Ce n'est donc pas sans raison que Vasari dit : « Si l'on veut voir clairement combien parfois le ciel peut se montrer libéral et large, en accumulant sur une seule personne les infinies richesses de ses trésors et de ses dons, qu'en un long espace de temps, il disperse entre beaucoup d'individus, il faut contempler Raphaël Sanzio d'Urbin. »

Ce grand homme ne quitta plus Rome jusqu'à sa mort. Pendant les douze années qu'il passa dans la ville éternelle, il travailla à la construction de Saint-Pierre, peignit une quantité considérable de fresques et de tableaux, brossa dans le Vatican les loges, les chambres et les cartons des tapisseries qui furent exécutées plus tard à Arras.

La Transfiguration fut la dernière œuvre de Raphaël.

Ce grand homme s'éteignit à Rome dans sa maison, rue des Coronari, le vendredi saint, 7 avril 1520, à l'âge de trente-sept ans, épuisé par ses excès de travail et de plaisir.

Ses débauches avaient été favorisées par Augustin Chigi, qui, pour lui plaire, avait donné chez lui un logement à la Fornarina, sa maîtresse.

Le cardinal Bibbiena avait en vain essayé de lui faire épouser sa nièce, héritière de sa grande fortune; le pape voulait même lui donner la pourpre romaine.

Ces offres ne purent l'amener à amender sa vie.

En apprenant cette mort, Léon X donna des larmes à ce grand homme, et dit avec vérité : « Ma cour a perdu son plus bel ornement. »

Fin singulière pour l'auteur de la *Vierge à la chaise* et de la *Transfiguration*. Combien de chefs-d'œuvre nous eut encore fournis son pinceau, si la morale chrétienne avait exercé sur le cœur trop large du grand maître l'influence qu'ont eue sur son génie la tradition et les dogmes de la religion catholique !

Quand Raphaël fut mort, on exposa le tableau de la *Transfiguration* près du lit de parade, sur lequel il reposait, afin que la foule, admise à rendre un suprême hommage à ce génie, put, en voyant sa dernière œuvre, mesurer toute l'étendue de la perte que les arts et la civilisation venaient de faire.

Après avoir ainsi esquissé les biographies de Michel-Ange et de Raphaël, nous pouvons aller à Saint-Pierre.

Un mot avant tout sur les églises de Rome.

Ces temples chrétiens sont, d'après leur architecture, classés en quatre groupes.

1º Les basiliques qui affectent la forme *rectangulaire*.

2º Le Panthéon dont la forme est *circulaire*.

3º Les églises en forme de *croix grecque*.

4º Les églises en forme de *croix latine*.

De toutes les basiliques de Rome et du monde, la plus grande, c'est Saint-Pierre.

On y arrive par la longue rue de *Borgo nuovo*. Quand Napoléon Iᵉʳ fut maître de Rome, il voulut embellir cette conquête, qu'il ne vit jamais.

Il décida la démolition de toute une rangée de maisons, pour faire à la basilique une avenue digne d'elle : « Je veux, disait-il, que le décret en soit signé par mon fils, le roi de Rome. » Nous savons pourquoi le travail ne fut pas exécuté. C'est le cas de citer sur Napoléon II une phrase du père Lacordaire : « Son père l'avait appelé d'un nom trop pesant; le roi de Rome succomba sous ce fardeau, comme une fleur précieuse qui n'atteint pas son âge, courbée sous l'étiquette, à laquelle une main amie, mais imprudente, la condamna. »

En arrivant sur la place Saint-Pierre, la première chose qui frappe les yeux est l'obélisque qui en marque le centre.

Rome a le bonheur de posséder onze obélisques.

Tout le monde sait que ces monuments sont d'origine égyptienne, qu'ils étaient destinés à l'ornementation des tombeaux, des temples et des palais, et que leur nom vient d'un mot grec qui signifie aiguille.

Les Barbares les avaient tous renversés dans la poussière; c'est aux papes que revint l'honneur de leur restauration.

Parlons de l'obélisque du Vatican.

Haut de 28 mètres, d'un seul bloc de granit, il est vierge d'hiéroglyphes. Taillé à Hiéropolis, il fut dressé, par Caligula dans le cirque qui porta le nom de Néron.

Sur les flancs de cet obélisque, deux fontaines agitent leur panache d'écume et peuplent la solitude de la place.

M. de Bussières nous raconte que Sixte-Quint chargea Fontana de transporter cet obélisque sur la place Saint-Pierre. Il s'agissait de soulever un monolithe du poids de 993537 livres. Fontana, à la tête de huit cents ouvriers, opéra ce prodige le 10 septembre 1456. Cent-quarante chevaux, attelés à quarante grues, servirent de force motrice.

Toute la population de Rome était accourue à la place Saint-Pierre et se tenait haletante et muette dans une attente pleine d'anxiété.

Quand l'obélisque fut soulevé, la tension des cordes était si grande, que Fontana désespéré vit qu'elles allaient se rompre, et que le fruit de ses veilles et de ses travaux allait être perdu en un instant. Tout-à-coup, une voix s'élève de la foule celle d'un jeune marin de Gênes nommé Bresca : « *Acqua alle fune,* » de l'eau aux cordes, dit-il, on lui obéit et cette entreprise, sur le point d'échouer, réussit pleinement.

Des tonnerres d'applaudissements partirent de tout un peuple en délire, qui aussitôt se répandit dans les rues de Rome, en portant Fontana en triomphe.

Sixte-Quint se fit amener Bresca et lui demanda ce qu'il voulait pour sa récompense. Ce jeune homme fit preuve de désintéressement pour lui-même, mais se montra plein de prévoyance pour l'avenir de sa famille ; il répondit au Saint-Père qu'il désirait que sa famille fût à jamais chargée de fournir les palmes nécessaires à la cérémonie des Rameaux, dans la basilique de Saint-Pierre.

De nos jours encore, c'est la famille Bresca, établie à San Remo, qui fait cette fourniture.

Traversons la grande place, pour contempler la basilique, l'œuvre la plus artistique qui soit sortie de la main des hommes. Quand on aperçoit du Pincio, le soir, la basilique de Saint-Pierre qui dessine son dôme admirable sur cette teinte si pure d'un crépuscule orangé, surmonté au haut du ciel de quelque étoile qui commence à paraître, rien ne peut être comparé au charme qu'on éprouve à la vue de ce magnifique panorama.

L'âme est attendrie et élevée, une félicité tranquille la pénètre tout entière. Mais il faut aimer Rome, capitale du monde chrétien, pour s'élever à la hauteur de ces sensations.

L'église de Saint-Pierre est construite sur l'ancien emplacement du tombeau de Scipion, du cirque de Néron et d'un temple d'Apollon. Elle est précédée d'une grande place ou cour d'honneur formée par deux superbes colonnades qui l'enserrent de leur courbe.

Ces colonnades sont formées de soixante-quatre pilastres et de deux cent quatre-vingt quatre colonnes doriques, placées sur quatre rangs au-dessus desquelles court une terrasse bordée de cent quatre-vingt douze statues de douze pieds de haut.

L'historique de la basilique de Saint-Pierre peut se résumer de la manière suivante.

En 324, Constantin après sa conversion posa la première pierre d'une église sur l'emplacement où saint Pierre avait été martyrisé.

En 1450, l'édifice mal entretenu menaçait ruine; il fut démoli, et Jules II s'adressa au Bramante pour reconstruire la basilique sur des bases plus larges, en lui disant de faire la plus belle chose du monde et de ne pas songer à la dépense.

Bramante voulut donner au monument la

forme d'une croix grecque et placer une immense coupole à l'intersection des bras de la croix.

Après sa mort, sa succession tomba entre les mains de Sangallo, de Gioconde, de Raphaël, et de Perruzzi.

Enfin Michel-Ange arriva sur les chantiers et prit la direction des travaux, il était alors âgé de soixante douze ans.

Il se mit activement à l'ouvrage, refusa tout salaire et jusqu'à sa mort, arrivée à l'âge de quatre vingt neuf ans, mit tout son génie au service de cette grande œuvre; son premier soin avait été de transformer les colonnes en énormes piliers, pour assurer les assises du Dôme.

Après lui, viennent Vignole, Pierre Ligorio, Jacques della Porta, puis Charles de Maderne, qui convertit la croix grecque en croix latine et jette au-devant de l'église un portique théâtral. L'effet du dôme était alors manqué, car il est masqué en partie et relégué au second plan; dans la pensée de Michel-Ange, au contraire, il devrait frapper les yeux et absorber l'attention.

Le chanoine de Bleser, tout en constatant cette erreur, excuse Charles de Maderne et démontre que les proportions actuelles de l'église sont de beaucoup préférables au déploiement des grandes pompes religieuses.

Un mot sur les principaux architectes de Saint-Pierre.

Le plan est de Bramante; la disposition intérieure est en grande partie l'ouvrage de Vignole; Lorenzetto a exécuté les revêtissements extérieurs; Michel-Ange a produit son chef-d'œuvre, en nous donnant le dôme, auquel Jacques della Porta et Fontana ont travaillé, le vestibule, qui est la partie la plus faible du monument, est l'œuvre de Charles de Maderne; enfin l'admirable colonnade, qui termine si grandiosement le monument, est une conception du Bernin.

Au pape Pie VI revient l'honneur d'avoir mis la dernière main à la basilique de Saint-Pierre.

La construction de ce momument, unique au monde, absorba trois siècles, vit mourir vingt-huit papes, épuisa le génie de douze architectes celèbres et dévora 260 millions; le triple de cette somme ne suffirait pas aujourd'hui.

La description détaillée de la basilique demanderait des développements dans lesquels je ne veux pas entrer. Je me contenterai d'en esquisser les traits principaux.

Comment en effet décrire en détail ses 748 colonnes, ses 11 coupoles ou coupolinettes, ses 45 autels, ses 29 grands tableaux en mosaïque, véritables peintures faites pour l'éternité. ?

Il y a beaucoup de détails médiocres et même qui seraient de mauvais goût ailleurs, mais l'ensemble est si merveilleux, qu'il couvre toutes ces défectuosités.

L'église ouvre sur le vestibule de Charles de Maderne par cinq portes ; l'une d'elles est dite porte jubilaire, parce qu'elle est murée et que le pape ne l'ouvre qu'au commencement de chaque jubilé.

Deux statues équestres sont placées aux extrémités du vestibule : celle de Constantin, le protecteur des chrétiens, l'allié des papes, et celle de Charlemagne qui dota la papauté du pouvoir temporel et se fit sacrer empereur dans l'ancienne église de Saint-Pierre.

En entrant dans ce sanctuaire, avant d'avoir rien examiné, on se sent écrasé par son immensité, qui vous fait sentir votre néant ; la surprise que l'on éprouve est si grande, que l'on s'arrête muet d'étonnement.

Saint-Pierre paraît merveilleux, car il l'est en effet, mais je ne puis comprendre le sentiment de la plupart des auteurs qui ont écrit sur Rome, lorsqu'ils proclament que Saint-Pierre ne les a ni étonnés ni surpris, à la première vue. Ces écrivains ont trouvé l'ensemble naturel, ils diraient presque ordinaire, s'ils l'osaient.

M. de Norvins va jusqu'à nous dire que l'église ne lui a pas semblé colossale. Il savait cependant qu'elle mesurait 575 pieds en longueur, 517 en largeur et que la règle et le compas avaient jeté vers le ciel sa coupole à 485 pieds du sol, où elle reste suspendue sur quatre piliers.

Chez moi, le sentiment éprouvé a été bien différent. Quoique j'eusse été préparé à la visite de Saint-Pierre par des lectures, des récits et des photographies, sa vue a été pour moi un coup de foudre mêlé d'admiration.

Cette basilique est à la fois le chef-d'œuvre du catholicisme et celui de l'art, c'est la demeure de Dieu embellie comme un musée, c'est un musée consacré à la gloire de Dieu.

Parmi les voyageurs qui s'y pressent, l'observateur n'a pas besoin d'un œil bien exercé pour distinguer les catholiques des protestants. Les premiers, quelle que soit, en général, leur indifférence en matière religieuse, revêtent soudain dans leur maintien et dans leur regard, en foulant les dalles de Saint-Pierre, une sorte de recueillement catholique, qui contraste singulièrement avec l'impassibilité des anglicans.

Les architectes, pour mieux faire constater au visiteur la supériorité de Saint-Pierre, en étendue, sur les plus grandes églises du monde, ont tracé sur le marbre de la nef la longueur des cathédrales de Milan, de Florence, de Londres, de Paris et de Constantinople.

Pour bien comprendre l'étendue du monument, disons que Saint-Pierre a une élévation de moitié supérieure à celle de la cathédrale de Paris, qu'il couvre un espace de 22 000 mètres, tandis que Notre-Dame de Paris n'occupe que 5 500 mètres.

Je ne saurais donner une meilleure idée de

l'énormité de la basilique que par cette anecdote :

Dans les niches, entre les piliers des bas-côtés, se trouve le tombeau de saint Bruno, surmonté de la statue colossale de ce saint, auquel un petit ange, soutenu par un nuage de marbre, offre la mitre, le tout est signé par Slodtz, un sculpteur français du dernier siècle.

Le président comte de Brosses fit remarquer à l'artiste que son ange était petit et mesquin : « Cela est vrai, répondit-il, je le reconnais à présent, mais cette église est si trompeuse ! j'ai néanmoins donné onze pieds de hauteur à cet enfant. »

L'admirable proportion de tous les détails empêche que l'on en distingue un plus que l'autre à la première inspection et s'oppose à tout fracas dans l'esprit. Tout y est simple, grandiose et par conséquent sublime.

L'ornementation générale intérieure de la basilique de Saint-Pierre est si parfaite, que l'on a pu dire avec vérité : « Il est impossible d'y ajouter ou d'y retrancher un ornement, sans que l'œil en soit choqué. »

Diverses chapelles étaient enrichies de peintures de grands maîtres que l'humidité détériorait. Ces peintures furent enlevées et remplacées par des copies en mosaïque d'un travail merveilleux, chacune de ces copies a coûté 80 000 francs.

Mais arrivons aux détails.

La basilique de Saint-Pierre est en forme de croix latine, composée d'une nef principale et de deux nefs collatérales; seulement, chacune des deuxièmes nefs est plus courte que les trois autres, en ce sens qu'elle ne s'ouvre pas au portail et ne commence qu'au quart de la longueur totale de l'église.

Le sommet de la croix est surmonté d'une abside; au point d'intersection des bras de la croix jaillit le fameux dôme.

Le pavé est en marbre à compartiments; la voûte est tapissée de stuc et de mosaïques dorées.

Nous sommes entrés dans Saint-Pierre : nous nous tenons près de la porte. A droite, nous apercevons la chapelle de la *Piéta*. On appelle *Piéta*, un groupe de la sainte Vierge et de son fils mort sur ses genoux.

Cette belle sculpture en marbre est sortie des mains de Michel-Ange, qui l'exécuta à l'âge de vingt-cinq ans pour l'ambassadeur de France.

Beaucoup de critiques reprochent à l'auteur d'avoir donné à la Vierge Marie un visage trop jeune. Ils ignorent sans doute la réponse que fit Michel-Ange à ses contemporains qui lui adressaient la même observation : « Ne savez-vous, leur disait-il, que les femmes chastes conservent leur beauté et leur jeunesse bien plus longtemps que celles dont le cœur est ballotté par les orages des passions. » Comme c'est vrai!

Pour vous en convaincre, cher lecteur, jetez les yeux autour de vous.

Je me permettrai de risquer une observation plus générale qu'aucun auteur n'a présentée.

Je reconnais volontiers que ce groupe est un magnifique chef-d'œuvre; mais, il me représente un fait invraisemblable. Peut-on croire qu'une femme faible, débile, accablée par la douleur puisse porter le cadavre d'un homme, dont la tête et les membres sans soutien tombent dans tous les sens? Non, je ne le pense pas.

Ce sujet souvent traité est acceptable en peinture, mais il est invraisemblable présenté par la sculpture.

Ajoutons cette anecdote intéressante.

Michel-Ange, ayant un jour entendu proclamer devant des étrangers Gobbo Milan, comme étant l'auteur de cette belle sculpture, se cacha dans l'église, pendant une nuit, et, armé d'une lampe et de ciseaux, il grava son nom sur la ceinture de la Vierge. C'est la seule œuvre qu'il ait signée.

Dans un des coins de la chapelle, on remarque une grille de fer, qui protège une colonne torse en marbre.

On prétend que Jésus-Christ s'appuya contre elle, en disputant avec les docteurs, dans le temple de Salomon.

Plus loin, nous rencontrons la chapelle de saint Sébatien; la fresque par le Dominiquin, représentant le martyre du saint, a été transportée à

Sainte-Marie-des-Anges. Une copie en mosaïques la remplace.

L'autel de saint Jérôme, avec une copie en mosaïque de la communion de saint Jérôme, dont l'original est au Vatican.

Le tombeau de Clément XIII, par Canova. Le pontife est à genoux, enseveli dans une ardente prière; à sa droite, brille la Religion, à sa gauche, vole un ange tenant à la main une torche renversée. Deux lions gardent les précieuses dépouilles; quand l'un s'assoupit, l'autre veille avec vigilance.

Si nous tournons dans la nef de gauche nous y verrons entre autres choses :

Le tombeau d'Alexandre VII, du Bernin. Le pape est plongé dans une pieuse méditation. La Charité, la Prudence, la Justice et la Vérité forment autour de lui une auréole de sainteté. Un squelette en cuivre doré figure la Mort, qui soulève d'une main une draperie de marbre et de l'autre présente un sablier, pour avertir le pontife, que son temps est expiré et que sa dernière heure est sonnée.

Ce pape, sur l'injonction de Louis XIV, éleva un monument en souvenir de la réparation de l'injure faite à la duchesse de Créqui, femme de l'ambassadeur de France

L'autel de saint Pierre et saint Paul est orné d'un beau tableau, sur adoise de Varni, représentant *la chute de Simon le magicien*.

Puis l'autel de la Transfiguration, enrichi d'une copie en mosaïque du chef d'œuvre de Raphaël, aujourd'hui au Vatican.

Si nous entrons dans la grande nef, nous rencontrons d'abord de chaque côté, près de la porte, deux bénitiers semblables, soutenus par deux anges enrichis de draperies en marbre.

Ces deux anges, vrais bébés joufflus, ont la réputation d'avoir de 8 à 10 pied de haut, suivant l'exagération des divers auteurs, qui en parlent. Je les ai mesurés, leur taille atteint à peine $1^m, 50$.

A droite, se tient assise la fameuse statue de saint Pierre, dont le pied droit est presque rongé par les baisers séculaires des fidèles. Saint Léon l'érigea en mémoire de la délivrance de Rome, menacée par Attila. D'après les uns, c'est une statue de Jupiter tonnant, dont la main aurait été désarmée, aujourd'hui elle tient les clés de l'église, à la place de la foudre qu'elle brandissait autrefois; d'après les autres, cette statue aurait été coulée avec le bronze de la statue de Jupiter Capitolin.

Avançons jusqu'au maître-autel, exhaussé par 7 marches de porphyre et couronné du baldaquin en bronze à colonnes torses du Bernin. Ce maître autel se dresse sous la coupole, il est placé suivant l'usage antique, l'officiant fait face aux assistants; le pape seul y célèbre la messe. Il recouvre la confession de Saint-Pierre, où reposent les corps de saint Pierre et de saint Paul et du pape Pie VI. Deux escaliers jumeaux conduisent à ce sanctuaire. Sur la balustrade qui l'enserre et le protége, 112 lampes y brûlent nuit et jour, depuis plusieurs siècles; on les éteint seulement le jour du vendredi saint.

En avançant encore, nous arrivons à l'abside, qui renferme dans sa concavité la *Chaire de Saint-Pierre*, par le Bernin. Cette masse de bronze de mauvais goût, soutenue par les mains de deux docteurs de l'Église latine et de deux docteurs de l'Église orientale, recouvre le siège de bois, dont se servait le prince des apôtres.

Les quatre piliers du dôme sont reliés par une frise circulaire qui porte la devise : « *Tu es Petrus et super hanc petram edificabo ecclesiam meam.* » Cette devise est écrite en mosaïque bleue sur fond de mosaïque d'or. Les lettres ont une hauteur de deux mètres. L'inscription se lit facilement du pavé de l'église, mais c'est un fait regrettable, au dire de certains critiques, qui prétendent qu'elle diminue l'impression de l'altitude du dôme.

Le sommet du dôme est fermé par une petite lanterne, entourée d'un promenoir, dont la partie supérieure soutient une boule en cuivre, surmontée d'une croix. Grande est la surprise de ceux qui font l'ascension du dôme, de voir que cette petite lanterne est percée de seize grandes fenêtres, au travers desquelles, on aperçoit le pavé de l'église, qui semble le fond d'un abîme.

Il faut encore admirer le tombeau du pape Paul III exécuté par Guillaume Della Porta, sous la direction de Michel-Ange. C'est le plus beau monument que possède la basilique de Saint-Pierre.

Il est surmontée de la statue en bronze du pontife et des statues en marbre de la Prudence sous les traits de la mère du pape et de la Justice sous la figure de sa sœur Julia Farnèse.

L'artiste avait représenté nue cette dernière, la décence a exigée qu'on lui jeta sur le corps une draperie en cuivre.

Entrons dans la sacristie construite par Pie VI. Elle renferme un trésor dans lequel brillent au premier rang six chandeliers de Benvenuto Cellini.

Les caveaux gardent pieusement les cendres de cent vingt papes.

Saint-Pierre est vraiment digne de soutenir la comparaison de tout autre monument; cette basilique reste l'œuvre la plus architecturale sortie de la main des hommes. On y jouit des rondeurs simples des voûtes et de la coupole, de leur ampleur, de leur solidité, de leur richesse et de leur force. Ces caissons dorés qui brodent la voûte, ces anges de marbre, assis sur les courbures, ce superbe baldaquin de bronze, appuyé sur ses colonnes torses, ces pompeux mausolées des papes foment un ensemble unique au monde.

Nous terminerons cette visite, déjà longue, par l'ascension du dôme.

Il n'existe pas d'escalier pour monter au sommet de la coupole; une rampe en pente douce, coupée de loin en loin par une marche, se déroule autour du monument, en glissant entre les deux calottes du grand dôme.

Quand on a dépassé la lanterne, on se trouve en face d'un tube au centre duquel on a fixé une échelle perpendiculaire; c'est le chemin qui conduit dans la boule. Pour s'insinuer dans le tube, il faut se faire fluet, effacer les épaules, assouplir son échine. Si vous avez du ventre, renoncez à pénétrer dans la boule, vous risqueriez de ne plus pouvoir redescendre. Il y en a des exemples.

Une fois dans la boule, but de tant d'efforts, vous vous sentez incommodé par une chaleur lourde, l'obscurité ne vous permet pas de distinguer vos voisins qui vous coudoient; cette boule ne peut contenir que cinq personnes, une sixième la ferait éclater.

On se demande ce qu'on est venu faire dans cette galère; on a hâte de redescendre pour respirer un peu d'air pur. — L'ascension, la descente et l'inspection du panorama qui se déroule à vos pieds occupent au moins une heure.

Il faut prendre des précautions en arrivant dans l'église, l'ascension est fatigante, on a très chaud; l'atmosphère de Saint-Pierre d'autre part, comme celle de beaucoup d'églises de Rome est relativement glaciale; la sensation en arrivant, est fort désagréable.

J'ai dit plus haut que les fresques de Saint-Pierre avaient été enlevées et remplacées par des copies en mosaïques; on rencontre ensuite tant de mosaïques en Italie, que je crois utile d'en dire quelques mots.

Les mosaïques ont été introduits en Italie par des Grecs, que l'on fit venir à Venise, pour y décorer la voûte de la basilique de Saint-Marc.

Voici comment on exécute les grandes mosaïques.

On fait fondre de larges plaques de verres de toutes couleurs et de toutes nuances, que l'on découpe en chevilles carrées, dont la facette supérieure a quelques lignes seulement de superficie et trois centimètres de longueur.

Disons en passant que les couleurs de l'arc en ciel ont été subdivisées dans les ateliers de mosaïques du Vatican en 17 000 nuances.

On prépare ensuite une table en pierre garnie de rebords, rayée en creux, pour mieux retenir la couche de mastic dont on l'enduit préalablement. Alors l'artiste mosaïste se place devant cette table, qui est surmontée du modèle à copier; près de lui est une boîte à compartiments très multiples où se trouvent, classées par nuances, les fiches de verres. Il commence son travail, comme le ferait un compositeur typographe, en prenant avec des pinces les fiches de verre, qu'il pose perpendiculairement dans la couche de mastic.

Vu de près, l'ouvrage ressemble à de gros points de tapisserie : mais, vu de loin, l'illusion est complète, quand le travail est très bien fait.

Lorsque la copie est terminée, on la polit à la pierre ponce. S'il s'agit d'une mosaïque d'une grande étendue, on néglige ce soin, parce qu'elle deviendrait trop brillante et refléterait la lumière, en éblouissant les yeux.

Quant aux anciennes fresques, on les a enlevées de la manière suivante : On les a découpées dans le mur jusqu'à une profondeur de cinq pieds, puis on a placé de fortes poutres de chaque côté de cet énorme cube de maçonnerie, pour former une cage et on a enlevé le tout avec des machines. Deux fresques de Saint-Pierre ont été transportées par ce moyen à l'église de Sainte-Marie-des-Anges, dont elles sont le plus grand ornement; l'une d'elles s'est malheureusement brisée.

Si une opération de ce genre était à faire de nos jours, le procédé serait différent. On transporterait d'abord la fresque sur une toile et l'ouvrage serait simplifié.

Passons maintenant *au presbytère de Saint-Pierre*, c'est-à-dire au Vatican.

Ancien palais d'hiver des papes, le seul qu'habite aujourdhui la papauté, le Vatican émerge au-dessus de la colonnade, qui règne autour de la place Saint-Pierre. Vaste, bien situé, mais bâti sur une des pentes du mont Vatican et sur une place plus élevée que Saint-Pierre, il le domine et lui nuit. Le Vatican n'est pas un palais proprement dit, c'est une suite de palais; dix siècles ont assisté à sa construction, à laquelle dix-sept papes ont travaillé. Son immensité est telle qu'il ne compte pas moins de 8 grands escaliers, 20 cours et 4422 pièces; mais pas de façade.

On cherche longtemps la porte d'entrée; heureusement, sous la colonnade à droite, on aperçoit le costume à bandes noires, jaunes et rouges, dessiné par Michel-Ange des gardes suisses, qui se livrent avec ardeur au *far niente*. C'est l'entrée.

L'escalier à deux rampes du Bernin, situé du côté de la statue de Constantin, conduit aux grandes salles du palais. Le Saint Père règne au Vatican au point de vue spirituel, mais au point de vue artistique, Raphaël y est le vrai monarque. Là, se trouvent en foule les gages d'immortalité de ce génie de la peinture. Si Rome est riche en musées, la palme doit-être décernée à celui du Vatican. Les divers palais qui le composent sont reliés entre eux par des galeries découpées à jour, décorées d'arabesques et de sujets bibliques, que Raphaël brossa pendant ses loisirs, avec l'aide de ses élèves. Ces galeries sont appelées loges de Raphaël. Les divisions de la voûte nous retracent les épisodes les plus connus du Nouveau et de l'Ancien Testament. Les arabesques de l'encadrement sont de la main de Jean d'Udine qui, sous la direction de Raphaël, s'inspira de l'antique dans les Thermes de Titus.

Des fenêtres des loges, on aperçoit la Cour du Belvédère dans laquelle se trouve réunie une collection de statues antiques. Nous donnerons une attention particulière à cinq d'entre elles. L'*Apollon*, l'*Antinoüs*, le *Torse*, célèbre surtout par l'admiration respectueuse que lui avait vouée Michel-Ange, l'*Hercule Commode* et surtout le groupe de *Laocoon*; cette merveille a été trouvée dans les Thermes de Titus. Pour la produire, il n'a pas fallu moins que le génie collectif de trois artiste grecs, dont les noms sont écrits sur le socle : Athénodore, Polydore et Agésander.

On peut avoir une idée de l'excellence de cette sculpture par ce fait. Un bras manquait, Michel-Ange fut chargé de la restauration; il essaya de faire un bras en marbre, en le copiant sur une médaille antique, qui représentait le groupe dans son état primitif. Après avoir dégrossi le bras, craignant qu'il fut indigne du reste de l'œuvre, il ne l'acheva pas et le bras, seulement ébauché, gît encore au pied de la statue. Le Bernin, plus audacieux, l'a restauré en terre cuite; mais ce bras est-il digne du reste ?

Le lecteur qui voudra me suivre dans la visite

du Vatican, devra s'armer de beaucoup de patience et de courage. Cette visite pleine d'intérêt pour les uns, fastidieuse pour les autres, est fatigante pour tous.

Elle devra donc occuper plusieurs journées.

En haut du grand escalier, la première pièce que l'on visite est la *Chapelle Sixtine.*

Construite par Baccio Pintelli dans le courant du quinzième siècle, elle mesure 40 mètres de longueur et 16 de largeur.

Sur les parois latérales de la chapelle s'étendent des fresques dues au pinceau de plusieurs artistes. La voûte est plane et Michel-Ange a supposé des arêtes soutenues par des cariatides. Tout autour de la voûte et entre les fenêtres se montrent alternativement des figures de prophètes et de sibyles. — Dans les nombreux caissons du plafond, Michel-Ange nous a retracé les principaux épisodes de l'Ancien et du Nouveau Testament. Le plus remarquable est celui de la création de la femme. Voyez Adam endormi auprès d'Éve, que Jehovah vient de tirer de lui. Nulle créature n'a jamais été ensevelie plus avant dans un profond sommeil de mort. Son corps énorme est affaissé et son énormité rend l'affaissement encore plus frappant. Au réveil, ces bras pendants, ces cuisses inertes éc.a-seront un lion, dans leur étreinte.

Pour bien les comprendre, il faut isoler par la pensée ces divers caissons et les étudier comme des tableaux. Le pape Jules II avait raison, en disant que ces sujets auraient du être peints sur un fond d'or.

Pour l'exécution de ces fresques, le grand artiste construisit un ingénieux échafaudage, qui lui permit de travailler aussi commodément que possible ; puis, il s'enferma pendant vingt mois dans la chapelle Sixtine. Le plafond était alors achevé, mais la fatigue qui en résulta pour Michel-Ange fut si grande qu'il faillit en perdre la vue.

Sur le mur du fond, au-dessus du maître autel, le jugement dernier déploie ses gigantesques proportions.

Cette fresque passe pour le plus grand effort du génie humain en peinture ; oserai-je me permettre une critique? Les législateurs en matière de beauté et de chefs-d'œuvre, font tellement loi, qu'il est audacieux de ne pas épouser leurs opinions.

Pendant ma visite à la Chapelle Sixtine, un couple passe devant moi. Je saisis au vol la scène suivante :

La femme à son mari, en désignant avec son parapluie le jugement dernier :

« Tiens, c'est drôle ça ! » puis souriante :

« Dis, qu'est-ce que c'est? »

Le mari. — « Je n'en sais rien ; attends, je vais te le dire. » Puis feuilletant son guide et lisant : « Jugement dernier de Michel Ange. » — Et comme dans les guides, tous les titres des choses remarquables sont précédés d'un astérisque, il ajoute, sans crainte d'erreur, d'un ton connaisseur et suffisant : « C'est splendide, c'est merveilleux ! »

Puis sans autre examen, tous deux s'éloignent, en causant d'autre chose.

Voilà le public qui trouve plus facile d'accepter une opinion toute faite, que de chercher à s'en créer une qui lui soit personnelle.

J'ai accordé à cette œuvre un examen plus sérieux, on me permettra donc quelques très courtes observations.

Comme peinture, je reconnais que le *Jugement dernier* est un chef-d'œuvre incontestable et incontesté, surtout, si l'on se reporte à l'époque de son exécution. Le vigoureux génie de l'artiste en produisant ce désordre de corps, dans les positions les plus extravagantes, a banni le goût gothique, pour le ramener à celui de la nature.

Je ferai toutes mes réserves, quant au sujet et à la façon dont il est présenté.

Rappelons-nous seulement que Michel-Ange entreprit le jugement dernier, à l'âge de soixante-sept ans ; son inspiration était alors moins fraîche. On comprendra donc pourquoi, il épaissit les corps, enfle les muscles, prodigue les raccourcis et les poses violentes, nous montre des athlètes qui s'accrochent, se renversent, serrent les poings, tendent les jarrets, retroussent les pieds.

Le pape dit quelquefois la messe dans la Chapelle

Sixtine les dimanches et les jours de grande fête ; alors on cloue contre la fresque du jugement dernier une grande tapisserie qui représente : l'*Annonciation de la Vierge* par le Barroche.

Il est évident que l'aspect de ce grand mur, barriolé de figures nues, qui pleuvent du ciel, n'est point satisfaisant, parce que nous n'avons jamais rencontré pareil spectacle dans la nature.

Michel-Ange a détaillé son drame, en onze scènes ou groupes, qui pourraient être découpés et qui, à mon avis, seraient d'un meilleur effet, chacun examiné séparément, quoiqu'ils aient la prétention de tous concourir à un même acte. Trois scènes se passent sur la terre, huit ont lieu dans les nuées à des distances différentes. Trois cents personnages s'agitent dans ce tableau, au milieu des contorsions les plus invraisemblables.

En les considérant attentivement, on est frappé de voir qu'ils ont presque tous le même âge et la même taille et qu'en conséquence, un seul homme et une seule femme auraient servi de modèle pour tout ce peuple. Cependant nous savons que parmi ceux qui meurent, il y a des gens de petite taille et d'autres de haute stature, qu'il y a des enfants en bas âge, et des vieillards, enfin qu'il y a des apoplectiques et des phtisiques.

Mais ceci n'est qu'un détail, passons à l'examen du sujet.

Voici les élus ; saint Paul en parlant du bonheur

du ciel nous dit que l'œil de l'homme n'a jamais vu, son ouïe jamais entendu, ni son esprit jamais conçu quelque chose, qui approchât du bonheur que Dieu réserve aux élus dans le ciel. Or, voyons comme Michel-Ange comprend ce bonheur.

Il nous montre une foule de gens, hommes et femmes tout nus, en procession les uns derrière les autres, tenant leurs mains jointes perpendiculairement et le nez au vent. C'est là un bonheur de convention.

Théophile Gautier après avoir décrit le tableau du Tintoret intitulé : *La gloire du Paradis*, qui se trouve dans le palais des doges à Venise, dit qu'il est absurde de vouloir reproduire le Paradis par la peinture; Alphonse Karr se prononce dans le même sens.

Du reste, examinons ces élus. Je vois bien des athlètes, des gladiateurs et des femmes colosses; mais où sont ces saints qui ont vécu de la vie monastique ou solitaire, qui ne se nourrissaient que d'herbes et de racines, dont l'existence a été une longue suite de privations et de souffrances et dont l'âme seule soutenait la débilité de leurs corps ?

Passons du côté des réprouvés. Chez eux, on ne voit que contorsions, convulsions, tiraillements, sauts périlleux, dislocations. Derrière mes lutteurs, je cherche en vain un vieillard sanguinaire et voluptueux comme Tibère, un petit vieux aux doigts crochus, au regard inquiet, comme le mauvais riche, un efféminé sensuel comme Sardanapale. Derrière les femmes colosses ; je n'aperçois pas de vieilles horribles comme Frédégonde et Brunehaut ou une mégère dissolue et criminelle comme Messaline.

Au bas du tableau, des anges sonnent à pleines joues dans des trompettes pour réveiller dans leurs tombes les dormeurs obstinés. Michel-Ange, se laissant emporter par la fougue de son génie, franchit d'un bond les difficultés, au lieu de les tourner, s'inquiète peu de la vraisemblance et place au milieu d'une nuée d'anges le vieux Caron chariant encore dans sa barque quelques âmes attardées, sur le noir Achéron, et comme le dit ce brave Virgile :

Ipse ratem cunto velisque ministrat.

Qui pourrait croire, que l'exposition du jugement dernier peut causer un faux pas, qui entraîne une chute dans les beautés de l'*Énéide*. Cette chute serait mortelle pour tout autre peintre. Il faut s'appeler Michel-Ange pour s'en relever et n'être pas bafoué, quand on se permet une macédoine si bouffonne.

Vasari nous raconte que Blaise de Césène, maître des cérémonies du Vatican, fit remarquer au pape Paul III, que les figures nues de la fresque n'étaient dignes que d'une auberge. Michel-Ange l'entendit et pour se venger d'une injure, d'autant plus sensible qu'elle était vraie, fit le portrait de Blaise, puis le transporta dans les enfers (encore de la mythologie) sous les traits du grand juge Minos, avec addition d'oreilles d'âne et d'une queue de serpent.

Blaise s'en plaignit au pape qui lui demanda où Michel-Ange l'avait placé : « Dans l'enfer, » répondit-il. — « Si tu avait été seulement en purgatoire, lui dit le pape, j'aurais intercédé pour ta prompte délivrance; malheureusement je ne puis rien pour toi, quand on est en enfer, on n'en sort plus. »

Tous les critiques d'art n'ont pas estimé le *Jugement dernier*.

M. de Locmaria s'écrie : « L'idée religieuse, qui devrait dominer une œuvre de ce genre, a été complétement oubliée par le grand maître, c'est là, le défaut capital de ce chef-d'œuvre de peinture. »

M. Simond de Genève se moque franchement de Michel-Ange et de sa fresque « Où l'on voit, dit-il, des hommes arrangés à la crapaudine. »

M. Sigalon, qui avait passé tant de mois à copier ce tableau, le connaissait mieux que personne, voici son impression : « Cette fresque a tout le caractère de l'improvisation, elle est moitié sublime, moitié grotesque, moitié œuvre d'art, moitié caricature. » Sur ce mur Michel-Ange avait commencé un tableau, il finit par signer un pamphlet.

Jules II pressait toujours Michel-Ange d'achever son travail. Il lui disait souvent : « Quand donc auras-tu fini ? — Quand je serai content de moi. » répondait invariablement l'artiste.

Enfin, le jour de la Toussaint 1541, l'œuvre étant terminée et les échafaudages enlevés, le pape put dire la messe dans la Sixtine.

L'artiste reçut 3000 ducats pour son travail.

Plus loin, une autre chapelle a été construite par le pape Paul III, en 1540 ; elle s'appelle de son nom *Chapelle Pauline*. Michel-Ange y a brossé deux fresques aujourd'hui très enfumées, *la conversion de saint Paul et le martyre de saint Pierre*.

Personne n'ignore que le musée du Vatican est le plus riche du monde. Je n'en puis entreprendre la description, je renvoie le lecteur aux guides ou plutôt je lui dirai : « Allez à Rome et à votre retour, vous souhaiterez d'y retourner.

Je passerai sous silence toutes les collections, et ne parlerai que des chambres de Raphaël et de la galerie de peinture.

Pour visiter un musée avec fruit, il faut y aller seul ou presque seul ; sans cela, il est impossible d'avoir des impressions personnelles et surtout de les suivre, parce que comme le dit M. Taine : « La conversation et la discussion font sur les rêves et les images intérieurs l'effet d'un coup de balai sur une volée de papillons. »

Pour bien comprendre les fresque de Raphaël et de Michel-Ange, que nous trouvons dans le Vatican, et les apprécier à leur juste valeur, il ne faut pas les considérer comme des tableaux, elles seraient sujettes à trop de critiques. Il faut les étudier seulement, en tant que fresques ou bas-reliefs, qui sont le complément naturel de la grande architecture.

Les chambres dites de Raphaël sont au nombre de quatre; leur valeur artistique nous captivera quelques instants.

Pour leur intelligence, il est nécessaire de faire précéder leur description d'un court aperçu historique.

Bramante avait auprès de Jules II un très grand crédit, il en usa pour présenter au pape son neveu Raphaël, dont le talent et le génie devaient bientôt éclipser les artistes les plus en vogue. Le souverain pontife faisait alors peindre à fresque plusieurs salles du Vatican. Il consentit à mettre à l'épreuve le talent si vanté du jeune Raphaël, âgé seulement de vingt-cinq ans et lui confia un mur à décorer. Raphaël peignit : *La dispute du Saint-Sacrement*.

Jamais l'artiste ne travailla avec un plus vif désir de bien faire. Jules II fut si satisfait de lui, qu'il arrêta le travail des autres peintres, fit détruire leurs fresques à coups de marteau et confia la décoration des quatre salles à Raphaël ; ce jeune homme semblait en effet devoir faire briller la peinture d'un jour nouveau.

Ces quatre salles appartiennent à cette partie du Vatican qui fut élevée par un prince ami et protecteur des arts, Nicolas V. Elles prennent un jour assez sombre sur la célèbre cour du Belvédère.

Malheureusement, les fresques ont été gravement endommagées par l'humidité et par la sauvage ignorance des soldats allemands du connétable de Bourbon. Ces Allemands d'humeur bestiale et sauvage transformèrent les salles du Vatican en chambrées, et comme elles n'ont pas de cheminées, ils allumèrent de grands feux au milieu des pièces. On comprend l'effet déplorable de la fumée et de l'humidité attirée des murs par la chaleur sur ces chefs-d'œuvre.

Nous regrettons encore de voir ces fresques si près les unes des autres. Les peintures ont besoin d'être un peu isolées, pour être mieux appréciées, car les yeux cherchent naturellement des places vides, pour se reposer.

La première salle que l'on visite est celle de l'*Incendie du Borgo*. Le plafond a été décoré par le Perugin. Raphaël s'opposa à la destruction de cette peinture, par respect pour son ancien maître.

Les quatre principaux sujets, que Raphaël traita dans cette chambre, sont les suivants :

1° *Léon III repousse devant Charlemagne les*

accusations portées contre lui. On voit dans cette peinture l'exaltation de la suprématie du pouvoir pontifical ;

2º *Léon III couronne Charlemagne.* Flatterie habile à l'adresse de Léon X, et de François Ier, qui sont représentés dans ce tableau ;

3º *Défaite des Sarrasins dans le port d'Ostie ;*

4º *L'incendie du Borgo.*

La partie de Rome qui s'étend sur la rive droite du Tibre entre le château Saint-Ange et le Vatican s'appelle le Borgo. En 847 un terrible incendie y éclata ; d'après la tradition, le pape Léon IV l'éteignit miraculeusement, en faisant le signe de la croix. C'est ce moment que Raphaël a voulu choisir, malheureusement, il ne nous représente pas le miracle, mais bien l'incendie et en y regardant de près, on s'aperçoit que c'est l'incendie de la ville de Troie et non celui du Borgo.

On y voit le jeune Énée emportant son vieux père Anchise sur ses épaules.

Un autre vieillard saute par la fenêtre, sans prendre le temps de vêtir sa nudité : Une seule femme, une belle Romaine du Transtévère semble avoir conservé son sang-froid, peut-être est-elle mère ; ses muscles sont tendus, tout son être frissonne, elle apporte de l'eau dans une cruche. Tous ces corps sont beaux, mais trop robustes, les personnages sont des athlètes, le goût actuel veut des tailles plus sveltes.

Les flammes tordent leurs spirales éclatantes et fumeuses sous les bourrasques d'un vent violent. Cependant, comme le fait remarquer M. Taine, c'est un incendie peu terrible, parce que, ce feu ne brûle pas, il est étouffé par des architectures de pierre, il n'a pas d'aliment. Enfin, où est la foule que rassemblent d'ordinaire les grandes calamités publiques? Elle se compose de quatorze personnages, qui sont assez calmes.

La chambre qui fait suite est celle de *l'école d'Athènes*. Quatre peintures surmontées de quatre médaillons en décorent les murs, le tout est de la main de Raphaël.

Sous le médaillon représentant la Théologie, se tient la séance de la *Dispute du Saint Sacrement*.

Cette fresque a souvent ameuté contre elle le ban et l'arrière ban des critiques. Ce concile, a-t-on dit, de docteurs qui développent des arguments, de savants qui font assaut de subtilités est antichrétien, car, c'est un vain tournoi de science, dont la mise en scène peut être préjudiciable aux intérêts de la religion catholique.

Il faut voir dans cette appréciation une calomnie à l'adresse de Raphaël, qui a voulu représenter une séance de la foi en grand costume. C'est une assemblée plénière des plus grands génies de l'Église et des plus éclatantes lumières du siècle, qui sont réunis pour agiter et approfondir les hautes questions des dogmes catholiques.

Sous le médaillon, contenant la figure allégorique de la *Poésie*, se déploie le *Parnasse*.

Sous le médaillon relatif à la *Philosophie*, l'*École d'Athènes* est réunie en assemblée plénière.

La scène se passe sous le portique d'un grand édifice, orné de statues et de bas-reliefs. Les principaux savants et philosophes de l'antiquité sont habilement groupés sans ordre, ni considérations de nationalité ou d'époque. Il a fallu que l'artiste eût étudié les doctrines de ces divers philosophes et possédât au moins la synthèse de leurs théories, pour donner à chaque personnage le caractère qui lui était propre.

Sous le médaillon consacré à la *Jurisprudence*, Raphaël a peint trois sujets; le premier symbolise les trois figures de la *Force*, de la *Prudence* et de la *Modération*; le deuxième nous montre *Justinien* remettant à Tribonien les Pandectes et le Codex; le troisième c'est Grégoire IX donnant les décrétales à un avocat.

Raphaël nous présente donc dans cette salle les quatre principales sciences, sous une forme allégorique : La Théologie représentée par la Dispute du Saint-Sacrement, la Philosophie exposée dans l'École d'Athènes, la Poésie glorifiée par le Mont-Parnasse et la Jurisprudence définie sous les traits de Justinien et de Grégoire IX.

Nous passons dans la *Chambre d'Héliodore*.

Quatre sujets principaux se partagent encore les murs de cette chambre; Jules Romain et Pierre de Crémone ont coopéré à l'exécution de ces fresques.

1° *Héliodore*, préfet du roi Séleucus, pénètre dans le temple de Jérusalem pour y dérober les offrandes faites aux veuves et aux orphelins. Trois messagers célestes fondent aussitôt sur lui et le frappent à coups redoublés pour le chasser. Dans le fond du tableau, on aperçoit le grand prêtre Onias, qui, entouré de lévites et du peuple, invoque le secours du Très-Haut. Nous assistons à l'accomplissement du miracle.

Tout dans cette peinture nous rappelle la magnificence du fameux temple de Jérusalem détruit par Titus. Par une fiction pleine de hardiesse, par un anachronisme allégorique et flatteur, le pape Jules II fait son entrée en vainqueur dans ce temple, image du pouvoir temporel de la papauté, dont ses ennemis voulaient la dépouiller. Le cheval du pape semble comprendre le grand acte qu'il accomplit, quand il écrase sous ses pieds Héliodore vaincu.

Des nuées d'anges dans le lointain arrivent à tire d'ailes pour achever le profanateur.

Le miracle de Bolséne forme le deuxième sujet. C'est la démonstration de l'assistance que Dieu prête à son église.

Un prêtre en disant la messe a des doutes sur la

présence réelle; aussitôt des gouttes de sang s'échappent de l'hostie consacrée. Ce miracle remplit le prêtre de componction, fortifie la foi des fidèles, éveille l'admiration des assistants indifférents, frappe de terreur les incrédules et réhausse le prestige pontifical de Jules II, à genoux avec sa cour.

Cet ouvrage tout entier de la main de Raphaël est considéré comme le plus vigoureux qu'il ait produit. Il faut tenir compte d'une difficulté énorme qui s'opposait à la bonne exécution du sujet; une fenêtre coupe la fresque en deux parties, mais l'œil n'en est pas choqué.

Dans le troisième sujet nous voyons *saint Pierre délivré de sa prison*.

Raphaël, usant du privilège de la poésie lyrique, a divisé sa fresque en trois tableaux. Dans le premier, saint Pierre chargé de chaînes, dort dans sa prison; dans le deuxième, apparaît l'ange libérateur qui entraîne saint Pierre; la foi du chef des Apôtres imprime à son visage une indifférence complète pour le danger qu'il court; une large bande de lumière glisse entre les barreaux de la prison pour l'illuminer de la pluie bienfaisante de ses rayons; dans le troisième, les gardes viennent de s'apercevoir de la fuite de leur prisonnier, l'un détire ses membres engourdis par le sommeil et s'informe de la nouvelle; l'autre manifeste toute son inquiétude un autre apporte une torche pour vérifier le fait.

La quatrième fresque a pour sujet : *Saint Léon le Grand arrêtant Attila.*

Il s'agissait de persuader ce cœur sauvage ou d'être massacré. Le pape, revêtu de ses habits pontificaux, suivi de sa cour, parle au barbare. Ce dernier est persuadé, c'est-à-dire rempli de terreur; pour nous faire comprendre ce sentiment, Raphaël fait surgir dans le ciel les apôtres saint Pierre et saint Paul, qui, de leurs épées, protègent la papauté. Par une flatterie habile l'artiste a peint saint Léon le Grand sous les traits de Léon X, le pape régnant alors.

La quatrième salle dite de *Constantin* nous retrace les principaux épisodes de la vie de cet empereur. La grande fresque nous fait assister à la défaite du tyran Maxence.

Raphaël avait dessiné cette bataille, mais il mourut au moment d'y placer les couleurs. Jules Romain *hérita de l'exécution* de cette fresque qui ne mesure pas moins de 64 pieds de longueur, sur 15 de hauteur, dans laquelle trois cent guerriers, de grandeur naturelle, combattent corps-à-corps. La mêlée est effroyable, chaque figure est admirablement vivante. Le peintre a placé la lutte sur le *Ponte molle* et fait tomber les vaincus dans le Tibre, où, percés de blessures, ils rendent le dernier soupir. Maxence meurt. Constantin s'avance sur un cheval bardé de fer; trois anges, planent dans les cieux et guident la marche du vainqueur.

Cette peinture, chef-d'œuvre de premier ordre, reste le modèle du genre; tous les peintres y ont largement puisé des idées pour des sujets de batailles. Le peintre français Lesueur, en produisant la bataille d'Arbelles, n'a fait que démarquer le tableau de Jules Romain.

Les autres fresques représentent le *Baptême de Constantin* et la *Donation* de Rome par cet empereur au pape saint Sylvestre.

Montons maintenant à l'étage supérieur, nous y trouverons une galerie contenant quarante-cinq tableaux tous côtés comme chefs-d'œuvre. J'en citerai quelques-uns :

La Communion de saint Jérôme du Dominiquin. Cette composition simple, d'une heureuse conception, brille par son unité. Je n'aime pas la grosseur des genoux de saint Jérôme; ils sont trop jeunes et trop forts pour un vieillard qui va s'éteindre.

Dominiquin ne reçut que 60 écus pour ce tableau, environ 300 francs. Quand il fut envoyé à Paris en 1797, comme tribut de guerre, les experts l'estimèrent 500 000 francs; il vaut plus de 2 millions aujourd'hui. Ayant été détérioré, il fut donné au Poussin, comme simple toile pour peindre. Notre artiste le restaura et le proclama un des trois chefs-d'œuvre de la peinture.

La Vierge au donataire ou de Foligno, Napoléon

fit venir ce tableau à Paris, mais il retourna au Vatican en 1816.

La *Transfiguration* par Raphaël. Ce tableau avait été commandé pour l'église de Narbonne par Jules de Médicis qui en était archevêque. Le prix du travail avait été fixé à forfait à 655 ducats. Cette toile est considérée comme le plus magnifique tableau de chevalet connu ; elle a fait également un séjour à Paris.

Cette œuvre, la dernière de Raphaël, est divisée en deux parties. Ce sont deux sujets, habilement unifiés par l'artiste, qui les avait conçus l'un après l'autre, si l'on en juge par un carton de la main de Raphaël, trouvé au Vatican et ne contenant que le sujet du bas du tableau. Dans la partie supérieure, on voit le Christ près du Thabor, entre les deux prophètes Élie et Moïse. La figure du Sauveur a une expression si sublime, qu'elle demande à être vue, toute description devant rester loin de la vérité. Il s'élève au-dessus du sol par sa seule puissance à l'inverse des autres corps que la terre attire vers elle. Au bas du tableau, un père et une mère amènent leur enfant possédé du démon, pour que les apôtres le délivrent de l'esprit malin. Un apôtre est placé près d'eux pour servir de trait d'union entre les deux sujets ; il désigne du doigt le Christ, comme étant celui auquel ils doivent s'adresser, pour obtenir la guérison sollicitée. La mère est à genoux, sa figure, d'une remarquable beauté, respire la confiance, l'humilité, la supplication.

Ne quittons pas le Vatican, sans dire un mot de la Bibliothèque. Fondée par le pape Nicolas V, elle n'est pas publique, parce qu'elle est considérée comme la bibliothèque du pape. Elle est riche en livres rares et surtout en manuscrits ; parmi ces derniers, il faut citer un Virgile en lettres majuscules et illustré, un Térence également illustré, une bible grecque, une bible hébraïque, les Actes des apôtres en lettres d'or, un ouvrage de théologie par Henri VIII, roi d'Angleterre, ses lettres à Anne de Bolen, tous les livres de la reine Christine de Suède.

Cette bibliothèque se compose d'un vaisseau très vaste, séparé en deux nefs par un rang de piliers ; les manuscrits sont précieusement serrés dans des armoires.

Nous sortirons du Vatican par les jardins.

Une allée, bordée à droite de beaux espaliers d'orangers, conduit aux charmilles plus élevées que le parterre. Ce dernier dessiné par Bramante, agrémenté de débris antiques, est vaste et contient un jet d'eau.

Comme le Vatican domine Saint-Pierre, les jardins dominent le Vatican et du haut des allées supérieures, on a en quelque sorte Saint-Pierre à ses pieds. Cet état de choses est fâcheux, Bramante l'avait prévu, mais il ne put obvier à cet inconvénient. Il devait construire la basilique de Saint-Pierre à l'endroit, où fut enseveli le chef des Apôtres; il n'avait donc pas à choisir un emplacement plus avantageux pour l'érection de ce monument gigantesque. .

Allons à la découverte du quartier de Rome appelé le *Transtevere*. On éprouve un charme véritable à se perdre dans ce labyrinthe de rues, où l'on met des heures entières à découvrir l'objet qui est près de soi; mais les rencontres du chemin sont une ample compensation au temps perdu. En effet, si Rome est une ville sans plaisirs mondains, elle n'en n'est pas moins une des villes les plus intéressantes à habiter, car l'on y rencontre toujours du nouveau. Les vieillards octogénaires, qui n'ont pas franchi l'enceinte de la ville, font des découvertes à leur porte. La complication des ruelles ajoute à chaque trouvaille le charme de l'imprévu, que l'on goûte avec bonheur.

Les habitants du Transtévère font remonter leur origine aux anciens Romains, sujets du quatrième roi de Rome, Ancus Martius, qui réunit le Transtévère à la ville. Les Transtévérins ont une physionomie qui diffère de celle des autres Romains. Les traits plus accentués annoncent une grande énergie et de violentes passions. Leur exaltation naturelle les porte souvent à des excès. On les dit orgueilleux, indociles, jaloux, vindicatifs, impérieux, passionnés; mais la religion a fait sentir chez eux son influence salutaire, en assouplissant ces caractères rebelles.

Les noms et les titres de l'antiquité leur sont chers. Une fille du peuple dit en parlant de son fiancé, qui est joli garçon : « C'est un consul de beauté ! » Du reste, en général, le type est beau. Voyez ce jeune ouvrier qui passe avec une barre de fer sur l'épaule, grand, bien fait, la figure longue, l'œil humide, la bouche fine, la lèvre rouge, les dents éblouissantes, le nez busqué, la barbe brune soyeuse, la moustache finement affilée, mais sans apprêt. Voyez cette jeune fille qui revient de l'atelier, elle est belle et blanche comme une Vénus, elle serait un admirable modèle. Ses cheveux noirs, nattés et relevés sur le sommet de la tête, lui servent uniquement de coiffure. Toutes les filles de Rome vont tête nue, car elles sont chaudement coiffées pour l'hiver par la nature, prodigue à leur égard. Nulle part au monde, les femmes n'ont de plus jolies dents ; on use de galanterie avec elles pour les faire rire et s'offrir le spectacle de ces perles sans rivales. Ces femmes du peuple ont de plus une dignité parfaite de mouvements, sous leur châle noir ou de couleur. Elles marchent vite en faisant écumer autour d'elles la balayeuse de leur robe, avec une aisance et une fierté d'allure dont nos plus belles mondaines seraient jalouses.

Nous monterons jusqu'à *Saint-Pierre in Montorio* au sommet du Janicule, pour admirer la *fontaine*

Pauline. Elle représente un arc de triomphe, composé de trois grands arceaux et de deux petits. Cinq nappes d'eau, je devrais dire cinq rivières, s'élancent au travers des portes, en obstruent le passage de leur écume bouillonnante et tombent avec fracas au milieu d'un nuage de poussière d'eau, dans un vaste bassin.

Nous redescendrons pour voir la *Bouche de la Vérité* et l'église de Saint-Onufre et nous aurons alors terminé la visite sommaire et rapide de Rome. Dans le chapitre suivant qui traitera des mœurs et des habitants de Rome, le sujet sera moins aride.

La Bouche de la Vérité est une meule de moulin, dans laquelle on a sculpté grossièrement un visage humain, dont la bouche bâille largement. Cette ouverture est dite *Bouche de la vérité.* Au moyen âge, l'accusé qui prêtait serment y plaçait sa main droite. Cette bouche punissait le mensonge par une morsure. De nos jours, on a renoncé à l'expérience, parce que cette bouche aurait trop affaire.

L'église de Saint-Onufre mérite une visite ; son chœur à pans ogivaux, sa voûte couverte de ravissantes fresques de Pinturicchio ne sont pas ses seuls charmes ; son cloître possède un grand attrait, à cause de ses colonettes de marbre et des fresques du cavalier d'Arpin.

Un vieux moine me montra la chambre dans laquelle le Tasse mourut après vingt-cinq jours de retraite dans ce couvent. Il faut que la situation en soit bien poétique puisque Châteaubriand, ambassadeur de France à Rome, écrivait à Madame Récamier : « Si j'ai le bonheur de finir mes jours ici, je me suis arrangé pour avoir à Saint-Onufre un réduit joignant la chambre où le Tasse expira. Aux moments perdus de mon ambassade, à la fenêtre de ma cellule, je continuerai mes Mémoires. » C'est dans ce couvent que Monseigneur de Miollis, évêque de Digne, si calomnieusement travesti par Victor Hugo dans ses *Misérables*, écrivit onze énormes in-folios sur la Rome anienne et la Rome moderne.

CHAPITRE VIII

ROME

(Fin.)

Les Catacombes et M. Rossi. — Campagne de Rome. — Les marais Pontins. — Le brigandage. — Frascati et Tivoli. — Villa d'Adrien. — Caractère romain. — Les mendiants. — La noblesse romaine. — Les majorats. — Les enterrements. — La loterie. — La népotisme. — Audience papale. — Léon XIII. — L'unité italienne et la France. — La loi des Garanties. — Le roi Humbert.

Nos visites dans Rome étant terminées, nous irons faire une excursion aux Catacombes et dans la campagne romaine; puis, nous étudierons les mœurs des habitants et nous parlerons de la papauté.

On connaît trois Catacombes, celles de Saint-Sébastien, de Saint-Callixte et celles de Prétextat :

Les Catacombes de Saint-Callixte sont les plus remarquables; on s'y rend par la porte Saint-Sébastien.

Il est absolument avéré aujourd'hui, que les

Catacombes étaient le lieu, où les premiers chrétiens enterraient leurs morts. La croyance à la résurrection des corps fut notamment ce qui engagea les chrétiens à prendre soin de leurs morts, et leur inspira un profond respect pour les sépultures.

Beaucoup de savants du siècle dernier refusèrent de croire que les Catacombes furent les cimetières des premiers chrétiens. Les objections soulevées par quelques-uns d'entre eux semblaient sans réplique. Qui avait fourni à une société petite et pauvre les ressources nécessaires pour percer 900 kilomètres de galeries souterraines ? Où avait-on rejeté la terre que l'on avait extraite ? Comment les membres d'un culte proscrit avaient-ils osé fouiller le sol de Rome, sous les yeux mêmes de leurs persécuteurs ? L'authenticité des catacombes ainsi contestée, leurs plus ardents défenseurs parurent ébranlés.

Aujourd'hui, on a la certitude et la preuve, après les admirables travaux que M. de Rossi a publiés dans son ouvrage de la *Roma sotterrannea*, que ces interminables galeries qui contiennent près de six millions de tombes sont entièrement et uniquement l'ouvrage des chrétiens.

Ce mode d'enterrer les corps, qui exigeait des percements gigantesques, les chrétiens le tenaient des juifs, qui eux-mêmes l'avaient reçu des orientaux. M. Beulé a visité des catacombes à Carthage et

M. Renan en a constatées dans la Phénicie, l'Asie Mineure, la Cyrénaïque et la Chersonèse.

Les Romains païens se mirent également à suivre l'exemple des chrétiens, et à partir des Antonins, ils cessèrent la crémation des cadavres pour lui substituer l'enterrement.

M. de Rossi, dans le savant ouvrage qu'il a publié après vingt cinq ans de recherches et de travaux, démontre d'une façon péremptoire, que pendant les deux premiers siècles, les chrétiens n'avaient jamais songé à cacher leurs catacombes ; que leur existence était connue de l'autorité, que leur possession était en tous points légale et que leur conservation était placée sous la protection des lois.

Septime Sévère, dans le but de se rendre populaire, avait autorisé les associations de gens pauvres, qui avaient pour but la construction d'une sépulture commune. Il permit également à ces associations de se réunir une fois par mois pour faire des quêtes. Les chrétiens se sont naturellement empressés de profiter de cette faveur, puisque aucune distinction n'avait été faite entre les différents cultes.

Les Romains avaient un si profond respect pour les tombeaux, qu'il était défendu de vendre un terrain qui avait servi de sépulture. Les criminels et les suppliciés eux-mêmes étaient ainsi certains que leur tombe ne serait pas profanée. Et quand sous Néron et Donitien, les persécutions sévirent avec violence, jamais les tombeaux ne furent fouillés. Il faut cependant ajouter que les persécuteurs confisquèrent à leur profit tous les objets précieux, appartenant aux chrétiens; et s'ils ne sont pas allés jusqu'à violer les tombeaux, c'est qu'on avait eu soin de submerger les galeries avec du sable.

Maintenant, comment expliquerons-nous la création des Catacombes ? M. de Rossi s'est chargé de ce soin.

L'homme riche qui était *pater familias*, en construisant son tombeau, dressait à l'avance la liste de ceux qu'il voulait y admettre avec lui. Au premier rang, venaient ses parents, puis ensuite ses clients et quand la place le permettait, il y ajoutait ses affranchis. Sa volonté était toujours respectée.

Avec cette explication, on comprend aisément la naissance des Catacombes. Les chrétiens riches se construisaient d'immenses tombeaux, dans lesquels, ils réservaient des places pour leurs coreligionnaires moins fortunés.

On rencontre encore dans les catacombes de nombreuses peintures à fresque dont plusieurs représentent un ouvrier, la pioche à la main, creusant une tombe. Un simple examen peut facilement convaincre de leur rapport avec celles de Pompéï. Les sujets néanmoins sont tous gracieux ou graves, pouvant s'accorder avec la décence religieuse.

L'art chrétien, comme on le sait, prend son origine aux Catacombes. C'est là, qu'il a pu s'exprimer en liberté pour la première fois, en cherchant une forme qui lui fut propre.

L'étendue des Catacombes primitives était restreinte, mais elle prit avec le temps des proportions gigantesques, en rapport avec le développement de la religion nouvelle.

Il fallut bientôt serrer les tombes les unes contre les autres, en placer dans les endroits restés vides, superposer les corps et creuser jusqu'à cinq étages de galeries.

Les différents tombeaux de particuliers ne suffisant plus, on les agrandit, en allongeant leurs galeries, qui souvent se réunirent pour ne former qu'un tout. De là, les Catacombes que nous connaissons.

Si l'on est étonné du grand nombre d'entrées que l'on y remarque, il faut se rappeler que chaque tombe avait la sienne propre et que ces entrées ont toutes été retrouvées ou conservées.

Constantin, qui avait fait triompher la religion chrétienne, ne servit pas les Catacombes, comme on serait disposé à le croire. Sous son règne, on y exécuta de grands travaux; les entrées furent agrandies, les escaliers réparés et embellis et on éclaira les galeries au moyen de puits de lumière, percés de loin en loin. A la place des modestes chapelles, qui servaient à la célébration des offices du culte, on bâtit de somptueuses basiliques, dignes de la religion chrétienne.

Dès lors les Catacombes perdent leur caractère et leurs souvenirs. Pour appuyer sur un sol ferme les fondations de ces basiliques, on se hâta de supprimer un grand nombre de tombes et de combler plusieurs galeries.

Poussé par un sentiment de piété, chaque chrétien voulut être enterré le plus près possible des martyrs; de là une accumulation de corps sur certains points, qui exigea la destruction de tombes plus anciennes. Enfin, il faut encore ajouter que les premiers fossoyeurs travaillaient sans rémunération, par dévouement pour leurs frères; mais, plus tard travaillant par profession, on vit la spéculation préoccuper l'esprit de chacun et le désordre s'ensuivre.

Pendant cinq siècles, les Catacombes avaient servi de lieu de sépulture, mais petit à petit on s'en éloigna. Beaucoup de places, préparées pour recevoir des corps, ne furent pas utilisées. On adopta partout l'usage, déplorable au point de vue de l'hygiène publique, d'enterrer dans les églises.

Néanmoins, les catacombes restèrent un lieu vénéré et devinrent un but de pèlerinages très suivis. Les invasions des barbares interrompirent ce culte, quand la campagne Romaine fut dévastée.

Pour mettre les reliques des saints à l'abri de cette violation, les chrétiens les enlevèrent à leurs tombeaux et se les partagèrent. Plusieurs Catacombes, et notamment celles de Saint-Callixte, furent comblées de terre, en sorte que les Barbares reculèrent devant le travail qu'aurait exigé le déblaiement.

Mais, comme on ne visitait plus les Catacombes, on les oublia ; on perdit même jusqu'à leur trace. Ce n'est qu'à la fin du seizième siècle, en pleine Renaissance, que ces précieux monuments de l'histoire du christianisme à sa naissance furent découverts en quelque sorte fortuitement.

Les recherches aussi gigantesques que savantes de M. de Rossi ont amené la preuve que la religion chrétienne a pénétré, bien plus vite qu'on ne le pense, dans les classes riches et nobles ; qu'elle s'est insinuée dans les palais en même temps que dans les chaumières.

Si nous ne trouvons pas dans l'histoire de l'Église naissante la liste des bienfaits et des noms des grands seigneurs qui avaient embrassé le christianisme, c'est qu'inspirés par les sentiments de l'égalité fraternelle, ils cherchaient à se faire oublier. Néanmoins, il est certain qu'ils ont mis à la disposition de la communauté naissante leur fortune et leur crédit.

Parmi les catacombes que l'on peut visiter de

nos jours, la plus célèbre est celle de Saint-Callixte. Ce nom est celui d'un diacre auquel le pape Zéphyrin confia l'administration du cimetière des *Cœcilii*.

M. de Rossi nous apprend qu'à partir du pape Zéphyrin, tous les évêques de Rome furent ensevelis dans la catacombe de Saint-Callixte. Ces renseignements ne nous suffisent pas pour parler de ces hommes, auxquels nous devons la grandeur de l'Église. Si leur souvenir a péri, leur œuvre a survécu.

Nous allons quitter les catacombes, mais avant de nous en éloigner, j'en veux dire encore quelques derniers mots. Tout ce que nous savons sur leur existence, nous le devons à M. de Rossi. Ce savant a consacré une partie de sa vie et toute son intelligence à cette branche nouvelle de l'archéologie.

Il nous a révélé une foule de faits qui intéressent le développement du christianisme à sa naissance.

Il a prouvé de plus que les chrétiens, au lieu de se mettre en révolte ouverte avec le pouvoir, comme certains écrivains le prétendent mensongèrement, avaient au contraire fait les plus louables efforts pour entrer dans le cadre des institutions régulières de l'Empire. Enfin, il nous initie à un fait nouveau; dans les deux volumes de son ouvrage il en parle avec insistance. Les chrétiens ont, dès le début de la religion, compté parmi leurs membres des riches et des nobles.

Avançons maintenant dans la campagne de Rome pour en avoir une idée exacte.

Rome est peut-être la seule grande ville d'Europe sans banlieue, la seule qui soit étreinte par une ceinture inculte. Longue est la route à parcourir, avant de rencontrer des chemins bien entretenus, une activité bruyante, une culture riche et rémunératrice, enfin, un pays habité par un peuple actif. Cette campagne est la plus vaste de l'Europe, la plus fertile, la plus inculte et la plus malsaine. L'impression est triste, car on a sous les yeux un cimetière abandonné. Pas un arbre, pas un ruisseau, pas une cabane; de loin en loin un chêne vert rabougri hérisse son feuillage sombre. Cet être vivant semble un traînard oublié dans la solitude.

La civilisation n'y a laissé aucune trace de son passage. Le ciel arrondit sa coupole bleue avec une sérénité désespérante au-dessus de ce champ funèbre, tombeau de Rome et de toutes les nations qu'elle a détruites, Italiens, Carthaginois, Gaulois, Espagnols, Grecs, Asiatiques, peuples barbares et cités savantes; toute l'antiquité pêle-mêle est venue expirer sous la cité monstrueuse, qui l'a dévorée et en est morte d'indigestion. Chaque ondulation de terrain semble un tertre funèbre, où sommeillent les cendres d'une nation ennemie ou alliée de Rome.

Dans cette immense prairie triste et désolée, les

chevaux et les bestiaux naissent et vivent en plein air, au milieu des herbages, exposés à toutes les intempéries, sous la surveillance d'un berger à cheval. On voit l'étalon caracoler au milieu d'un troupeau de vingt-cinq juments; les poulains, ses enfants, sont superbes, mais ils sont si sauvages, qu'il faut les prendre au lazzo pour les dompter.

Ces chevaux sont beaux et bons, de taille moyenne et de constitution robuste, très vifs et possédant beaucoup de fond.

Les labours et les charrois se font comme dans le midi de la France, au moyen de bœufs, auxquels on adjoint quelquefois des buffles

Les chevaux remplissent le rôle de batteurs en grange, c'est-à-dire qu'on les fait trotter sur des gerbes de blé pendant un temps suffisant pour que le grain se détache de l'épi.

Les buffles, qui sont une parfaite image de la brutalité, rendent d'autres services. Dans les marais pontins, on les pousse à coups de pique dans les canaux, ils y entrent tous à la fois avec furie, nagent, pataugent, dégradent les berges, renversent tout sur leur passage, arrachent les herbes et enfin sortent dans un état de hideuse malpropreté. Ce sont de précieux égoutiers.

Dans cette vaste campagne romaine, il est impossible aux propriétaires d'immeubles ruraux d'exercer une surveillance quelconque sur leurs fermiers; car ces derniers demeurent presque tous dans Rome. Les baux étant très courts, ils n'ont pas d'intérêt à mettre les bois en coupe réglée; ils ont plus de profit à laisser les bestiaux y paccager. Pendant l'été, au milieu de ces arbustes et de ces broussailles qui forment *la macchia*, les buffles, les bœufs à grandes cornes et les chevaux vont chercher la fraîcheur et une maigre nourriture, que leur refuse la prairie desséchée par le soleil. L'herbe fait alors place à un sol pelé, crevassé, brûlé jusque dans ses entrailles. Quand *la macchia* est épuisée à son tour, il faut que les troupeaux émigrent sur les montagnes.

Le bétail offre un coup d'œil intéressant au milieu de ces broussailles, mais il dévore les jeunes pousses, brise les branches faibles et arrête le développement de la végétation.

Les bergers à cheval qui gardent ces troupeaux règnent en souverains par leur rôle et leur nombre, de la mer aux montagnes. Ces pâtres sont à demi-barbares, vêtus de peaux de bouc; leur ignorance est extrême. Hommes énergiques du reste, ils soutiennent contre les chevaux sauvages des combats souvent périlleux, dont ils sortent toujours vainqueurs, grâce à leur sang froid et à leur adresse. Rien n'est intéressant comme de voir les pâtres montés sur des chevaux dociles, armés d'une pique, chasser devant eux ce troupeau hennissant, bondissant, ruant, caracolant; tout-à-coup ils détachent du groupe le poulain dont ils ont fait choix et le poussent, malgré sa résistance, dans un enclos préparé, dont la porte se referme sur lui. Quand le cheval est ainsi enfermé, le pâtre lui jette un lazzo autour du cou, le terrasse et profite de cette chute, pour imposer un licol à cette nature sauvage, mais bientôt domptée.

Si l'on parcourt des yeux l'horizon, on aperçoit des amas de murs en ruines, des aqueducs écroulés, des tombeaux, des tombeaux surtout; c'est la mort qui survit le mieux!

Une ligne longue de 25 kilomètres se traine solitaire dans la plaine jusqu'aux pieds des monts Albains, c'est la voie des tombeaux, le cimetière des anciens. Ces espaces désolés sont la nécropole du peuple roi, qui, sur l'emplacement même de son tombeau, a vécu, travaillé, joui, souffert. Il fut grand; son nom a retenti dans le monde entier, aujourd'hui, c'est le silence, la solitude, l'oubli, le néant.

Le printemps revêt ce désert d'un manteau de verdure, l'été lui donne des teintes dorées et l'automne des teintes fauves d'une splendeur admirable.

Dans ces solitudes, on ne rencontre que quelques rares bâtiments de fermes, réfugiés dans les ruines d'une forteresse du moyen âge. Ces masures sont habitées par des malheureux qui n'ont rien à perdre. Leur mobilier est nul, leur garde robe est toute entière sur leur corps.

Le sol et les bestiaux sont la propriété d'un prince romain.

On peut se demander de quoi vivent ces infortunés? De privations sans doute. Du reste, leur sobriété est proverbiale.

Quelques galettes de maïs, souvent moisies, un peu de piquette de la montagne, de l'huile d'olive rance composent leur ordinaire. Jamais l'obésité ne les afflige.

Si aucune amélioration n'a été tentée par les princes romains dans ces tristes solitudes, c'est que l'argent fait défaut à ces pauvres princes. Seul, le banquier Torlonia, qui était un des plus grands capitalistes de l'Italie, a mené à bonne fin de vastes entreprises. Il desséchait le lac Fuccino pour rendre son sol à la charrue ; il dépensait six millions pour la restauration de l'aqueduc de Claude et remportait le grand prix d'agriculture.

Des progrès seront néanmoins accomplis dans un avenir prochain, la propriété morcelée sera cultivée, le désert reculera devant le capital envahisseur, la vie renaîtra avec la liberté des aliénations d'immeubles. Une partie de cette campagne est couverte par les marais Pontins. Leur longueur est de 80 kilomètres, leur largeur varie entre 12 et 18 kilomètres.

M. de Proney qui avait été envoyé par Napoléon Ier, pour y faire des travaux, publia un savant ouvrage sous le titre modeste de : « *Description*

hydrographique et historique des marais pontins. »
Il fit à diverses places des sondages jusqu'à une profondeur de 22 mètres qui amenèrent la découverte d'un banc de coquillages et de débris marins. Il en conclut qu'autrefois la mer s'étendait dans ces parages et que des attérissements s'étant formés lentement, les flots de la mer avaient fait place à la terre ferme et végétale. Une partie du terrain étant plus bas que la côte retint une masse d'eau qui devint les marais pontins. Telle est l'explication sommaire qu'il donne de leur formation.

Cette eau stagnante est un foyer d'infection et de mortalité.

Je ne dirai pas comme cet excellent président de Brosses, qui assaisonne tous ses récits d'une fine raillerie : « Cette campagne est inhabitée parce qu'elle malsaine et elle est malsaine parce qu'elle est inhabitée. » Du reste, il est le premier à rire de son argumentation et aussitôt, il indique quels seraient les moyens pratiques pour rendre la campagne romaine habitable et salubre : Plantation d'arbres et de bois, construction de maisons pour des paysans, grands feux allumés fréquemment pour purifier l'air, labour des terres pour faciliter l'évaporation des miasmes ; creusement de canaux pour seconder l'écoulement des eaux etc.

Pendant les grandes chaleurs, l'air croupit dans cette campagne comme l'eau et produit la maladie appelée en italien la *malaria* et en français *l'intoxication paludéenne*.

Pour mettre en pratique les excellentes théories du président de Brosses, l'initiative gouvernementale est indispensable; les particuliers, même réunis en syndicat, échoueraient dans une entreprise aussi vaste; leurs capitaux seraient engloutis, avant qu'ils aient pu recueillir les fruits de leurs sacrifices.

J'ai voulu rechercher l'origine de cette insalubrité des environs de Rome et voici ce que j'ai découvert. Je donne ce renseignement sous toutes réserves, parce qu'il me semble un peu fantaisiste.

Le pape Sixte-Quint avait des idées libérales et généreuses, plein de compassion pour les pauvres, de sollicitude pour les faibles, il voulut lors de son élévation à la papauté réprimer les désordres et les abus qui s'étaient glissés dans les États pontificaux, où beaucoup de nobles s'étaient érigés en tyrans. Sixte-Quint, pour diminuer leur pouvoir et leur insolence, voulut réduire leurs richesses. Il rendit un édit qui prohibait l'exportation des blés hors des États romains.

Tout d'abord, cette mesure parut excellente pour le peuple, qui semblait devoir se procurer des vivres en abondance et à bas prix. Mais comme la production était supérieure à la consommation, la dépréciation du blé en fut la conséquence, entraînant à sa suite une culture plus restreinte, puis l'abandon des terres, leur dépopulation et enfin leur insalubrité.

Si ce renseignement est exact, il serait un argument péremptoire en faveur du libre-échange.

Stendhal exprime une autre opinion, il dit que la dépopulation de la campagne de Rome fut commencée par les pillages des barbares, continuée par les guerres civiles des Colonna, et des Orsini et enfin achevée par le règne des brigands de 1550 à 1804.

Les papes Sixte-Quint et Pie VI firent de grands et de nobles efforts pour améliorer ce pays au point de vue sanitaire. Ils creusèrent de vastes canaux collecteurs, sur lesquels les propriétaires riverains ont greffé des milliers de rigoles. Pie VI rétablit la *voie appia* qui traversait les marais Pontins, employa chaque hiver 8 000 ouvriers aux travaux de dessèchement.

En 1810, Napoléon alloua une somme annuelle de 200 000 francs à cette grande entreprise. Sans les événements de 1814 et 1815, la main puissante, qui avait suspendu des routes sur la corniche de Gênes et sur les escarpements des Alpes, aurait peut-être ouvert un chemin vers la mer aux eaux pestilentielles des Marais Pontins. Alors la santé, la sécurité, l'agriculture et le commerce eussent subitement pris la place de la maladie, de la terreur, des friches et de la pauvreté.

Encore de nos jours, la population qui accourt

des montagnes pour cultiver ce pays, doit s'enfuir aussitôt la récolte faite, sous peine de mort.

J'ai dit plus haut que les Marais Pontins avaient été de tout temps infestés par les brigands. Dans les montagnes voisines de Rome, le brigandage a considérablement décru, mais il est impossible de l'en extirper complètement. En effet, comme me le disait un propriétaire des environs de Rome, en parlant des paysans de son canton; « aucun d'eux n'est brigand, mais tous sont amateurs de brigandage, c'est l'occasion qui fait le larron. »

De plus, les jeunes filles et les femmes sont leurs complices, car ces brigands sont à leurs yeux des héros, qui les fascinent et gagnent facilement leur cœur.

Dans le milieu de la campagne romaine, du côté d'Albano, un petit monastère abritait sous son toit cinq moines, qui partageaient leur vie entre l'agriculture et la prière.

Un jour ou plutôt une nuit, une bande de 30 brigands se réfugie dans ce saint asile, à l'abri des recherches des gendarmes. Plus tard, un juge de Rome reprocha au père supérieur cette hospitalité forcée. « Que vouliez-vous qu'il fît contre trente, monsieur le juge? Qu'il mourut, sans doute? »

La *Vendetta* est un autre obstacle à la civilisation ; un individu est cité comme témoin à charge dans une affaire de brigandage, il répond au juge d'instruction qui le questionne : « Vous n'êtes pas assez puissant pour me protéger contre la *Vendetta*, en conséquence, je n'ai rien à vous dire. » Seule, l'administration française de 1808 à 1814 a possédé le prestige nécessaire pour diminuer le nombre des crimes, en usant du système autoritaire, qui terrorisait les assassins et donnait de la confiance aux témoins.

Les ennemis du système autoritaire et de la peine de mort trouveront, dans ces simples détails, un argument suffisant, pour se convaincre de leur erreur. D'après M. Tambroni, de 1775 à 1800, on a constaté 18000 assassinats dans les états pontificaux, c'est une moyenne de deux par jour. La trop grande bonté des papes, leur clémence inépuisable étaient une des causes de cet état de choses déplorable, qui rendait vrai le mot d'Alphonse Karr : « Que messieurs les assassins commencent. »

Tout-à-coup, Napoléon arrive en Italie, lance un décret, supprime les tribunaux criminels et les remplace par des cours martiales, fait exécuter quelques fusillades en masse, et subitement, les routes recouvrent leur sécurité et le peuple devient vertueux, malgré lui.

Au point de vue civil et matériel, les États pontificaux ont ressenti les plus grands bienfaits de l'Administration française.

Le nombre des assassinats était tombé si bas,

qu'on pouvait les considérer comme des faits exceptionnels et accidentels.

La mendicité avait décru de plus de moitié; les mendiants avaient été envoyés au travail dans les dépôts, au Forum, au Colisée et dans les grands monuments.

Au milieu de la campagne de Rome, deux localités attirent l'attention du visiteur, Frascati et Tivoli.

Je ne parlerai pas de Frascati qui n'est qu'un but de promenade agréable.

Une cascade forme le principal attrait de Tivoli. Cette cascade d'une hauteur médiocre produit néanmoins un effet grandiose par la disposition aussi fortuite qu'heureuse des rochers, sur lesquels la rivière du Téverone va rebondir, pour s'abîmer plus bas encore, sur d'autres rochers au-dessous desquels, elle retrouve enfin son cours normal et régulier.

Le petit temple de la Sibylle, juché sur la pointe d'un roc, domine la cascade et les petites cascatelles, auxquelles conduisent des sentiers escarpés et sinueux.

C'est dans la petite ville de Tivoli, en se rapprochant de Rome, que Mécène, Salluste, Catulle et Horace avaient leur résidence d'été.

Au pied de la côte de Tivoli, gisent éparses et moussues les ruines de la villa de l'empereur Adrien. Ce prince, qui affectait pour l'antiquité une vive passion, ne craignit pas de blesser l'amour-propre des Romains, en faisant étalage de ses préférences pour la Grèce. Il se construisit une villa sur les traditions de l'antiquité grecque, comprenant une académie, un portique, un lycée, un prytanée, une vallée de Tempé, un Pœcile, et un Canope à l'égyptienne.

Des fouilles ont été opérées dans ces ruines et ont donné des résultats satisfaisants. De belles statues grecques ont été exhumées de l'oubli où elles gisaient depuis trop longtemps, et on les a transportées à Rome, au palais des Conservateurs.

Dans son ouvrage des Antonins, M. Franz de Champagny s'exprime de la sorte touchant cette villa :

« Après une vie de voyages, Adrien alla chercher le calme dans sa retraite de Tibur. Mais cette retraite devait-être un musée. Il prétendit rassembler autour de lui tout ce qu'il avait admiré dans ses voyages. Il fit copier partout et il rassembla dans une enceinte de 8 kilomètres tous les monuments en pierre, en bronze et en marbre qu'il avait vus en Afrique, en Grèce, en Égypte et en Orient. De sa fenêtre et de son lit de malade, il put voir l'Académie, le Pœcile et toute sa chère Athènes; dans ses promenades, que l'enthousiasme de l'artiste soutenait encore, il put s'asseoir au Lycée, respirer l'air de la vallée de Tempé revoir sa ville égyptienne de Canope. L'initié d'Éleusis put visiter par avance ces Champs-Élysées, dont l'hiérophante lui avait promis le séjour.

» Voulait-il chasser ? les cerfs bondissaient autour de lui par troupeaux. Voulait-il se donner le spectacle d'une naumachie, imitation souvent sanglante des batailles navales? Un immense bassin de marbre jaune se remplissait d'eau et portait des navires. En un mot, tous les siècles, tous les styles, tous les pays, tous les souvenirs avaient là leur place.

» La villa de Tibur a été comme une mine de chefs-d'œuvre qui a fourni des bronzes, des marbres et des mosaïques à tous les cabinets de l'Europe moderne et que trois siècles de fouilles n'ont pas encore épuisée. »

Rentrons maintenant dans Rome pour y faire quelques études de mœurs et de caractère.

Il est certain que si l'instruction n'est pas encore très répandue chez les Romains, leur intelligence est fort développée. Stendhal, qui était fonctionnaire du premier Empire, raconte que lorsque Rome et Hambourg étaient des préfectures françaises, on y recevait des tableaux administratifs fort compliqués, pour le service des douanes et de l'enregistrement; il fallait six semaines aux Hambourgeois pour les comprendre et les bien remplir, trois jours suffisaient aux Romains.

L'apathie et le manque d'ouvrage et de débouchés ont longtemps empêché ce peuple d'arriver au bien-être.

L'exploitation des étrangers a été de tout temps son principal moyen d'existence.

Il est vrai que la nouvelle administration a fait de louables efforts pour déblayer Rome de ces troupeaux de mendiants, dont la paresse et la misère affligeaient la vue. Les étrangers se promènent dans la ville plus librement; si leurs voitures sont encore escortées quelquefois par des mendiants hurlants et infatigables à la course, si une main crasseuse, sortant de haillons sordides, se tend souvent encore vers l'étranger à pied, la situation du moins est tolérable.

Derrière cette population indigente et quémendeuse, dont les rangs sont fort éclaircis, se presse la plèbe qui gagne péniblement son pain et attend souvent pour souper un miracle de la Providence ou un terne de la loterie.

Cette classe, qui forme la majorité de la population, vivote pendant l'hiver, alors que les riches étrangers arrosent le pays d'une pluie d'or et d'argent, mais l'été elle se serre le ventre.

Soit timidité, soit fierté, les gens de cette classe ne demanderaient pas une aumône déguisée sous l'apparence d'un pourboire, mais aucun d'eux n'est assez riche pour la refuser, quand elle est offerte.

Au sommet de la société, se trouve la noblesse romaine. Elle se divise en trois classes.

La première est d'origine féodale, la deuxième d'origine népotique, la troisième d'origine financière.

Plusieurs familles d'origine féodale prétendent descendre des anciens romains; on peut citer les Muti qui ont pour aïeul Mucius Scævola, les Santa Croce qui remontent à Valerius Publicola, les Massimo qui, à les entendre, sont les arrière petits-fils de Fabius Maximus.

M. Edmond About raconte qu'un jour Napoléon interpella brusquement un Massimo : « Est-il vrai, lui dit-il, que vous descendiez de Fabius Maximus? — « Je ne saurais le prouver, répondit le noble romain, mais c'est un bruit qui court depuis plus de mille ans dans notre famille ». Les armes des Massimo représentent des traces de pas croisés en tous sens. C'est une allusion aux marches et contre-marches du temporisateur. La devise de la maison est « *Cunctando restituit* ».

Avant que le Code civil français ne fût en rigueur dans les États Pontificaux, le fondateur d'une nouvelle famille, plein de prévoyance pour l'avenir de ses enfants, instituait un majorat, c'est-à-dire un capital inaliénable, transmissible de mâle en mâle, afin d'assurer du prestige à l'héritier de son nom. La conséquence était que plusieurs familles n'avaient qu'un faible revenu, quoiqu'elles possédassent une fortune énorme en palais, objets d'art, tableaux et immeubles ruraux. La maison s'endettait au point que son chef était obligé de demander au pape l'autorisation d'aliéner un tableau ou un bijou. Si le capital avait été aliénable, une partie chaque année aurait disparu, à la suite des revenus. On s'imagine difficilement la quantité de charges qui accablent et surtout accablaient la noblesse romaine : couvents à entretenir, dotations à continuer, pensions à payer, œuvre pies à pouvoir, villas à replâtrer, palais à recrépir, grand train à conserver, domestiques à soudoyer; leurs envieux en reculeraient d'épouvante. Il ne leur restait jamais rien pour l'amélioration agricole de leurs terres. La plupart de ces princes en sont réduits à sous-louer une partie de leur palais et à cacher leur gêne dans les combles.

Le majorat les conservait riches en apparence, mais les appauvrissait en réalité. Néanmoins, ces Majorats ont procuré au public une large compensation. Si ces princes avaient pu vendre leurs objets d'art, ceux-ci seraient aujourd'hui semés dans toute l'Europe et même dans l'Amérique et nous serions privés de les admirer réunis en un même lieu.

S'ils avaient eu le droit d'aliéner leurs villas, les touristes ne s'y promèneraient pas comme chez eux, à l'abri d'une hospitalité qui n'a pas d'exemple chez les roturiers parvenus.

On m'affirme qu'avant la législation nouvelle, la princesse Borghèse possédait des diamants d'une valeur inestimable. Je dis *possédait*, j'emploie un mot impropre, elle avait seulement l'usage de ces parures, qui restaient entre les mains d'un fidéicommissaire.

Ce dernier les remettait à la princesse Borghèse contre un reçu, quand elle voulait les porter. Le lendemain, au retour d'une soirée, elle les rendait au fidéicommissaire, qui restituait le reçu. De cette façon, on avait la certitude que ces merveilleux diamants anciens, dont la valeur augmente chaque jour, ne sortiraient pas de la famille Borghèse. Cet état de choses est tombé devant le Code civil.

Il ne faut pas oublier que toute cette vieille noblesse romaine boude la société italienne, importée dans Rome par le nouveau gouvernement. Il existe une gêne très sensible qui jette une note triste dans toutes les relations mondaines.

Je veux dire un mot des enterrements et de la loterie, puis je parlerai de la papauté; alors le sujet que je me proposais de traiter sur Rome sera épuisé.

En Italie et à Rome surtout, les enterrements sont pour le public de véritables spectacles.

Dans le Corso s'avance une armée de capucins, portant des cierges allumés et accompagnés d'une foule de gens revêtus d'habits religieux, la cagoule rabattue sur les yeux; ce sont les membres des confréries auxquels le défunt appartenait, et qui se chargent des funérailles.

A la porte du palais se pavane le suisse, affublé de son costume le plus splendide, avec bandes de crêpe, sa canne sonore à la main.

On descend le corps du défunt; quatre portefaix le hissent sur leurs puissantes épaules, et la procession se remet en marche.

« C'est un étranger que l'on enterre, diriez-vous, ses parents et ses amis sont loin de lui? » Nullement; ils sont là dans la foule, ils forment la haie avec vous, ils regardent comme vous ce spectacle, les parents en surveillent les dépenses qu'ils paieront, et les bons amis, le cigare aux lèvres, le carreau dans l'œil, en jouissent avec enthousiasme.

La France est le seul pays où l'on sache honorer les morts.

Le deuil n'était autrefois porté que par la noblesse; aujourd'hui, la bourgeoisie aisée, et qui a voyagé, arbore quelquefois les vêtements noirs, le bas peuple n'y a jamais songé.

Passons à la loterie.

M. Edmond About dit avec beaucoup d'esprit : « La loterie est le plus court chemin de la misère à la richesse; il en est de plus sûrs, il n'en est pas de plus directs. C'est pourquoi la plèbe romaine évite les autres et se coudoie dans celui-là. »

La passion pour la loterie entraîne les petites

gens; aujourd'hui qu'on leur a laissé toute licence, il n'y a plus de frein pour les retenir,

On vend dans Rome un petit dictionnaire intitulé : *Le livre de l'art*, qui contient les mots de la langue et les événements de la vie correspondant à un numéro. Les Italiens consultent ce précieux interprète, avant de choisir un numéro à la loterie. Le résultat final, se devine aisément. Le gouvernement italien réalise un gros bénéfice, qui, au temps du pouvoir temporel des papes, était employé en bonnes œuvres.

En parcourant les divers ouvrages publiés sur Rome, les théories sur le népotisme m'ont frappé, au point que je veux les réfuter en quelques lignes.

Beaucoup d'écrivains (ils sont trop nombreux pour les nommer) s'élèvent contre le népotisme papal, les uns avec violence, les autres avec une ironie qui cherche à être spirituelle, mais qui ne réussit qu'a être grossière et inconvenante.

En somme, qu'est-ce que le népotisme ? Simplement, l'attribution par un pape nouvellement nommé à ses neveux ou autres parents des charges vacantes, auxquelles étaient attachés des bénéfices plus ou moins importants.

Il n'y a dans cette mesure rien d'excessif, je n'en veux pour preuve que la liste publiée par l'almanach romain. Il énonce 111 familles patriciennes, dont 20 princières et 11 ducales. Combien est insignifiant ce nombre de 111 personnes, quand on songe que Léon XIII est le deux cent soixantième pape.

Jetez les yeux, cher lecteur, sur les états monarchiques et comptez, si vous le pouvez, le nombre des gens anoblis et dotés au détriment du pays, puis regardez les états démocratiques, voyez ces sinécures grassement payées, contemplez ces gerbes de décorations que le maître du jour fait pleuvoir sur la poitrine de ses créatures, enfin mesurez la profondeur du favoritisme.

Après cet examen, si vous êtes de bonne foi, vous ne parlerez plus du népotisme papal.

J'ai demandé à plusieurs officiers français, qui faisaient partie du corps d'armée d'occupation et étaient, à ce titre, restés à Rome pendant six ans, pourquoi tant d'écrivains avaient publié sur le népotisme et sur diverses questions se rattachant à la papauté, tant de basses calomnies. Voici quelle a éte leur explication :

Plusieurs hommes de lettres distingués sont allés à Rome, un peu par curiosité, beaucoup pour rapporter les éléments d'un livre, qu'ils vendraient à leur retour. Afin d'avoir plus de lecteurs, il leur faut être scandaleux, puis ils auraient besoin de renseignements qu'on ne peut puiser que dans les manuscrits du Vatican, ils demandent à consulter ces manuscrits ; mais en général, ils essuient un refus de communication. Alors, ils se mettent en rapport avec quelques moines défroqués, qui errent dans les rues de Rome, toujours à la piste de ces littérateurs. Ces moines défroqués fournissent les renseignements, mais en dénaturant la vérité de la façon la plus odieuse.

Deux officiers français m'ont affirmé avoir vu les choses se passer sous leurs yeux, telles que je viens de les relater.

J'avais sollicité l'honneur d'une audience papale; cette faveur me fut accordée le dimanche 5 mai 1881.

L'audience était pour une heure, mais le public, muni de cartes d'entrée, devait se trouver réuni dans une salle du Vatican, à midi.

Dès onze heures, on faisait queue à la porte; les femmes, sans chapeau, en voile noir officiel; les gants sont prohibés, c'est la règle; mais la plupart des hommes avaient des habits de location, sales, usés, rapés, trop courts ou trop étroits, trop longs ou trop larges, les manches venant au coude, quelques-uns avec des pantalons bruns et des chapeaux gris mous, plusieurs avaient l'air de clercs d'huissier ou d'entrepreneurs de pompes funèbres.

Nous attendons dans une grande salle; quand une heure sonne, le Saint Père, vêtu de blanc, fait son entrée solennelle, au milieu de cardinaux et de chambellans, escorté par des gardes suisses. Tous les assistants se mettent à genoux et ne se relèvent que sur un signe du pape.

12.

Léon XIII est un grand vieillard très maigre, la figure fatiguée, même souffrante, il se tient néanmoins très droit. Le visage est pâle, sillonné de rides profondes, le nez fortement busqué, le front bien développé, la bouche démesurément grande, est bordée de lèvres fines, prêtes à lancer un mot spirituel, presque une douce raillerie; l'œil perçant et vif devine autant qu'il voit, l'ensemble de la physionomie respire l'autorité sévère, tempérée par une expression de bonté ineffable et de bienveillance inépuisable.

Dignité, majesté même, grande fermeté, alliée à cette souplesse acquise pendant les longues années passées dans les ambassades, science des concessions nécessaires, telles sont les qualités qui conviennent au pontife suprême et que Léon XIII possède à un très haut degré.

Le pape est né en 1810: mais il paraît plus âgé qu'il ne l'est en réalité. Il ne peut pas dire comme son prédécesseur Pie IX, qui avait conservé tant de verdeur dans sa vieillesse : « C'est mon extrait de naissance qui est vieux, ce n'est pas moi, et quand on me donne un grand âge, je réponds : on me le donne, mais je ne le prends pas. »

Quand le pape se fut assis, un de ses assistants s'avança et lut une adresse; Léon XIII y répondit par une brillante improvisation en français, pleine de pensées aussi heureuses que choisies, dans une voix sonore, que gâte un léger accent italien.

Puis chacune des personnes présentes fut autorisée à s'approcher du pape pour être admise au baisement de la mule et de l'anneau. Léon XIII sut trouver, pour chacun en particulier, un mot empreint d'une paternelle bonté.

Quand le défilé fut terminé le pape donna solennellement sa bénédiction à tous.

Avant d'en finir avec l'audience papale, je veux relater une anecdote qui mérite quelque souvenir.

J'avais devant moi une espèce de Joseph Prudhomme, mais à la mine rébarbative, la barbe inculte, la crinière en désordre. Ce personnage fut présenté à Léon XIII, sous le nom de M***, conseiller municipal de Versailles.

Le bon saint père, croyant avoir affaire à l'un des chefs de l'administration française, lui témoigna une bienveillance particulière et lui adressa cette question :

Le pape. — « Qu'avez-vous vu dans Rome, Monsieur le Conseiller, la basilique de Saint-Pierre, sans doute? »

Monsieur le conseiller municipal de Versailles. — « Oui, Saint Père. »

Le pape. — « Et qu'en pensez-vous? »

Monsieur le conseiller municipal de Versailles. — « Saint Père, je pense que son étendue dépasse les besoins de la population. »

L'introducteur coupa court à l'entretien, en présentant une autre personne. Monsieur le Conseiller municipal de Versailles avait donné une mesure suffisante de sa sottise.

Puisque j'ai parlé de la Papauté, je crois utile avant de quitter Rome d'essayer une courte dissertation, sur *la loi des Garanties* qui préoccupe de nos jours le monde diplomatique.

Si la France a commis dans ces dernières années une faute politique, c'est assurément d'avoir fait la guerre d'Italie en 1859. Les victoires de nos armées nous ont, il est vrai, posé en peuple libérateur des opprimés ; mais cela n'est qu'une vaine gloire inutile. Comme résultat pratique, nos succès militaires ont mis à notre porte un pays qui se fortifie de jour en jour, devenu capable de nous nuire, et dévoué à la politique de nos ennemis.

On a vu ce pays battre des mains, quand nous avons été foulés aux pieds par les hordes allemandes.

Plus tard, lorsque profitant de nos défaites, au 20 septembre 1870, le gouvernement italien, en violation de tout droit, se fut emparé des États pontificaux, un grand nombre de français ont applaudi à ce facile triomphe.

Aveuglés par leur haine imbécile contre la Papauté, ces Français, qu'on croirait à la solde de l'étranger, ont assez manqué de bon sens, pour ne pas comprendre, toute idée religieuse écartée, que cette fois l'Italie devenait une puissance et que désormais la France comptait un ennemi de plus.

Rappelons-nous seulement, les manifestations anti-françaises qui ont eu lieu dans toute la péninsule, lors de l'expédition de Tunisie. Les Italiens ont alors ouvertement proclamé leur haine pour la France et leur sympathie pour l'Allemagne.

Voilà les résultats d'une politique déplorable. Combien de Français ont oublié cette maxime si vraie : « Diviser pour régner ! »

Ceci posé, voyons ce que le Gouvernement italien a fait après sa prise de possession des États pontificaux.

La cour s'est installée dans le palais du Quirinal, que les papes habitaient pendant les mois, où la malaria sévissait dans Rome. Le quartier, où il est construit, en effet, est très salubre.

Les deux chambres et les ministères ont cherché un abri, soit dans des anciens palais, soit dans des constructions nouvelles. Il faut citer notamment près du chemin de fer le ministère des finances pour lequel on a construit un immense bâtiment fort luxueux. On peut affirmer, que si le numéraire retourne un jour en Italie, il y sera largement et somptueusement logé.

Les diverses légations et ambassades près du roi d'Italie se sont transportées de Florence dans Rome et se sont établies dans des palais.

La légation de France, qui a été érigée en ambassade, a pris en location le palais Farnèse.

Enfin, le 13 mai 1871, le parlement italien vota la loi, connue sous le nom de *loi des Garanties*. Elle a pour but de régler le *modus vivendi* entre la curie romaine et la royauté italienne et d'éviter les chocs entre ces deux puissances ;

Je vais énoncer les dispositions de cette loi, ensuite j'essaierai d'en donner une très courte et très impartiale appréciation.

Cette *loi des Garanties* ne fait que définir les limites que l'État s'impose à lui-même dans l'action et la compétence de ses lois et de ses pouvoirs envers la curie romaine.

Les articles premier et deuxième déclarent que la personne du pape est sacrée et inviolable, comme celle du roi ; que l'attentat, la provocation à l'attentat, l'injure, l'outrage contre le Saint Père, commis par des paroles, par des actes, par des moyens quelconques de publicité, sont punis comme s'ils étaient commis contre le roi.

Afin que l'excès de bonté du pape ne puisse empêcher l'action de la loi, en ne demandant pas à la justice du pays la punition du coupable, l'action contre celui-ci a lieu d'office et la cour d'assises est appelée à le juger, sans que le pape intervienne.

L'article troisième ordonne que les honneurs souverains soient rendus au pape, partout où il paraît et que la diplomatie italienne continue à lui reconnaître un droit de préséance.

L'article quatrième décide que les palais et la personne du Saint-Père seront toujours gardés non par des soldats, mais par des hommes à sa solde.

L'article cinquième exonère de tout impôt les palais du Vatican et de Latran et la villa de Castel Gandolfo et défend à l'État de les exproprier, même pour cause d'utilité publique.

L'article sixième s'oppose à ce que pendant la vacance du Saint Siège aucune entrave puisse être mise à la liberté du Conclave, il rend de plus l'État responsable de la sûreté de ses séances et de celles des conciles œcuméniques.

L'article septième déclare sacré tout endroit où se trouve le pape et en prohibe l'entrée à l'autorité publique et à la force publique.

L'article huitième arrête la justice du pays à la porte des archives des ministères ou des congrégations pontificales et les exempte de toute visite, perquisition ou séquestre.

L'article neuvième assure au Souverain Pontife une liberté absolue, dans l'exercice de ses fonctions spirituelles.

L'article dixième dispense de tout contrôle et poursuite de la part de l'autorité publique les ecclésiastiques, lorsqu'ils exécutent les ordres du pape.

L'article onzième permet aux gouvernements

étrangers de conserver auprès de sa Sainteté leurs agents diplomatiques, et leur confirme les franchises et immunités dont ils jouissaient précédemment.

L'article douzième octroye au Souverain Pontife un bureau de poste et un bureau télégraphique pour son usage personnel et exclusif.

L'article treizième abandonne au pape la direction et la surveillance, dans la ville de Rome et dans les six évêchés suburbicaires, des séminaires, académies, collèges et autres institutions catholiques, fondées pour l'instruction des ecclésiastiques.

Enfin, l'article quatorzième avait inscrit au Grand-Livre de la dette publique, en faveur de la papauté, une rente perpétuelle et inaliénable du 3 225 000 francs.

Cette dotation était accordé au pape, pour l'indemniser de la suppression de tous ses revenus. On estimait qu'elle représentait environ la somme de dépenses, auxquelles le pape était nontraint chaque année.

Je crois inutile de dire, que le pape a dédaigneusement refusé cette offre, qui, si elle avait été acceptée, eut été considérée comme un acquiescement tacite à la violence accomplie.

Maintenant, en laissant de coté cette usurpation du gouvernement italien, cherchons quelle est la valeur de cette loi.

A la considérer dans son ensemble, sans l'examiner de trop près, cette loi semble bonne et paraît inspirée par un esprit modéré, libéral, respectueux de la Papauté, généreux même; cependant il suffit d'un peu d'attention et de réflexion, pour y découvrir des vices redhibitoires.

D'abord cette prétendue *loi des Garanties*, porte le nom impropre de loi. Cet acte est ou plutôt devrait être un contrat. Mais en disant contrat, on suppose le concours de la volonté des deux parties contractantes ; or, nous savons que la papauté n'a pas été appelée à discuter les clauses de ce contrat, et qu'elle ne les a pas acceptées; donc cet acte unilatéral est radicalement nul.

Supposons cependant que cet acte est non un contrat, mais une loi. Il faudrait alors que si dans l'état actuel des choses, cette loi offre des *garanties* à la papauté, elle fut du moins une concession à perpétuité. Nous savons qu'il n'en n'est rien car une grande partie de la presse italienne, cherche à créer un puissant courant dans l'opinion publique, pour réclamer l'abrogation pure et simple de la *loi des Garanties*. Le gouverment italien est trop faible, pour pouvoir resister; car l'Italie est un de ces pays, où la monarchie est arrivée à fin de bail; elle est obligée de faire d'incessantes concessions à la démagogie, pour obtenir une prolongation d'existence.

Les chambres abrogeront donc la *Loi des Garanties*, ou si la monarchie est renversée avant ce temps, le premier acte du gouvernement qui lui succédera sera la signature d'un décret déclarant cette loi nulle, non faite, ni avenue.

Souvenons-nous encore que lors de la translation des cendres de Pie IX, de la basilique de Saint-Pierre à celle de Saint-Laurent-hors-les-Murs, des scènes de désordre et de scandale ont éclaté sur tout le parcours du cortège funèbre, quoiqu'on eût choisi la nuit, pour opérer cette exhumation. Le respect que l'on doit à la mort, aurait du calmer les haines, même les plus imbéciles. Le gouvernement italien a, dans cette circonstance, donné la mesure de son impuissance et de son incapacité.

Enfin, d'après cette loi, on pourrait croire à la liberté du pape, puisque sa personne est déclarée sacrée et inviolable. Il n'en est pas ainsi. Le pape, matériellement et physiquement est libre, c'est évident, mais moralement, il est comme il s'intitule lui-même, *le prisonnier du Vatican*. Si le Saint-Père voulait sortir dans Rome, sa présence exciterait chez les uns une explosion de sympathie et de respect et chez d'autres des menaces, des violences accompagnées d'injures; la population romaine en viendrait aux mains et le sang coulerait dans les rues.

Pour donner une preuve de la faiblesse de la

monarchie italienne, je veux terminer par une anecdote cette dissertation déjà trop longue.

Je me promenais une après-midi à la villa Borghèse, j'admirais la végétation exubérante et la ramure puissante de chênes séculaires, dont la tête semble menacer le ciel. Tout-à-coup, j'entends derrière moi une petite toux sèche, comme celle d'une personne qui veut attirer sur elle l'attention, je me retourne instinctivement et j'aperçois deux hommes d'une mise soignée. L'un d'eux, à l'aspect sauvage, avec d'énormes moustaches en croc, celui qui avait toussé, s'incline profondément pour me saluer. Ne connaissant pas cet étranger, je ne lui rendis qu'un coup de chapeau distrait. Mais je m'informais de la qualité de ce singulier personnage, auprès du premier passant. « C'est le roi, me dit ce dernier, je suis sûr qu'il vous a salué et que c'est lui qui a commencé. Eh bien, monsieur, cet infortuné prince s'en va chaque jour dans les rues de Rome, quêtant auprès des habitants un peu de popularité. »

Les jours suivants, je rencontrai de nouveau le roi Humbert dans le *Corso*, tantôt à pied, tantôt en voiture, il était toujours tête nue, le chapeau à la main.

Nous allons partir pour Naples, mais en quittant la Ville éternelle, nous éprouvons une émotion aussi vive qu'en y arrivant, un regret profond attriste l'esprit, un chagrin réel serre le cœur.

Heureusement qu'à notre retour de Naples, nous traverserons Rome encore une fois et pourrons pendant quelques heures goûter le bonheur que nous y avons trouvé pendant un séjour trop court à notre gré.

CHAPITRE IX

NAPLES

Le Mont-Cassin. — Aspect de Naples, les ruelles. — Le tombeau de Virgile. — La grotte du Pausilippe. — Caligula et Xerxès. — Les Lazzaroni. — La Chiaja. — Les équipages. — Joachim Murat. — Les églises. — Asile des sourds-muets et le Comte de Chambord. — Le musée. — Les théâtres. — Les brigands. — Les véhicules. — Baïa. — Capri. — Tibère. — Lagrotte d'azur.

Nous nous enfonçons dans la botte de l'Italie, mais nous n'irons pas jusqu'au talon. Quand nous aurons vu Naples, nous ferons l'ascension du Vésuve, nous visiterons les environs, Pompéï, Herculanum, Baïa et l'île de Capri.

Je crois que la description de Naples et la visite à la grotte d'Azur à Capri me fourniront des matériaux suffisants pour remplir ce chapitre; je renverrai donc le surplus de mon sujet au chapitre suivant.

De Rome à Naples, le paysage est beau, la campagne fort riche.

En passant à Capoue, nous ne nous laisserons pas énerver par ses prétendues délices.

Le Mont-Cassin seul attirera notre attention. Il est situé à mi-chemin de Rome à Naples, il forme la plus ancienne et la principale abbaye des Bénédictins. Fondée au sixième siècle, sur l'emplacement d'un temple d'Apollon, cette abbaye fut plusieurs fois détruite par des tremblements de terre, en sorte que le monument actuel date seulement du dix-septième siècle.

Pendant les années les plus sanglantes du moyen âge, les moines retirés du monde, tranquilles sur la crête de leur montagne, déchiffraient, copiaient, enluminaient, traduisaient et composaient des manuscrits.

Les barbares qui passaient au pied de cet immense rocher, ont toujours respecté ces moines et se sont même souvent laissés civiliser et convertir par eux.

A la cime de la montagne, sur une esplanade, le grand couvent carré étage ses terrasses. On dit que les savants de Rome et de Naples montent, pendant l'été, au couvent, pour y travailler à leur aise, au frais et dans le silence; les 40 000 volumes de la bibliothèque sont à leur disposition.

Plus loin, la campagne jusqu'à Naples devient un jardin; autour des champs, de loin en loin, des ormes ébranchés soutiennent des vignes hautes, reliées entre elles par leurs pampres qui semblent se donner la main.

Le chemin de fer me conduit à Naples. A la sortie de la gare, je suis assailli par une foule d'importuns, de guides, de marchands de toute espèce, de cochers qui poussent de grands cris, en faisant claquer leurs fouets; pour offrir leurs services, ces gens emploient des manières rampantes qui dissimulent leurs escroqueries. A l'arrivée, on voit donc Naples par son côté le moins attrayant; mais pénétrons en ville.

Figurez-vous un géant assis, qui ouvre, en les arrondissant, deux énormes bras; c'est Naples et son golfe, la ville est le corps, les deux bras, sont, à gauche, les riantes habitations de Portici, de Pompéï et de Sorrente, à droite, la falaise du Pausilippe, le cap Misène.

M. Taine remarque que dans le golfe de Naples, l'air et la mer sont bienfaisants et que tout y forme un contraste frappant avec les côtes de l'Océan et les falaises de Normandie et de Gascogne, battues par les vents, flagellées par les pluies glaciales, épuisées à nourrir des arbres rabougris, où les ajoncs et l'herbe se collent misérablement contre les pentes; à Naples, rien de pareil, les plantes semblent puiser une sève nouvelle dans l'atmosphère énivrante des flots; on sent la fraicheur et la douceur du souffle qui vient caresser les fleurs pour les épanouir.

Le désenchantement survient bientôt, si l'on s'enfonce dans ces ruelles étroites, sales, bordées de balcons qui surplombent, pavoisées de linges qui sèchent. Là, une fourmilière grouillante et crasseuse d'hommes et de femmes, à costumes bariolés, qui parlent, crient, hurlent, gesticulent, se coudoient, se bousculent pour faire du commerce. Des échoppes en plein vent rétrécissent encore ces ruelles ignobles et y entravent la circulation déjà si pénible.

Des marchands ambulants circulent et, pour débiter les objets de leur négoce, dépensent par minute assez de gestes pour défrayer un acteur comique pendant dix représentations; ils fourrent de force leur bric-à-brac dans les mains des passants, tombent en admiration devant leur marchandise et se démènent comme des possédés, autant, je crois, pour leur plaisir, que dans l'intérêt de leur commerce.

Cette population a un tempérament uniforme mon cocher se prend de querelle avec un camarade; ils s'injurient l'un l'autre, et semblent vouloir *sortir de leur peau;* un instant après ils n'y pensaient plus !

Je me hasarde, à pied, dans des ruelles escarpées, je me range contre les murailles pour laisser passer des ânes chargés de denrées multiples, qui montent et descendent, en assurant leur pied sur la pente glissante, où des ruisseaux fangeux dégringolent misérablement entre les cailloux. Toutes ces ruelles viennent se greffer sur la rue de Tolède, aujourd'hui rue de Rome, la principale artère de Naples. Nous descendrons la rue de Rome jusqu'au quai de la *Chiaja*, au milieu d'un chaos de population et de voitures.

A la Chiaja, nous sommes dans la partie délicieuse de Naples. Là, chacun vit sur son balcon, pour y jouir sans jamais s'en lasser d'une vue radieuse. On y respire à pleins poumons, sans se griser, les brises fortifiantes du golfe.

Les parfums d'un printemps éternel, qu'exhalent les jardins, dont les grands arbres, toujours verts, reposent les yeux du miroitement azuré des flots, énivrent les sens, en laissant à l'âme un sentiment de contentement et de bonheur.

On est bercé par le murmure mélodieux des vagues, qui viennent paresseusement mourir sur la grève et du mouvement de ce peuple bruyant, actif, insouciant, et peut-être heureux, qui s'agite gaiement au soleil. A Naples, tout est réuni pour le plaisir des yeux, beauté et variété des lignes, richesse du coloris, transparence de la lumière, limpidité de l'atmosphère, profondeur du ciel; le tableau est donc complet.

Admirons de la *Chiaja*, où nous sommes, ce merveilleux panorama. A droite de la ville, en faisant face à la mer, la colline du Pausilippe échelonne ses gradins, ses sinuosités verdoyantes, ses promontoires couronnés de riantes villas, dont les parterres éblouissants de fleurs rares et d'arbres des tropiques forment de vastes serres à ciel ouvert. Dans un des replis verdoyants de la colline, à l'entrée de la grotte de Pouzzoles, dont je dirai plus loin quelques mots, se dresse un tertre qui passe pour la tombe de Virgile.

Suivant la tradition, à l'ombre des blocs de pierre immenses, venus des carrières de la colline, près du lac Averne, où Virgile a imaginé de placer l'entrée des enfers, repose le grand poète latin dont le génie s'est épuisé en vers magnifiques, à nous raconter la facétieuse légende de l'Énéïde, qui fait bailler la jeunesse studieuse depuis tant de siècles.

Ce tombeau est solitaire, au milieu de lauriers sauvages. L'abondance des lauriers diminue singulièrement le prestige qu'avait le tombeau de Virgile. La nature, disait-on, en signe d'admiration, avait fait croître un laurier sur cette tombe. Mais, il n'y a que des lauriers dans ce canton! Tous ceux dont les cendres sont confiées au flancs du Pausilippe jouissent donc du même honneur.

Dans le but sans doute d'avoir une épitaphe simple, Virgile l'a composée lui-même. En voici la traduction :

« Mantoue m'a vu naître, les Calabres m'ont vu mourir. Je suis maintenant à Parthénope. J'ai chanté les bergers, les champs et les héros. »

Je veux dire quelques mots de la grotte de Pouzzolles ou du Pausilippe que j'ai nommée plus haut.

Cette grotte est l'ouvrage des Grecs qui l'ont creusée dans le roc; elle est demeurée intacte au milieu des convulsions de ce sol volcanique.

Pendant des siècles, elle excita l'admiration de nos pères qui considéraient ce passage comme merveilleux; mais, aujourd'hui, cette admiration, tout en restant entière, s'est néanmoins refroidie, depuis que des percements autrement sérieux sont venus donner la mesure du génie français, tels que: le tunnel du mont Cenis et le Canal de Suez, et bientôt le canal de Panama, le tunnel du Pas-de-Calais et celui du Simplon.

Sénèque nous a fourni quelques renseignements sur la grotte du Pausilippe et ne peut s'empêcher de nous avouer la frayeur mortelle que lui causai ce passage obscur, hanté, disait-il, par les esprits malfaisants.

Il est bien excusable; on n'avait pas encore de son temps éclairé au gaz cette curieuse galerie.

Sur la plage, près de cette grotte, Caligula voulut imiter le passage de l'Hellespont par Xerxès. Ce hideux César jeta sur une mer, courroucée de tant d'audace, un pont de bâteaux, long de 8 kilomètres; il allait commander à son armée de s'en gager sur ce passage mouvant, quand le flot se redressa avec furie et engloutit l'ouvrage de ce tyran présomptueux.

Xerxès, après un insuccès semblable, fit battre la mer de verges. Caligula trouva beaucoup plus réjouissant de se venger sur autrui de sa folie et voulant être original, il ordonna à ses soldats de précipiter dans les flots une partie des vils courtisans, qui étaient venus applaudir à son triomphe et n'avaient constaté que son grotesque insuccès.

C'est encore dans ces parages que s'élevait la maison de campagne d'Agrippine, c'est sur ce rivage que cette princesse fut tuée.

Un peu à l'intérieur des terres, on voit les vestiges de la villa de Cicéron, qu'il appelait l'Académie parce qu'il y écrivit ses *questions académiques*.

. . . .

Revenons à la rue de Rome, où se développent la brillante ligne de Chiaja et les avenues fleuries de la villa Reale, où se dresse le château de l'Œuf, construit par Jean de Pise, en ruines aujourd'hui, les pieds baignant dans la mer; il semble un vaisseau démâté, qui a jeté l'ancre sur ce rivage, pour y chercher un refuge après un combat terrible.

A l'horizon, Capri, cette île chère à Tibère, paraît flotter au-dessus de la mer comme un nuage ; puis à gauche de Naples, les yeux sont attirés par le Vésuve, dont le panache de fumée se profile au loin sur l'azur du ciel. Portici et d'autres villes prospères l'ont entouré d'une brillante ceinture de palais, de villas, de jardins, comme pour désarmer ses fureurs intermittentes par cette marque de confiance.

La vue d'un spectacle si magnifique envahit l'âme et la remplit d'un bonheur naturel, qu'elle n'avait pas ressenti jusqu'alors.

Sous l'influence de cette harmonie si pénétrante, de cette paix si douce, la tristesse se calme, l'ambition s'apaise, les peines de l'âme s'émoussent, les colères et les rancunes s'évanouissent, l'espérance renaît. On s'abandonne à une sorte de ravissement extatique qui refroidit l'activité et produit l'engourdissement des facultés de l'intelligence.

Si, détachant mes yeux de l'horizon, je les abaisse sur les quais qui règnent autour du golfe, le spectacle change de décor. Autant il y a de calme au loin, autant il y a d'agitation fébrile autour de moi.

Avant que le soleil ait éclairé Naples de sa lumière radieuse, les Lazzaroni se sont déjà emparés de la rue, où ils sont établis. Les enfants jouent sur les dalles et semblent ignorer le chemin de l'école; les femmes nu-tête, en plein soleil, accroupies, étendues ou adossées le long des parapets des quais causent ensemble, vendent des citrons ou des allumettes et passent leur vie dans une paresseuse activité.

Les Lazzaroni forment un peuple curieux à

étudier. Les besoins du Lazzarone indolent et très peu vêtu ne vont jamais au delà du produit de son travail, qui n'équivaut pas certainement à la cinquième partie de celui d'un journalier du Nord de la France. Il se repose souvent, sans avoir rien fait et sa vie intellectuelle n'est pas pour lui un sujet de plus de préoccupation que son vêtement et son logis.

Aucun peuple n'a le droit de se croire plus libre que lui. La rue lui appartient, il y fait ce qu'il veut, il crie, il danse, il se bat, il est mal vêtu, au besoin, il ne l'est pas du tout. C'est la pratique de la liberté napolitaine. Mais cette liberté telle que nous la comprenons, ayant pour base la civilisation et la culture intellectuelle et morale, n'a jamais pu recueillir de partisans parmi le peuple des Lazzaroni.

Quand vous traversez le quartier des Lazzaroni, veillez sur vos poches, que ces gens sauraient alléger avec une extrême dextérité.

Beaucoup, assis en file sur le trottoir, le menton sur la main, drapés dans leur dignité et leurs haillons, semblent écouter une mélodie lointaine, tout en mâchonnant des lupins ; sauf ce va-et-vient des mâchoires, ils ne remuent point pendant des heures entières.

Les hommes pêcheurs ou porte-faix sont groupés sur la plage. D'autres promènent dans les rues de Naples tout l'orgueil de leur misère ; ils se pavanent et posent pour le premier peintre parisien ou allemand qui leur demande d'utiliser leurs haillons pour sa palette. A voir leur béate insouciance, il est permis de croire que ce peuple ne consentirait pas à échanger son existence contre celle de ces riches personnages, dont les équipages roulent devant leurs yeux indifférents au milieu de tourbillons de poussière.

Alfred de Musset leur consacre dans *Namouna* une strophe qui les peint bien :

« Là sont des mendiands qu'on prendrait pour des dieux.

. . . .

» Ne les écrase pas, ils te laisseraient faire,
» Ne les dérange pas, ils t'appelleraient chien,
» Ne les méprise pas, car ils te valent bien. »

La population de Naples s'élève à 500 000 habitants, mais l'habitude de ces Lazzaroni et de tous les gens du peuple en général, de vivre dans la rue pourrait bien faire croire à une population beaucoup plus élevée.

Cette promenade de Chiaja permet en quelques heures à l'étranger de voir la vie napolitaine sur tous ses aspects.

Dans l'après midi, les scènes et l'agitation populaires y font place au mouvement et au fracas des équipages.

Cette Chiaja revêt l'aspect de l'avenue des acacias au bois de Boulogne, mais avec addition d'un bruit assourdissant, de nuages de poussière et de haillons tendant la main.

Le Tout-Naples se montre là.

Dans cette exhibition de la société brillante, on ne peut se produire à pieds sans se compromettre. L'usage a condamné les femmes à ne jamais sortir qu'en voiture.

L'équipage est tellement passé dans les mœurs que les gens frappés par un revers de fortune se privent du strict nécessaire chez eux pour conserver leur équipage. Ces vaniteux ont des laquais affublés d'antiques livrées, trop grandes ou trop petites; une voiture dont les ressorts fatigués réclament la mise à la retraite; des chevaux qui portent les marques de jeûnes prolongés. N'importe, ils font encore partie du *Tout-Naples*.

J'ai cherché à deviner la cause de cette mode, devenue une nécessité pour les Napolitains, qui se respectent, de posséder un équipage. Je crois la trouver dans cette gêne qu'éprouve toute personne de bonne société à circuler dans une ville, où grouillent plus de 80 000 pauvres, qui vous accostent à chaque pas pour demander l'aumône, vendre quelques menus objets ou visiter vos poches. Joignez à ces désagréments la fatigue de la marche sous ce ciel de feu, vous aurez, je crois, la cause de la mode des équipages plus répandue à Naples qu'en aucune autre ville du monde.

A cette promenade de la Chiaja, qui arrondit autour du golfe sa ceinture de maisons brillantes, sous un couvert d'arbres touffus, une bande de musique militaire se fait entendre chaque jour; mais sa médiocrité trouble l'harmonie gracieuse du paysage, plutôt qu'elle n'y concourt, comme elle devrait, en y déversant sa poésie.

Il serait difficile d'avoir une opinion sur la beauté des femmes du monde, qui passent en équipage sur la Chiaja, au grand trot de leurs chevaux. L'habitude déplorable qu'elles ont contracté de se maquiller, leur enlève tout charme naturel. Ce maquillage des dents, des lèvres, des joues, de l'arcade sourcilière leur a été enseigné par les Anglaises de passage. Si l'on demandait à un sceptique napolitain, ce qu'il pense de la beauté des femmes de son pays, il répondrait probablement : « Excusez-moi, je ne suis pas connaisseur en peinture. »

A Naples, le point qui attire l'attention et la captive, c'est le Vésuve. Je lui consacrerai un chapitre spécial. Ce Vésuve n'est pas seulement un volcan situé dans le royaume de Naples, c'est Naples toute entière, c'est son sol, son existence. Les maisons y sont bâties de lave, la terre qui la nourrit est formée de lave, les ornements de ses femmes sont faits de lave et son histoire est une éruption perpétuelle.

En effet, le peuple napolitain, si intelligent, est

turbulent à l'excès ; Naples a été le théâtre de quarante trois révolutions. Depuis Charlemagne, Paris a été pris cinq fois par des étrangers, depuis Guillaume le Conquérant, Londres l'a été trois fois, mais Naples est tombé quarante et une fois aux mains de différents vainqueurs. Et si l'on parcourt la liste de ses rois, on y lit des noms de tous les pays, excepté des noms napolitains.

Un des plus célèbres parmi ses maîtres a été un français : Joachim Murat.

Quand cet infortuné prince quitta Paris pour aller prendre possession de son royaume de Naples, il semblait avoir un pressentiment de sa fin malheureuse. Il répondit à Napoléon qui voulait lui faire sentir toute la grandeur de cette place : « Ah ! Sire, la plus belle place de l'Europe est celle que je quitte : la place Vendôme. »

Naples ne mérite pas une visite détaillée comme Rome, je me contenterai de parler sans ordre et sans méthode des choses qui m'ont le plus frappé.

Allons d'abord à la cathédrale de Saint-Janvier, beau monument qui renferme les tombeaux de dix évêques canonisés, le mausolée de Charles d'Anjou et celui d'André de Hongrie, mari de la trop fameuse Jeanne de Naples. L'épitaphe de ce prince tranche la question historique de sa mort. Son originalité mérite qu'on en conserve le souvenir. :

« *A André de Naples, étranglé par la méchanceté de sa femme.* »

Une autre église, celle de *Sainte-Marie-del-Carmine*, est intéressante à cause d'un tombeau. Sous le maître autel de cette église, repose l'infortuné Conradin, roi de Naples, qui périt sur l'échafaud, le 26 octobre 1268, par ordre de Charles d'Anjou, qui prétendait avoir des droits à sa couronne. Robert de Bari lut la sentence portée contre Conradin, après un simulacre de jugement. Quand il eut fini, Robert de Flandre, gendre de Charles d'Anjou, venu, pour assister à l'exécution, frappa de son épée Robert de Bari, en pleine poitrine en lui disant : « Il ne t'appartient pas, misérable, de condamner un si noble et si gentil Seigneur. » Ce vil courtisan tomba raide mort et Charles n'osa pas venger ce meurtre.

A ce moment, Conradin monte fièrement sur l'échafaud, détache son manteau avec calme, jette son gant au milieu du peuple, comme pour lui demander vengeance et tend sa tête au bourreau. Ce héros avait dix-sept ans.

Près du tombeau, l'on voit la statue de l'Impératrice Marguerite, sa mère, tenant une bourse à la main. Allégorie qui rappelle que cette malheureuse princesse arriva trop tard de Bavière, pour racheter la vie de son enfant.

Cette église de Sainte Marie-del-Carmine possède un crucifix que le peuple de Naples vient en foule vénérer, le lendemain de Noël, car une légende pieuse y est attachée. Lors du siège de 1439, il inclina tête, dit la légende, pour esquiver un boulet.

Nous monterons maintenant par une série de ruelles nauséabondes et nous frapperons à la porte du *Reale Albergo*, institution de sourds-muets. Les jeunes gens qui sont élevés dans cette maison, n'ont vraiment pas besoin de l'usage de la parole, pour exprimer leurs pensées. Ils remplacent avantageusement la parole qui leur manque par des grimaces éloquentes. Tout le peuple napolitain, du reste, est fort habile en grimaces et en science mimique, il est né acteur consommé.

Cette disposition naturelle avait tellement frappé le savant moine Jorio, qu'il publia un ouvrage fort curieux, vaste encyclopédie de toutes les grimaces du peuple napolitain, avec explication de leur sens, commentaires et gravures coloriées.

Dans le voyage qu'il fit à Naples en 1843, le comte de Chambord visita cet établissement de sourds-muets. M. de Locmaria, qui l'accompagnait, raconte cet épisode assez singulier : Pendant sa visite, le comte de Chambord fut un objet de curiosité pour un sourd-muet, qui lui tendit une ardoise, sur laquelle il avait écrit : « Comment vous appelez-vous ? le comte de Chambord écrivit au-dessous : « Henri de France, et vous? » Le sourd-

muet écrivit à son tour : « Étienne de Naples. »
Le comte de Chambord, en lisant cette naïveté,
ne put réprimer un violent éclat de rire. Le pauvre
sourd-muet ne s'expliqua pas cette hilarité, mais
il comprit fort bien la pièce d'or que le prince lui
mit dans la main.

Le musée de Naples est riche en collections,
mais il s'enrichit encore chaque jour davantage
des dépouilles de Pompéï et des ruines dans lesquelles on fait des fouilles. Peintures, sculptures,
mosaïques, objets d'art, fresques, ustensiles de la
vie domestique s'entassent dans ce musée.

Les bustes et les statues y sont remarquables.
On regarde longtemps ces têtes nobles, mais sans
expression de Junon, Vénus, Minerve, Jupiter,
dont l'aspect est grave, presque sévère. Pour ne
pas rester dans le vague, citons quelques-unes des
statues bien connues.

L'Hercule Farnèse. M. Taine l'appelle un vigoureux porte-faix ; il a raison, car ce héros est vulgaire, c'est un assommeur aux muscles enflés,
uniquement propre à charrier des fardeaux.

Le Taureau Farnèse. Amphion et Zéthus attachent Dircé aux cornes d'un taureau furieux, et
cela sur l'ordre d'Antione leur mère. C'est tout un
drame, dans lequel figurent quatre personnages
de grandeur naturelle, un enfant, un chien et un
taureau.

La Psyché de Naples, dont il faut admirer le

torse si fin de jeune fille, la tête délicate pleine de distinction.

La Vénus Callipyge, qui tire son nom de la partie de son corps qu'elle regarde, n'est qu'un ornement de boudoir; c'est l'œuvre d'un Fragonard de l'antiquité.

Agrippine plongée dans une profonde tristesse; elle semble avoir un pressentiment du sort qui l'attend.

Un orateur de la tribune antique, homme d'état; il est debout, sa physionomie est empreinte de la gravité du discours qu'il va prononcer.

Sept cents tableaux sont accrochés aux murs. Je veux en citer quelques-uns, comme un homme qui a toujours du plaisir à voir de la peinture.

Saluons d'abord Raphaël dans plusieurs portraits de sa main, notamment celui du pape Léon X; un peu vulgaire, d'un réalisme qui choque, surtout parce qu'il est encadré de deux cardinaux à tête fine et distinguée.

Le *Silène ivre* de Ribera; le réalisme est encore plus cru, avivé par les tons et les couleurs, mais avec un autre encadrement, un âne qui braie à tout rompre.

La Madeleine du Guerchin, gracieuse dans son attitude mélancolique et rêveuse; c'est une femme charmante, mais nullement le personnage biblique que nous connaissons.

Une Vierge avec son enfant de Léonard de Vinci.

La finesse de l'œuvre est exquise, remarquez ces beaux yeux que voilent un peu les paupières supérieures, en leur donnant une expression de modestie, les lèvres que plisse légèrement un imperceptible sourire de bonté.

La Danaé, du Titien. L'artiste n'a songé qu'à nous offrir l'académie d'une femme splendide, quoique vulgaire; il avait peut-être pris pour modèle une fille de pêcheur, sur la plage, ne copiant que sa beauté, sans penser à son absence de distinction.

Naples raffole de spectacles. Du reste, les Napolitains n'ont que l'embarras du choix; ils ont d'abord le Vésuve, qui déroule à leurs yeux un drame éternel, sans entr'actes; puis, la rue de Tolède ou de Rome, la plus bruyante, la plus houleuse, la plus gaie du monde; puis, ils ont une foule de théâtres forains, où l'on joue des farces au gros sel.

Enfin, ils ont le théâtre de Saint-Charles, grand, bien aéré, très suivi, mais d'une décoration médiocre. Les loges appartiennent à la haute société de Naples, qui a fait construire ce théâtre et chacun des membres de cette société est resté propriétaire d'une loge. On y joue tous les genres. Une coutume assez bizarre veut qu'on ne paie rien à la porte, on est censé aller dans la loge d'un ami; le prix de la place n'est réclamé, que si l'on se présente au parterre.

Plus loin, le petit théâtre de San-Carlino attire tous les jours une foule rieuse. Sur sa scène, Polichinelle, Arlequin, Pierrot et Colombine débitent, en dialecte napolitain, des plaisanteries grasses et quelquefois spirituelles.

Allons dans les environs de Naples, si pleins d'intérêt, respirer un air plus pur dans une nature plus calme.

L'excursion sur le Vésuve et celle de Pompéï sont trop importantes pour ne pas être traitées dans un chapitre spécial. Je me contenterai de la course à Baïa, et de la visite de la grotte d'Azur dans l'île de Capri.

Mais avant de nous engager dans la campagne, je crois utile de dire un mot du brigandage qui a été de tout temps une cause de terreur pour les voyageurs.

La campagne de Naples présente de nos jours plus de sécurité qu'autrefois. On peut maintenant la parcourir dans un vaste rayon, sans courir de danger. Il n'en a pas toujours été ainsi ; depuis les temps les plus reculés, cette campagne a eu la plus mauvaise réputation. Elle fut autrefois le quartier général des contrebandiers, bandouliers, pirates, flibustiers, assassins, voleurs, brigands, enfin de tous les admirateurs passionnés du bien d'autrui. Néanmoins, dans ce pays, les bandits ont souvent montré de la dignité et de la grandeur d'âme. J'en citerai quelques exemples.

Un jour des brigands se précipitent dans la maison de Scipion l'Africain, exilé de Rome, mais apprenant à quel personnage ils ont affaire, ils se jettent aux pieds du héros de Zama, heureux d'échanger leurs espérances de butin, contre l'honneur d'acclamer le vainqueur d'Annibal.

Dix-huit siècles plus tard, le Tasse voyageait en ce pays, des bandits l'arrêtent et s'apprêtent à alléger la marche du chantre d'Armide; mais ce dernier s'étant fait connaître, mes brigands respectent son bagage. Leur chef oblige le Tasse d'accepter un présent, qu'un précédent voyageur, moins illustre, avait probablement fourni malgré lui.

Un autre jour, Arioste tombe dans une embuscade de brigands, mais il se voit bientôt combler d'honneurs par ces hommes, fiers de porter en triomphe le poète auteur du *Roland furieux*.

C'est encore dans cette campagne de Naples que fut tué Cicéron, et que Marius réfugié dans le marais de Minturnes fut arrêté pour être jeté dans les prisons de Rome.

Dans sa tragédie de *Marius à Minturnes*, M. Arnaud nous montre le vainqueur des Cimbres, découvert dans sa retraite ; alors, une pensée de suicide lui traverse l'esprit, mais aussitôt il réagit contre elle, en s'écriant : « Mourir, c'est fuir..... Vivons. »

Dans les temps modernes, on cite moins d'exemples de ce genre.

La justice française avait admirablement commencé les réformes nécessaires pour assurer la sécurité des routes; elle avait débuté par réprimer, elle avait fini par prévenir. Les crimes étaient devenus rares. La peur salutaire, inspirée par le Code pénal, avait ramené le peuple à la vertu.

Nous nous dirigerons à l'est de Naples, dans la direction de Baïa et du cap Misène, c'est la beauté seule du panorama que nous allons admirer.

Sur la route, on rencontre de nombreux véhicules poudreux, qui s'affaissent sur leurs ressorts énervés; ils tiennent tout à la fois du fiacre, de la diligence et de la charrette, bourrés d'êtres humains, surchargés de malles et de paquets.

Regardez cet homme, assis sur un brancard ou même sur le marchepied, le fouet à la main, adressant à ses haridelles des paroles consolantes; c'est le voiturin, providence ambulante de la classe pauvre.

Ces véhicules, attelés de chevaux ou de mules, maintenus au galop par une mousqueterie de coups de fouet, fendent la foule, qui se rejette effarée sur les bords du chemin. La nécessité de faire plusieurs voyages en peu de temps force les voiturins à extraire de leurs mules toute la vitesse possible, à grande coups de trique.

Plus loin, en approchant de Baïa, une douzaine de vagabonds, une sale canaille parasite, s'accroche à la voiture, on les renvoie, on les rebute, rien n'y fait, ils veulent absolument servir de guides.

Le paysage, qui est d'une admirable beauté, captive tous mes regards; je ne cite donc que pour mémoire les prétendues curiosités de la route : la grotte du chien, le lac Avernes, la grotte de la Sybille de Cumes, l'entrée des enfers, le lac Lucrin, le temple de Vénus, le temple d'Hercule. Ce sont là des mots, mais non des choses à voir. L'ami Virgile a, du reste, perdu assez de temps à nous décrire, en vers magnifiques, ces produits de sa féconde imagination, pour que nous puissions nous contenter de la description qu'il nous a laissée.

Nous rencontrons un amphithéâtre en ruines, où 30 000 spectateurs pouvaient prendre place. Partout où les Romains ont passé en vainqueurs, ils ont laissé comme trace de leur séjour, des camps ou des amphithéâtres, c'est-à-dire, les deux moyens les plus énergiques de hâter et d'augmenter la souffrance et la mort trop lente à leur gré.

Rome a usé, puis abusé de ses captifs, dont elle fit des esclaves. Aux temps de sobriété, elle subsistait de leur travail, aux époques de décadence, elle se distrayait de leur mort, ayant besoin de violentes émotions, pour fouetter sa sentimentalité atrophiée.

A la Chiaja, les propriétaires de petits bateaux à vapeur arrêtent les étrangers pour les transporter à l'île de Capri, qu'on voit à l'horizon. La mer semble un miroir, qui reflète les rayons du soleil, la chaleur est déjà lourde, aucune brise ne rafraichit l'atmosphère.

Nous nous embarquons sur un petit bateau à vapeur et deux heures après nous arrivons à Capri.

Cette île n'est qu'un grand rocher, tout ruisselant de végétation et tout émaillé de maisons blanches aux toits rouges et plats; le soleil baigne l'île de lueurs éclatantes. Le rivage est étroit, encombré de galets, où des barques sont tirées à sec.

A peine notre bateau a-t-il abordé, que nous sommes assaillis par un troupeau de femmes qui piaillent, s'injurient, se bousculent, se démènent pour indiquer aux voyageurs un hôtel, ou leur louer des ânes. Cette monture est indispensable dans ce pays, que sillonne un chemin étranglé, pavé de cailloux luisants, toujours en rampe, souvent en escalier, serpentant autour des jardins défendus par des murailles en pierres sèches. Nous montons, nous montons encore et arrivons enfin à Capri, que semblent protéger quelques vieux restes de fortifications et trois portes, dont l'une est encore garnie de son pont levis.

Les Capriotes, hommes et femmes, n'ont plus de costume national proprement dit; ils sont vêtus comme les ouvriers de Naples.

Il faut aller bien loin aujourd'hui pour trouver un pays qui ait conservé intacts les mœurs et le costume de ses pères. S'en plaindre est puéril, le regretter n'est que bien naturel.

Après un coup d'œil jeté sur l'admirable panorama qui se déroule à mes pieds, je me rends aux ruines du palais de Tibère. On sait que les douze villas, que cet empereur avait élevées aux douze grands dieux, furent rasées après sa mort, par ordre du Sénat. Seule, celle dédiée à Jupiter et que Tibère habitait, présente encore quelques ruines informes et sans intérêt.

Ce lieu est désert et muet, rien n'y fait soupçonner le célèbre tyran qui s'y était retiré, loin des affaires publiques. A ce propos, M. Maxime Du Camp dit : « Si comme Chateaubriand, qui dans les champs où fut Sparte, cria : « Léonidas ! » J'avais appelé : « Tibère ! » nul écho n'eut répondu à ma voix. Sans les historiens qui ont raconté l'hôte de Caprée, personne ne devinerait parmi ces monceaux de décombres, quel fut le maître de ces demeures. »

Près du palais, on remarque une plate-forme qui porte le nom de Saut de Tibère. S'il faut en croire la tradition, c'est de ce lieu, nouvelle roche Tarpéienne, que ce monstrueux César faisait précipiter ses victimes, qui tombaient sur des rochers ; des bourreaux, apostés au bas de la falaise, achevaient ces malheureux à coups d'aviron.

Voici du reste la traduction du passage de Suétone relatif à cette barbarie :

« On montre à Capri le lieu des supplices, d'où les condamnés, après des tourments longs et choisis, étaient jetés à la mer, en présence de Tibère et par son ordre : les corps des suppliciés étaient frappés à coups de croc et de rame par des mariniers, jusqu'à ce qu'ils aient rendu le dernier soupir. »

Tous les Capriotes savent par cœur l'histoire de Tibère d'après Suétone et la racontent aux étrangers illétrés.

La culture est très soignée dans l'île; les habitants disputent la terre trop rare aux rochers envahisseurs. Au moyen de petits murs en pierres sèches, ils ont établi des terrasses qui s'étagent les unes au-dessus des autres et qu'ils cultivent avec un soin jaloux.

Les orangers et les citronniers portent à la fois des fleurs, des fruits vers et des fruits murs, tout en exhalant un parfum suave, que l'haleine tiède de la mer tempère agréablement.

La grande célébrité de l'île de Capri lui vient de ses diverses grottes, dont la plus remarquable est la grotte d'azur.

Elle s'ouvre sur la mer, dans la paroi perpendiculaire d'un rocher, haut de 1200 pieds. L'entrée de la grotte est si basse et si étroite, qu'elle ressemble à un trou de souris, au pied d'un mur.

Pour y entrer, il faut désarmer les avirons et se coucher au fond de la barque.

Une fois cette difficulté franchie, le spectacle se transforme en féerie, L'eau profonde, d'une teinte de ciel, d'une limpidité parfaite, laisse apercevoir tous les détails de son lit, projette ses reflets sur la blancheur de la voûte, et la baigne d'une couleur azurée, qui tremble à chaque frisson de la surface humide.

Un homme nu attend les visiteurs et plonge dans l'eau, son corps se couvre d'une teinte blanchâtre qui le fait ressembler à une statue d'argent, tandis que sa tête, qu'il tient hors de l'eau, devient d'un noir bronzé.

On ne peut se lasser d'admirer cette splendeur, qui forme la plus belle curiosité naturelle que l'on ait jamais vue.

Je n'essaierai pas d'expliquer le phénomène ; divers avis ont été émis, dans lesquels on a employé les mots de réfraction, réflexion, transmission. J'ignore où est la vérité. Un savant, M. Niepce de Saint-Victor, dit que la lumière est emmagasinée au sein même des flots qui baignent la grotte, que la mer est profondément pénétrée par la lumière, à l'entrée de la caverne, par suite de l'étroitesse de l'ouverture, que saturée de cette lumière, elle la projette en nappes d'azur jusqu'aux derniers replis de la voûte.

CHAPITRE X

LE VÉSUVE ET POMPÉI

Le chemin du Vésuve. — Joachim Murat. — Chemin de fer funiculaire. — Le Cratère. — Pline l'Ancien. — Les éruptions. — Pompéi. — La catastrophe. — Les fouilles. — Aspect des ruines. — Les affiches. — L'administration antique. — Le comte de Chambord. — Maison du Centenaire. — Maison de Diomède.

L'ascension du Vésuve est, de toutes les excursions, aux environs de Naples, celle qui offre le plus d'attraits. Et depuis qu'un chemin de fer transporte, sans fatigue et sans secousse, les touristes au sommet du Volcan, cette ascension n'est plus qu'une promenade, mais, une promenade sans rivale, il est vrai.

Je me rendis, le matin, à l'agence de la Compagnie française qui a construit le chemin de fer du Vésuve ; une société brillante d'étrangers s'y trouvait déjà réunie. Des voitures légères, attelées d'excellents chevaux, nous attendaient pour nous transporter au chemin de fer ; elles devaient nous ramener à Naples dans la soirée.

Nous partons au milieu d'un nuage de poussière ; à Naples, les chevaux ont pour allure ordinaire le galop ; on est pris de pitié pour notre race de chevaux si lente, et qu'estiment encore les gens qui n'ont pas voyagé.

Nous traversons Portici et saluons en passant le château bâti par le prince d'Elbeuf.

Joachim Murat, l'infortuné roi de Naples, aimait particulièrement cette résidence. Sur un des panneaux du grand salon s'étale un portrait en pied du vaillant Joachim. Cette peinture grossière pourrait servir d'enseigne à un marchand frippier, sous le titre de : « Au beau tambour major. » Murat porte des vêtements blancs ; mais, il avait mis ce singulier uniforme à l'abri du ridicule, en le montrant souvent au plus fort de la mêlée, dans des combats héroïques. Murat voulait peut-être imiter le connétable de Bourbon, qui, à l'assaut de Rome, en 1527, portait également des vêtements blancs, « pour servir, disait-il, de but aux assiégés et d'enseigne aux assiégeants. »

Ils eurent tous deux, on le sait, une fin tragique. Murat mourut fusillé, le connétable de Bourbon fut tué de la main même du sculpteur Benvenuto Cellini, qui lui tira un coup d'arquebuse des créneaux du château Saint-Ange.

Plus loin, nous rencontrons Torre del Grecco, qui fait suite à Portici. Cette ville, huit fois menacée de destruction, en moins de deux siècles, a été détruite trois fois et trois fois rebâtie par ses habitants, plus constants dans leur témérité que le Vésuve dans ses agressions.

Quelle audace, en effet, il faut pour construire une maison que l'on désire durable, au pied du Vésuve, qui depuis l'an 63 de notre ère jusqu'à nos jours, a labouré, bouleversé, incendié et englouti par 43 éruptions quatre villes florissantes.

La chaleur devient étouffante, des tourbillons de poussière nous enveloppent, mais plus nous montons, plus le paysage devient splendide et grandiose.

En gravissant la route accidentée de Portici au Vésuve, on a sous les yeux les couches de lave des diverses éruptions; voici celles du siècle dernier, qui commencent à être cultivables; puis celles de 1868; puis celles de 1872, dont les flots incultes forment de véritables remparts et dans lesquelles il a fallu employer la pique et la mine pour se frayer un chemin.

Cette route est curieuse à étudier, elle court à mi-côte en lacets nombreux et toute la base de la montagne est vêtue de culture maraîchère et surtout de vignes vivaces, aux rameaux puissants.

Cette vigne féconde a pullulé partout jusque dans les creux des blocs de lave, où l'on a déposé de la terre végétale; seuls, quelques monceaux de lave perpendiculaires se sont défendus contre son invasion et sa culture.

Enfin, nous arrivons à *l'Atrio del Cavallo*, station du chemin de fer funiculaire, qui élève les wagons remplis de voyageurs jusqu'au cratère.

Le mot *funiculaire* est quelque peu barbare, mais très technique et très juste. Comme il l'indique, c'est bien un chemin de fer à traction de cordes, qui nous évite les fatigues de l'ascension à pieds.

Je crois utile de reproduire ici, en l'écourtant, un article que M. Baclé a publié dans le journal *La Nature*; ce savant écrivain nous y donne la description scientifique de ce moyen de locomotion.

« La voie qui monte le long du Vésuve part de *l'Atrio del Cavallo*, sorte de cirque semi-circulaire qui sépare le *Somma* du volcan actuel, arrive en ligne droite et s'arrête à la hauteur de 1180 mètres, c'est-à-dire à 70 mètres plus bas que le sommet du Vésuve. La pente de la voie varie de 43 à 60 pour 100. Son développement total est de 800 mètres environ.

» Le chemin de fer est à double voie; un train descendant correspond toujours à un train montant, qu'il contribue à élever par son propre poids. La traction s'opère à l'aide d'un double câble sans fin, attelé directement sur les wagons en marche, et enroulés au bas du plan sur un treuil que fait tourner une machine à vapeur fixe.

» La voie, qui forme une des particularités les plus intéressantes de cette installation, n'est pas constituée par deux rails parallèles, comme dans les chemins de fer ordinaires.

» On a été obligé de poser au milieu une longrine longitudinale, appuyée sur le sol et supportant le rail unique, qui sert à guider les wagons. La voie d'aller et la voie de retour ont été construites dans ces conditions.

» Cette disposition était la seule qu'on put employer pour établir solidement la voie sur un sol aussi mouvant que celui du Vésuve. La lave, en effet, qui seule peut fournir le point d'appui invariable, nécessaire pour la construction d'un chemin de fer, ne se rencontre qu'en certains points, sur les flancs du cône.

» Les longrines ainsi assemblées par de longues traverses ont formé une ossature solide, une charpente robuste, qui a pu être amarrée sur la lave, où on la rencontrait. Cette difficulté avait arrêté les premiers ingénieurs, lorsqu'ils avaient voulu installer une voie à deux rails, établis dans les conditions ordinaires; car, ils n'auraient pu réussir à maintenir exactement les deux rails dans une position invariable.

» L'emploi du rail central a obligé les constructeurs d'adopter une disposition particulière pour maintenir le wagon dans l'axe de la voie, tout en l'empêchant de s'incliner sur le côté. La longrine est relevée au dessus du niveau de la voie. Le wagon repose sur le rail central, au dessus de la longrine.

« Le wagon est guidé par deux galets situés de part et d'autre à égale distance du rail central et se trouve ainsi complètement dirigé et maintenu en équilibre sur la voie.

» Ce wagon comprend deux compartiments, pouvant contenir chacun six personnes, et dont le plancher est maintenu horizontalement. Par suite, le plancher et le seuil des portières des deux compartiments ne se trouvent pas à la même hauteur : la différence de niveau est de 90 centimètres. Les quais d'embarquement, dans les deux stations, à l'arrivée et au départ, présentent une forme de gradins correspondante.

» Les mâchoires du frein ont été disposées pour retenir le wagon, en cas d'accident, et prévenir une chute, qui aurait des conséquences terribles, sur une pente aussi vertigineuse.

» Ces deux mâchoires sont formées par des griffes en acier, qui, en cas de rupture du câble, viendraient pénétrer dans le bois de la longrine et permettraient ainsi de retenir le wagon. Elles sont commandées par une vis à manivelle, manœuvrée par le conducteur de la voiture, comme dans les freins ordinaires.

» L'effort moteur est fourni par deux machines

à vapeur fixes, installées au bas du plan et capables de développer une force de 45 chevaux environ. Elles mettent en mouvement deux tambours, sur lesquels sont enroulés les câbles. Ceux-ci s'élèvent ensuite jusqu'au sommet du plan. Il se replient là, sur deux poulies fixées solidement à un mur construit dans la lave, puis, ils redescendent le long du plan et retournent enfin jusqu'aux tambours inférieurs.

» Les deux brins montants parallèles sont attelés sur l'un des wagons et les deux brins descendants posés sur l'autre.

» Chacun des câbles de traction est en acier, d'un diamètre de 26 millimètres. Il peut supporter, avant de se rompre, une charge de 25 000 kilogrammes, cinq fois supérieure à l'effort de traction nécessaire pour entraîner le wagon montant, ce qui représente, pour les deux câbles réunis, une force totale dix fois suffisante.

» La ligne à été livrée à l'exploitation dans les premiers jours de juin 1880.

» Le petit débarcadère est voisin du sommet du Vésuve et par conséquent du cratère. »

En descendant de wagon des guides aident les voyageurs à franchir l'espace, qui les sépare encore du sommet du Volcan.

Quand on y arrive on est largement dédommagé de la peine que l'on a prise d'y monter, par l'admirable spectacle que la nature, toujours en fête, offre aux regards éblouis.

Au bas de la montagne, les arbres et les vignobles forment un large tapis de verdure, auquel les villages de Regina, Portici, Torre del Grecco et autres, reliés ensemble par des maisons de campagne, servent de bordure; puis Naples s'étend à droite, dans toute sa majesté et son indolente activité.

Les plaines de Labour tachetées de fermes, fermettes, métairies, châteaux, cottages, s'étendent de l'autre côté jusqu'aux montagnes qui ferment l'horizon.

En face, la mer s'étend à perte de vue. Le rivage sur lequel les flots brodent une blanche et gracieuse dentelle d'écume, sans cesse renouvelée, court depuis l'entrée du golfe de Salerne jusqu'à Gaëte.

Au sommet du cratère, je suis suffoqué par les émanations sulfureuses et par les tourbillons de fumée. Mon guide m'engage à ne pas m'aventurer plus loin, craignant quelque danger. Je me rends à ses sages conseils et consens à rebrousser chemin; car, je pense, malgré moi, à la fin tragique de Pline l'ancien, et que je n'aurai pas, comme lui, un Pline-le-Jeune pour raconter ma lugubre aventure.

Le Vésuve a deux sommets, l'un qui est le volcan actuel, « cette soupape de sureté, » comme dit un de nos savants, l'autre appelé *Monte di Somma* ancien cratère du volcan, le Vésuve des anciens, aujourd'hui éteint, dont l'ouverture devait être d'un énorme diamètre.

Le Vésuve proprement dit est une montagne nouvelle, dont l'orifice a été ouvert par de violentes explosions, notamment par celle dans laquelle périt Pline l'ancien. Le cône, qui le couronne, a certainement été formé de l'amas des matières, que le gouffre lance depuis dix-huit siècles et qui retombent sur elles-mêmes.

En disant que le Vésuve ne devait avoir autrefois qu'un sommet, je ne risque guère de me tromper, car, j'en trouve l'affirmation dans les écrits de Strabon, géographe observateur, qui visita cette région quelque temps avant la catastrophe de Pompéï. L'écrivain s'extasie d'abord sur la beauté de la contrée en s'écriant : « C'est le plus heureux pays que l'on connaisse ; » et il ajoute avec insouciance, en parlant du volcan éteint :

« Au-dessus de ces lieux est situé le Vésuve. C'est une montagne revêtue de terres fertiles et dont il semble qu'on ait coupé horizontalement le sommet, qui forme une plaine presque plate, entièrement stérile, couleur de cendre, etc. »

Si les deux sommets actuels avaient existé, Strabon n'aurait pas manqué de nous le dire, et j'estime que celui dont il parle, est le *Monte di Somma*, aujourd'hui éteint, le Vésuve proprement dit, le nouveau cratère est de formation postérieure.

Lors des grandes éruptions, le Vésuve a jeté des cendres et des pierres à une très grande élévation ; là emportées par le vent, elles sont allées tomber, les unes à Constantinople, les autres à Rome ; Dion Cassius prétend que lors de la catastrophe de Pline, des cendres ont été emportées en Égypte, que le ciel fut obscurci et que l'on crut à la fin du monde.

Les distances sont trop considérables pour que nous puissions ajouter foi à ces divers récits.

Au mois de mai 1747, eut lieu une des plus violentes éruptions, dont l'histoire du Vésuve ait conservé le souvenir. Un immense torrent de fer rouge liquide et de laves incandescentes, larges de plus de 45 pieds, roula vers Resina et un autre semblable vers Torre del Grecco, où il culbuta un couvent de Carmes et alla se jeter dans la mer.

L'éruption qui eut lieu au commencement de 79, et, dans laquelle périt Pline, eut pour conséquence la destruction de la ville de Pompéi, dont nous visiterons les fouilles dans la suite de ce chapitre. Dion Cassius nous apprend que les habitants de Pompéi assistaient ce jour là, dans l'amphithéâtre, à des combats de gladiateurs ; cependant, malgré les fouilles, on n'a découvert que deux cadavres dans cet amphithéâtre. Une énorme colonne de fumée les avertit de l'imminence du danger et ils purent se sauver ; Dion Cassius ajoute que les citadins fuyaient dans la campagne, tandis que les campagnards se réfugiaient dans la ville.

Si l'on en excepte Pompéi, on a déjà plusieurs fois reconstruit sur leur ancien emplacement les villes frappées et détruites par les diverses éruptions du Vésuve. On pourrait avec raison s'en étonner. Mais si les phénomènes volcaniques frappent toujours les mêmes lieux, c'est parce que ce sont les points faibles du sol. M. Beulé fait une remarque fort judicieuse à ce sujet : « On pourrait, écrit-il, comparer un volcan à l'éclat que produit une petite pierre lancée contre une vitre. On observe d'abord un trou, puis un rayonnement en forme d'étoile, c'est-à-dire des fentes divergentes qui partent d'un centre commun.

» De même, le cratère n'est que l'orifice de la blessure faite à l'écorce terrestre.

» Outre le cratère, il a des fissures diamétrales qui rayonnent dans divers sens et passent par l'axe du cratère. Chaque tremblement de terre rouvre ces fissures, qui sont de plus en plus faciles à rouvrir ; chaque éruption pousse vers ces soupiraux tout préparés les laves incandescentes et surtout les gaz qu'elles dégagent. Il est évident que les villes bâties sur ces fissures inconnues, parce qu'elles sont dans les profondeurs du sol, doivent être sujettes au retour des mêmes accidents. »

Le sol de la mer et celui de la côte se sont sensiblement exhaussés, il faut en chercher la cause dans les laves incandescentes répandues dans les anciennes fissures, se glissant sous les laves antérieures, les dilatant et les soulevant. Le sol, ainsi exhaussé, a déplacé le niveau des eaux et rendu inabordables aux grands navires, des lieux qu'ils pouvaient autrefois facilement accoster.

Nous redescendons du sommet du Vésuve par le chemin de fer jusqu'à la station inférieure, où les voitures attendent les touristes, pour les ramener à Naples, avec une rapidité vertigineuse.

Nous avons vu hier l'auteur de la catastrophe de Pompéi, aujourd'hui nous irons visiter sa victime.

Pour nous rendre à Pompéi, je pris une voiture attelée d'un petit cheval, plein de feu ; je traversais de nouveau la même contrée que pour aller au Vésuve, mais, arrivé au pied du volcan, on suit la route le long de la mer et l'on arrive bientôt à Pompéi.

L'entrée de la ville a été placée par M. Fiorelli directeur général des fouilles, d'une façon bien fâcheuse. Croirait-on que l'étranger pénètre dans Pompéi par le deuxième étage d'une auberge borgne qui porte sur sa façade l'enseigne de *Restaurant Français?*

L'honnête propriétaire de ce bouge profite de cette servitude établie sur ses États, pour obliger le public à consommer des produits frelatés à des prix vertigineux.

Pompéi est une curiosité pleine d'attraits. Car on peut comparer cette ruine à un vieux manuscrit, oublié pendant des siècles, puis retrouvé, couvert de poussière, à demi-effacé par le temps, mais encore lisible.

Si l'on établissait un parallèle entre les ruines de Rome et celles de Pompéi, on trouverait entre elles cette différence saillante : Que les ruines de Rome offrent l'éloquence d'une tradition de 2000 ans, qui renferme l'histoire de l'humanité toute entière; tandis que les ruines de Pompéi nous présentent le tableau, ou plutôt l'empreinte saisissante de la vie de l'homme, à une époque déterminée, avec ses milles détails.

La catastrophe de Pompéi eut lieu le 23 août 79, elle est relatée dans une lettre de Pline le jeune à Tacite.

Quand la nouvelle en parvint à Rome, l'émotion fut telle, que le Sénat délibéra, pour savoir s'il permettrait aux Pompéiens de reconstruire leurs maisons. Il le permit.

Titus régnait alors; pour se rendre populaire, il se montra très ému par le récit de cet événement inouï. Il envoya des consuls avec de l'or et quelques bonnes paroles. Malheureusement, à cette époque, un incendie dévora les plus beaux quartiers de Rome et la peste ravagea la capitale. Dès lors, les ressources du trésor et la sollicitude de l'empereur furent dirigées de ce côté, et Pompéi tomba dans l'oubli. Les Pompéiens furent seulement dispensés d'impôts pendant quelques années.

Il semble que l'on ait fait des fouilles à Herculanum avant d'en faire à Pompéi.

Herculanum englouti également par le Vésuve a été découvert par le prince d'Elbeuf. On creusait un jour, sur son ordre, un terrain à Portici, quand, sous la pioche des travailleurs, surgirent des traces de monuments antiques; en fouillant le sol plus avant, on découvrit les vestiges d'une autre ville plus ancienne encore.

Pompéi fut découverte autrement. Un jour, un cultivateur heurta de sa charrue un bronze ancien, c'était le premier filon des ruines de Pompéi.

Comme les fouilles y étaient faciles, on abandonna celles d'Herculanum, trop pénibles. En effet, cette dernière ville a été engloutie sous des flots de lave, aujourd'hui aussi dure que du fer; Pompéi a été simplement enterrée sous une pluie de cendres.

L'Italie doit ses plus grands progrès à la France; c'est cette dernière qui prit autrefois l'initiative des fouilles de Pompéi. En 1799, le général Championnet, lors de l'occupation française, les poussa vigoureusement et, plus tard, Murat en activa l'exécution. Le gouvernement actuel ne fait que suivre l'impulsion donnée par la France.

Puis, en 1824, la publication du *Museo Borbonico* mettait le public au courant des découvertes.

Depuis lors, on a édité, dans tous les pays, des ouvrages ayant trait à l'antiquité romaine, expliquée par les fouilles de Pompéi.

Avant de parcourir les ruines, jetons un regard en arrière, et tâchons de nous figurer Pompéi avant la catastrophe.

M. Gaston Boissier, qui a fait des études si complètes sur la vie dans l'antiquité, nous dit que Pompéi était Rome en petit et que la vie, à Pompéi, devait être la vie romaine en miniature.

En effet, en nous plaçant en face de ces monuments, dont l'antiquité nous a légué seulement les débris, nous en comprenons immédiatement la destination et l'usage par une simple comparaison avec les monuments similaires de Rome. L'amphithéâtre, les thermes, le forum, les portiques nous sont déjà familiers.

Pour ranimer ces rues et ces places désertes, pour ressusciter un passé qui n'est plus, pour rendre à Pompéi en ruines son élégance et son activité, transportons-y, par un effort de la pensée, les scènes semblables dont Rome offrait chaque jour le spectacle.

Par exemple : sur les bancs du forum, asseyons quelques flâneurs de province, causant des affaires du voisin ou des probabilités du temps. Sous ces portiques, plaçons les élégants de la localité qui s'y promènent, pour faire admirer la coupe de leurs vêtements, copiés sur ceux des jeunes Romains venus aux bains de mer. Emplissons l'amphithéâtre d'une foule immense; animons-le des cris des vocifération et des applaudissements d'un peuple en délire, que la vue du sang a grisé. Nous aurons alors la ville de Pompéi qui a précédé la catastrophe.

En entrant dans ces ruines, j'eus de la peine à en croire mes yeux, car, en me promenant dans toutes ces rues, je vis tomber un à un les châteaux et les palais que mon imagination avait construits.

Rien d'élevé, rien de majestueux qui saisisse au premier abord, Pompéi n'est qu'un lieu charmant. Ces ruines sont comme des mémoires très circonstanciés sur la vie des anciens, leur vie intérieure, matérielle de tous les instants, écrite en pierres, en marbre, en colonnes, et qu'il nous est donné de feuilleter.

La ville est précédée d'un faubourg, dite *Voie des Tombeaux*.

L'hygiène publique devait nécessairement se ressentir de ces sépultures trop voisines des habitations. La Voie des Tombeaux remplit d'une tristesse grave; on la parcourt en épelant sur les monuments renversés et mutilés les inscriptions et les noms des familles éteintes.

Les habitations étaient construites d'après un plan régulier et uniforme.

La maison est divisée en deux parties, la première comprend l'atrium, orné de portiques destinés aux étrangers, flanqué de quatre petits réduits obscurs, appelés salles à manger ou salles de conversation; au centre de l'atrium, fleurit un jardinet, dont un jet d'eau entretient la fraîcheur.

La seconde partie comprend le péristylium, avec portiques pour la vie de famille, un jardinet avec jet d'eau, et des petites pièces sombres, appelées chambres à coucher.

Nous avons fait de grands progrès sous le rapport de la vie confortable; dans les habitations anciennes, on possédait des fresques, qui sont des chefs-d'œuvre, des statues, qui sont de véritables objets d'art, des mosaïques, qui sont restées le modèle du genre; mais, rien n'y était prévu contre le froid de l'hiver, ni contre la chaleur torride de l'été.

Les maisons des Pompéiens, comme toutes celles des anciens, n'étaient faites que pour prendre le frais et dormir; la vie de l'homme s'écoulait ailleurs au forum, aux bains, au théâtre.

La vie privée, d'une importance capitale pour nous, était accessoire pour les anciens; la vie publique remplissait tous leurs instants.

Les femmes de l'antiquité restaient enfermées au fond de ces maisons, sans ouverture sur le dehors; elles passaient leur temps dans une sieste paresseuse, ou s'occupaient de travaux de laine, en attendant le retour de leur père ou de leur mari.

Les inscriptions nombreuses, dont les murs sont chamarrés, nous aident à reconstituer la vie des anciens Pompéiens. C'est une circonstance heureuse, qui nous dispense de bien des recherches.

Ici, des serpents verdâtres déroulent leurs immenses anneaux sur la muraille; nous sommes donc chez un droguiste apothicaire; ses successeurs s'appelleraient aujourd'hui des pharmaciens. Là, une chèvre en terre cuite, les mamelles rebondies, orne la porte d'une boutique, c'est une laiterie. Plus loin, une fresque représentant un moulin tourné par un âne trahit le voisinage d'un boulanger. Près de cette boutique, une peinture murale nous montre deux hommes portant une amphore; nous pouvons en conclure que là, un marchand de vin absorbait autrefois, comme ses confrères modernes le font aujourd'hui, les produits du travail des petites gens. Plus loin encore, c'est le magasin d'un parfumeur, qui jadis cumulait; car, après avoir parfumé les vivants, il embaumait les morts.

Je remarque, en passant, que beaucoup de maisons portent sur leur fronton, comme une véritable enseigne, cette devise : « *Hic habitat félicitas* ». C'est ici la demeure du bonheur. Combien elle serait peu vraie placée sur nos maisons modernes, si, toutefois elle n'était pas fausse déjà dans l'antiquité.

Du reste, trois sortes d'inscriptions se partagent les murs de Pompéï. Les premières sont gravées sur le marbre des temples ou des statues, elles devaient avoir la même durée que le monument lui-même; les deuxièmes étaient peintes en couleur et remplissaient le rôle de nos affiches modernes; enfin, les troisièmes étaient faites, soit avec la pointe d'un clou, soit avec un charbon. Ces dernières, par leur caractère éphémère, n'étaient pas destinées à parvenir jusqu'à nous. La catastrophe de Pompéi nous les a conservées.

Pompéi était certainement une ville de plaisir, située dans un pays ravissant et enchanteur, où tout portait à la volupté, où, comme on l'a dit; « l'éclat velouté de la campagne, la tiède température de l'air, les contours arrondis des montagnes, les molles inflexions des fleurs et des vallées sont autant de séductions pour les sens, que tout repose et que rien ne blesse. »

Colonie romaine, Pompéi comptait parmi les villes les plus favorisées.

Libre dans le choix de ses magistrats, libre dans son administration intérieure, libre dans ses transactions commerciales, elle n'avait jamais senti de frein imposé à la liberté séculaire dont elle jouissait.

Cet état de choses peut étonner des modernes comme nous, qui végétons sous le régime de la centralisation. Nous avons de la peine à comprendre un système administratif sans agents de l'autorité centrale, imposés chez nous pour surveiller nos paroles et nos actes, garrotter notre initiative, endormir notre intelligence, drainer nos capitaux vers la capitale, s'immiscer dans toutes nos affaires, augmenter nos charges, arrêter la libre disposition de nos revenus, nous rendre solidaires des fautes d'autrui et finalement assurer les succès électoraux des candidats officiels.

Les seuls magistrats que l'on rencontre à Pompéi sont des magistrats municipaux. Ils sont peu nombreux.

Le pouvoir délibératif est aux mains d'un sénat de cent membres; le pouvoir exécutif appartient à quelques magistrats annuels. Puis, viennent deux édiles chargés de la police des rues, de l'entretien des monuments publics et de la surveillance des marchés. Deux questeurs administrent les deniers publics. Tous les cinq ans, des magistrats spéciaux font le recensement de la population. Mais tous ces hommes ne recevaient aucun traitement, au contraire; ils payaient pour être élus.

Combien le mot *honoraires* a changé de signification depuis l'antiquité. Autrefois, il voulait dire la somme d'argent qu'un fonctionnaire payait pour avoir l'honneur de gérer la chose publique;

aujourd'hui, il signifie les gages que le magistrat reçoit.

De plus, ces hommes offraient au peuple des repas gigantesques, payaient les frais d'un combat de gladiateurs, réparaient une route, amenaient l'eau dans la ville par un aqueduc. Beaucoup de magistrats s'étaient ainsi ruinés et vers la fin de la république, il devenait impossible d'en trouver

Néanmoins, de nos jours, en contemplant les ruines de ces monuments somptueux, notre admiration pour eux grandira encore en pensant qu'ils n'ont rien coûté au trésor public, puisqu'ils sont dus à la générosité de particuliers.

Arrivons maintenant au détail des ruines.

Je ne puis partager l'opinion de ceux qui se plaignent de la lenteur des fouilles. Un sentiment d'égoïsme peut seul animer leurs critiques.

En effet, si nous avons eu un grand plaisir, au moins pour un instant, à découvrir, dans toute leur fraîcheur et avec leur parfum d'actualité, ces preuves de la civilisation romaine, nos arrière-neveux ont bien le droit à la même jouissance. Ménageons leur donc de semblables surprises.

Pensons encore que ces ruines, exposées aux intempéries des saisons, sont désormais, comme les autres œuvres des hommes, vouées à un rapide dépérissement, auquel elles échappaient sous leur épais manteau de cendres.

Quoique un tiers seulement de la ville soit

découvert, on peut déjà y faire une promenade fort longue et pleine d'intérêt.

Rendons-nous au cœur de la cité, au Forum. Le centre était à ciel ouvert, il était encadré de portiques et du temple de Jupiter ; c'est là que se discutaient les affaires publiques, et que les plaideurs s'entretenaient avec leurs avocats.

Un grand nombre de ruines intéressantes s'offrent de tous côtés à mes yeux, mais je ne puis recommencer leur description et leur historique faits depuis longtems. Je me contenterai de quelques remarques.

Dans le *diable boiteux*, l'auteur emploie une hypothèse ingénieuse pour initier le lecteur aux secrets d'une ville ; il suppose que les toits des maisons ont été tous enlevés d'un coup de baguette, de sorte que l'œil curieux de l'observateur peut plonger dans la demeure de chaque habitant.

Cette fiction bizarre est réalisée en tous points à Pompéi. Les maisons sont ouvertes. Les matières susceptibles d'être détruites par l'action combinée du feu et du temps ont péri, les autres objets ont survécu dans l'état et à la place même où on les avait mis dix-huit siècles auparavant.

La catastrophe a surpris les habitants d'une façon si brusque que rien n'a été modifié dans leur manière d'être habituelle. On a pu de la sorte pénétrer dans l'intimité de la vie de chaque citoyen.

Le style décoratif de Pompéi est connu dans l'univers entier. Les sujets des fresques, sans intérêt, il est vrai, sont néanmoins riants et gracieux ; la mythologie les a tous fournis.

Malheureusement la plupart des fresques ont été détachées des murs, les statues déscellées de leurs socles, les menus objets de la vie domestique ramassés et le tout a été envoyé au musée de Naples.

Pompéï n'a conservé que les fresques et les objets qui ne méritaient pas le transport, à cause de leur état de détérioration.

On comprend que les ruines de cette ville ont beaucoup perdu de leur intérêt, à la suite de cette spoliation. Elles n'offrent plus aujourd'hui que l'aspect d'un squelette décharné.

Les fouilles subissent quelquefois des interruptions, quand l'argent fait défaut. Elles ont donné lieu à plusieurs faits amusants ; j'en citerai un entre mille.

M. de Locmaria raconte qu'en 1843, le comte de Chambord se rendit à Pompéï. M. Fiorelli, le directeur général des fouilles, averti de sa visite, fit ensevelir dans les cendres plusieurs objets antiques, pour en offrir au prince la découverte, soit-disant fortuite. Quand M. Fiorelli eut fait au comte de Chambord les honneurs de Pompéï, il lui proposa de faire exécuter sous ses yeux quelques fouilles. Les ouvriers se mirent aussitôt à l'ouvrage dans l'endroit préparé. On pense que l'enthousiasme fut très vif devant une riche découverte ; mais, cet enthousiasme fut subitement refroidi, quand le hasard amena dans une pelletée de cendre, du tabac, une pipe culottée et les débris du déjeuner des ouvriers.

Avant de quitter Pompéï, je voudrais parler brièvement de deux maisons fort curieuses : *la maison du Centenaire* et la *maison de Diomède*.

La première a été appelée *maison* du *Centenaire*, parce qu'elle a été découverte, au mois d'août, 1879, c'est-à-dire juste 18 siècles, après la catastrophe.

Cette maison est la plus vaste et peut-être la plus curieuse de celles déblayées jusqu'à ce jour. Le vestibule renferme de jolies fresques ; la mosaïque du pavé représente la lutte d'un dauphin contre un cheval marin. Des scènes de théâtre sont peintes à fresque sur les murs de l'atrium. Le peristylium formé d'un portique de vingt-six colonnes de stuc blanc et rouge, est très spacieux. Sur un de ses côtés, une niche s'enfonce dans le mur, autrefois la statue d'un dieu larre l'occupait.

Au pied des murs, court une guirlande de feuillage, au-dessus, des pampres et des lierres marient leurs branches, et de petit oiseaux se balancent sur leurs rameaux enlacés. Plus haut, une fresque représente un aquarium, dont on voit le fond, pavé de coquillages, et tout émaillé de plantes aquatiques, aux travers desquelles nagent des poissons variés.

Beaucoup d'autres fresques de la maison du Centenaire sont de petits chefs-d'œuvre. Ici, c'est un taureau qui fuit épouvanté, emportant un lion accroché à ses flancs déchirés et sanglants ; là, c'est un léopard qui terrasse un cheval, en le mordant cruellement au poitrail, là, c'est un chevreuil qui broute de jeunes pousses, là encore, c'est un sanglier qui sort de sa bauge, là enfin, c'est un esclave qui verse du vin à son maître.

Par sa belle conservation, son importance, sa dimension, sa situation sur un carrefour de trois rues, la maison du Centenaire occupe le premier rang parmi les plus belles de Pompéï.

Passons à la maison de *Diomède*.

On sait combien les anciens étaient amateurs de bains. Cette passion occupait leurs loisirs et devenait pour eux un agréable passe-temps.

La maison de Diomède brillait par une installation de bains, qui sans être comparable à celle des Thermes de Caracalla, à Rome, n'en est pas moins somptueuse et supérieure à tout ce que les modernes ont inventé.

En voici la description sommaire :

Nous entrons dans le *nymphœum*, ou petite salle de bains, entourée de colonnes de stuc : une peinture jaune décore les murs, une belle mosaïque recouvre le pavé ; au milieu de la pièce, s'ouvre le baptistérium ou cuve à prendre les bains, elle est en briques, avec revêtissement de marbre. Les anciens, au lieu de monter dans leurs bains, y descendaient. On voit encore la place des tuyaux qui amenaient l'eau. Nous passons dans la seconde salle qui renferme *l'ipocaustum* ou récipient pour le feu ; trois vases de cuivre superposés contenaient de l'eau, à trois degrés différents pour le baigneur.

Au-dessus de l'*ipocaustum*, à l'étage supérieur, est situé une petite chambre appelée *sudatorium* ou étuve. En vue d'obtenir une chaleur suffisante pour faire transpirer le baigneur, porté dans cette chambre par des esclaves, on avait pratiqué dans le plancher des ouvertures, par lesquelles passaient des tuyaux remplis de vapeur d'eau et courant autour de la salle.

Épuisé par ces bains successifs, le baigneur se retirait ensuite dans *l'unctuorium*, ou salle des parfums. Là, étendu sur un lit, ses esclaves le massaient, lui raclaient les membres avec un frottoir, *strigdis*, et enfin le parfumaient.

Cette laborieuse opération exigeait la moitié de l'après-midi.

Nos bains modernes avec leurs fades nudités postiches nous offrent un grand contraste. Il faut le dire, nos bains ne sont qu'un nettoyage, ceux des anciens étaient un plaisir, une institution gymnastique.

J'achève ce chapitre par un mot sur les victimes de la catastrophe.

M. Fiorelli, dans un rapport adressé au gouvernement italien, dit qu'il a découvert cent vingt-sept cadavres de 1846 à 1866 et il établit un calcul de probabilités sur le nombre des victimes. Six cents cadavres ayant été déterrés jusqu'au jour du rapport, il estime que l'on en découvrira environ neuf cents autres, soit un total de mille cinq cents morts; ce qui fait dix pour cent, en acceptant le chiffre de 15 000 habitants, comme étant celui de la population de Pompéï.

CHAPITRE XI

FLORENCE

La campagne. — Les palais. — Les Médicis. — Palais-Vieux. — Galerie des offices. — Palais Pitti. — Le Dôme. — Savonarola. — Les églises. — Les marchands d'antiquités. — Les oraisons funèbres

De Naples, je remontai en Toscane, après une station d'une journée dans Rome. Je ne parlerai pas de ce trajet, de peur de tomber dans les redites.

Dans les environs de Florence, la campagne ressemble à un verger, fertilisé par des eaux habilement ménagées, jaillissant des montagnes, d'où elles découlent limpides et bruyantes sur des lits de cailloux trop plats. La prospérité se montre partout. Au milieu de bouquets de bois, reliés entre eux par des cordons de pampres, sur le flanc des collines, s'étagent d'agréables maisons de campagne, qui montent de coteau en coteau jusqu'au bord des cimes.

En se plaçant sur quelque éminence, on embrasse

la ville et sa vallée d'un seul regard, la campagne est riante et respire le bien-être et le bonheur; la terre, soutenue par des murs, forme des terrasses bien cultivées; tout y a été tourné vers l'utile et le beau.

Mais entrons dans Florence.

Chaque ville d'Italie a son caractère propre. A Florence, les vieux palais ressemblent extérieurement à des châteaux forts retraçant fidèlement l'histoire monumentale des guerres civiles.

Ces palais du moyen âge sentent le Dante et les luttes intestines; carrés, hauts, en larges pierres sans ornements, taillés à grands coups de hâche, comme les blocs de Michel-Ange, bardés d'anneaux de fer, de lanternes de fer, de grillages de fer, ils ressemblent à d'immenses armures bosselées.

Voilà les demeures d'hommes, dont la vie se partageait entre les fêtes et les luttes sanglantes.

La vue de ces vieilles demeures féodales, noircies par les ans, austères et farouches comme le furent leurs possesseurs d'autrefois, impose une sorte de respect craintif.

De plus, cette alliance de constructions du moyen âge et de la Renaissance avec les constructions modernes donne à Florence un aspect particulier; de sorte, que nous lisons écrits sur ses murs l'histoire de l'art et l'histoire des mœurs.

Nous sommes ici dans la capitale de la Toscane,

qui forme l'un des plus beaux compartiments de cette brillante mosaïque de l'Italie.

L'histoire de Florence se confond avec celle de l'illustre maison de Médicis, qui pendant trois siècles et demi dirigea les affaires publiques.

Les immenses richesses acquises par les Médicis dans le commerce et surtout dans le trafic des laines, leur assurèrent une suprématie incontestée.

La règle de conduite, que tous suivirent, fut de considérer la richesse produite par le négoce, moins comme un résultat que comme un moyen d'obtenir d'avantage.

Les Médicis possédaient seize maisons de banque en Europe, qui reliaient entre eux les points les plus extrêmes; ils exploitaient toutes les mines d'alun d'Italie et pour l'une d'elles payaient au pape 100 000 florins de redevance annuelle, voyaient toutes les puissances d'Europe se faire représenter à leur cour et enfin s'imposaient comme conseillers et modérateurs de l'Italie.

On comprend que les Médicis avec cet ascendant purent faciliter l'épanouissement de tous les instincts nobles. Banquiers, magistrats et marchands, aussi libéraux qu'habiles, en 37 ans, ils dépensèrent sur leur fortune personnelle 700 000 florins en œuvres de charité ou d'utilité publique.

Jean de Médicis, né en 1360, avait fait souche de grands hommes.

Le premier, Côme, voit ajouter à son nom le double titre de grand et de père de la patrie.

Laurent mérite d'être appelé le magnifique, à cause de ses bienfaits. Il ouvre à tous sa bourse, qui devient une caisse publique et ses palais, un hôtel de ville. Il recherche les savants, leur fournit l'argent nécessaire, se lie étroitement d'amitié avec eux, entretient une correspondance active avec les plus éloignés, achète au poids de l'or les manuscrits, paie lui même les frais d'édition, commande des statues, des tableaux et des gravures aux artistes habiles, s'inquiète des jeunes gens qui donnent des espérances et leur infuse cette impulsion morale, qui suffit souvent à un homme pour le faire sortir de la médiocrité. Ses jardins, ses collections, sa maison, sa table sont un lieu de rendez vous pour tous les hommes de talent, qu'il traite avec une familiarité affectueuse et une ouverture de cœur sincère et simple. Ces hommes se sentent à l'aise avec Laurent et ne jouent pas devant lui le rôle de courtisans à gages, qui place le protégé aux pieds du protecteur.

Jean devient pape à quarante-quatre ans, sous le nom de Léon X. Ce grand homme, suivant la noble tradition de sa famille, favorise largement la culture intellectuelle, et mérite de river son nom à son siècle. Il avait eu le bonheur, il est vrai, d'arriver au trône pontifical quand toutes les carrières étaient parcourues par des hommes de génie ; citons dans les arts : Michel-Ange, Raphaël, Léonard de Vinci, Corrège, Titien, André del Sarto, Fratre, Jules Romain et dans les lettres, Arioste, Machiavel, Guichardin, l'Arétin.

En 1531, aidés par Charles-Quint, les Médicis avaient usurpé le pouvoir suprême, qu'ils conservèrent jusqu'à la mort de Jean Gaston de Médicis, arrivée en 1737, époque à laquelle s'éteignit cette illustre maison.

Rien ne fait mieux l'éloge de cette famille, que de voir combien, après avoir usurpé la souveraineté sur un peuple libre, elle est parvenue à s'en faire aimer et regretter.

Si, durant la domination des Médicis, une pépinière de grands artistes surgit de tous côtés, c'est que l'art était fécondé par leur encouragement, qui fit renaître les âges brillants de l'antiquité.

En perdant les Médicis et en tombant aux mains du duc de Lorraine, Florence a fait le premier pas vers la décadence, dans laquelle elle s'est enfoncée, sans parvenir à s'en relever jamais, sous ses autres maîtres.

Puisque j'ai commencé à parler des palais, je veux achever ce sujet ; je passerai ensuite aux musées et je terminerai par les églises.

De tous les palais de Florence, le plus remarquable est le Palais-Vieux.

Cette forteresse, commencée en 1298, par les dons volontaires des négociants, fut construite au moyen des dons volontaires des négociants, et fut achevée si vite, que Savonarola disait que les anges en avaient été les maçons. Elle élève fièrement ses créneaux de brique et ses murs d'une hauteur immense au milieu de la place de la Seigneurie, la plus belle de Florence.

Elle regarde au midi la jolie galerie de Vasari, au nord la statue équestre d'un Médicis, le David de Michel-Ange, le Persée de Benvenuto Cellini, le charmant portique des Lanzi, en un mot, tous les chefs-d'œuvre des arts à Florence et toute l'activité de sa civilisation.

Le Palais-Vieux était autrefois habité par les chefs du gouvernement, il est tout à la fois la tête et le cœur de la cité. C'est une construction énorme du moyen âge, percée de rares fenêtres en trèfles, trouée de créneaux et flanquée d'une tour gigantesque, audacieusement plantée à son sommet, comme une aigrette sur un casque, vraie citadelle pour le combat et la montre, se défendant de près et s'annonçant de loin. C'est que le moyen âge a été rude à Florence. La ville était partagée en deux camps, ayant à leur tête, l'un, les Buodelmonti et l'autre, les Uberti, qui se sont battus sans relâche pendant trente-trois ans. Les rues étaient barricadées, les maisons fortifiées et défendues par des paysans, que les nobles avaient amenés de leurs terres. Les vainqueurs firent raser trente-trois palais, appartenant aux vaincus.

L'irrégularité de construction du Palais-Vieux a pour cause la défense faite à l'architecte, de construire sur l'emplacement des maisons maudites, qui avaient été détruites.

Les appartements du rez-de-chaussée sont peints à fresques par Vasari, Salviati et Zuccheri.

Au premier étage, à huit mètres du sol, la salle du conseil est remarquable par son ampleur; mille citoyens pouvaient s'y assembler, pour délibérer. Les fresques du plafond, sorties de la palette de Vasari, chantent les conquêtes des Florentins.

Le dernier étage contient les collections particulières des Médicis.

Deux autres palais sont fort remarquables, je veux parler de celui qui contient *la galerie des offices* et du *palais Pitti*; mais tout l'intérêt qu'ils présentent est absorbé par les collections extraordinaires qu'ils renferment, et devant lesquelles on oublie leur architecture.

Je commencerai par la galerie des Offices. Mais une galerie qui contient treize cents tableaux est d'une description impossible pour un simple touriste; aussi, je renvoie le lecteur aux catalogues ou mieux, je lui dirai : « Allez à Florence, la galerie des offices seule vaut le voyage. »

L'écriture se refuse à retracer les impressions si nombreuses et si diverses, que l'on ressent devant une collection pareille, qui forme un dépôt universel. Qu'y trouve-t-on en effet ? Simplement ceci : Peintures de tous les temps et de toutes les écoles, bronzes, statues, sculptures, terres cuites antiques et modernes, cabinet de gemmes, musée étrusque, portraits de peintres par eux-mêmes, vingt-huit mille dessins originaux, quarante mille camées et ivoires, quatre-vingt mille médailles. C'est un monde de merveilles.

Je veux éviter ces énumérations souvent insipides, pour qui n'a pas vu ce qu'elles rappellent. Un touriste, qui écrit ses impressions de voyage, doit toujours se souvenir de l'impatience avec laquelle il a lu les récits des autres et le dénombrement des statues et des tableaux dont les descriptions ne lui retraçaient rien. Je sais bien que l'ouvrage de M. Viardot, *Les Musées*, forme une lecture attachante; mais, je ne suis pas ce docte et charmant écrivain et ne puis m'autoriser à mettre la patience du lecteur à une aussi rude épreuve.

De plus, ne croyez pas que tout le monde ait un grand plaisir à visiter les musées. Voyez arriver, au bout de cette galerie, cette troupe d'étrangers, accompagnés d'un guide, considérez leurs yeux rouges, leur figure fatiguée, leurs lèvres inexpressives, livrées à leur propre poids. Heureusement, il y a dans les salles des canapés, sur lesquels tous ces gens se laissent tomber et s'écrient, en bâillant à se démettre la mâchoire : « Ceci est superbe. »

La galerie des Offices témoigne en faveur de cette noblesse toscane, si grande, si intelligente, de ces Médicis plus grands que les Romains. Ce sont eux qui dans leur libérale prévoyance, dotant leur ville d'un palais-musée, lui ont assuré un indestructible avenir. Et madame de Staël dit avec raison : « C'est une immense collection que la galerie des Offices, et l'on pourrait y passer bien des jours, sans parvenir encore à la connaître. »

Je ne puis que citer au hasard quelques œuvres qui m'ont vivement frappé.

Parmi les antiques, il faut placer au premier rang la statue de *Niobé*.

C'est évidemment un idéal, car il ne serait pas admissible qu'une véritable mère ne fut point bouleversée dans une pareille situation ; sa figure reste calme, pleine d'une dignité, qui voile sa douleur profonde et les angoisses de son amour maternel. Elle serre sa plus jeune fille contre son sein, avec une anxiété déchirante, elle tâche de la protéger de ses bras. Cette jeune fille, vue de dos, est charmante, on dirait que l'artiste s'est appliqué à la faire belle, pour attendrir Apollon ; Niobé, sa mère lève sans espoir ses yeux vers le ciel, car les dieux sont ses ennemis. Ses autres enfants se trouvent près d'elle. Un de ses fils nage dans son sang, Apollon l'a percé d'une flèche, les autres éperdus fuient ou se cachent.

La Vénus de Médicis. Pline dit que cette statue est de Phidias. Elle a été trouvée, brisée en treize morceaux, dans la villa d'Adrien, près de Tivoli, vers le milieu du quinzième siècle. La restauration en a été faite avec beaucoup de soin.

Parmi les tableaux, mon attention est particulièrement attirée par les toiles suivantes :

Saint Jean dans le désert, de Raphaël. L'artiste a su interpréter avec un talent qui tient du génie ce mot des Écritures saintes : « *Vox clamantis in deserto.* » Le sujet était évidemment difficile à traiter; Raphaël s'en est tiré avec un rare bonheur.

La Fornarina de Raphaël. La voici, cette femme célèbre par sa beauté et plus encore par l'amour de son amant. Cette courtisane si belle, si vantée, nous paraît une grande criminelle, c'est elle qui a causé la mort de Raphaël.

La Vierge à genoux, de Michel-Ange. Les tableaux de chevalet de ce dernier sont si peu nombreux, que cette toile est précieuse à nos yeux. Le génie plein de rudesse et de fierté de Michel-Ange s'y déploie tout entier; mais, il ne faut pas lui demander des contours gracieux et moelleux dans des chairs roses et fraîches.

Henri IV à la bataille d'Ivry. Comme toutes les compositions de Rubens, celle-ci est animée, pleine de feu, il n'y a là pourtant qu'une ébauche, mais il vous semble entendre le bruit de la fusillade et du canon; ces chevaux, qui se cabrent ou piaffent, soulèvent des nuages de poussière qui arrivent jusqu'à vous.

Le duc de Nemours (Julien de Médicis). Alexandre Allori nous le représente la tête coiffée d'un bonnet noir, le cou nu, les deux mains posées l'une sur l'autre, avec une lettre dans la droite. Ce portrait est de premier mérite. Un tableau de Gérard Don de l'école hollandaise représentant *Un maître d'école.* Le vieux pédagogue montre à lire à une petite fille. Harmonieux est l'effet de cette peinture, éclairée seulement par la chandelle fumeuse du vieil instituteur, placée sur le pavé de la classe.

Le dimanche des Rameaux, du Tintoret. Le Christ s'avance sur une ânesse, cheminant lentement sur une route jonchée de fleurs. La figure du Christ est grave, sérieuse et triste.

Saul sur le chemin de Damas, de Bordone est une page magistrale. Le désordre est complet chez les compagnons de celui qui fut plus tard saint Paul. Un rayon venu du ciel, le rayon de la grâce, terrasse et éclaire Saul, en lui dévoilant la vérité. Tout dans ce cadre se ressent de ce choc terrible, l'anéantissement accable ceux qui y figurent.

Je passe sous silence l'école française: étique et poitrinaire, elle fait mauvaise figure dans ce musée, les comparaisons sont trop accablantes pour elle; la lutte est inégale.

Les galeries des Offices sont reliées au palais Pitti par une série de couloirs longs de cinq cents mètres, qui traversent des rues, silonnent des places, enjambent des maisons, coupent des jardins et franchissent la rivière.

Lucca Pitti, marchand florentin comme les Médicis, comme eux enrichi par le commerce, comme eux s'éprit des beaux-arts et commença le palais qui porte son nom, vers le milieu du quinzième siècle. Des revers dans ses affaires commerciales arrêtèrent son œuvre, il fut obligé de la laisser inachevée. En 1549, Côme de Médicis, plus fortuné, acquit le palais des héritiers de son rival en beaux arts, et le mit dans l'état où nous le voyons aujourd'hui.

Il existe peu de palais qui cause une impression aussi grandiose que le palais Pitti. Bâti sur une éminence, qui lui laisse toute sa taille, il dresse fièrement ses trois étages, semblables à trois blocs de roche superposés ; et, devant la façade, deux terrasses colossales ajoutent leurs masses à cette masse. L'énormité des matériaux employés à la construction augmente encore le caractère imposant de l'édifice.

La façade rugueuse, à peine dégrossie, ne se pare d'aucun ornement, une longue balustrade court au sommet et des arcades gigantesques soutiennent les fenêtres.

Cinq cents tableaux, presque tous des chefs-d'œuvre, en remplissent les salles. Ils ne sont point disposés par écoles et par siècles, comme à la galerie des Offices, pour faciliter au visiteur l'étude de la peinture, et lui permettre d'en suivre les progrès pas à pas. Il en est autrement. On a suspendu ces toiles aux murs des salons, dans lesquels un prince donne des fêtes, étale son luxe, fait montre de ses richesses et reçoit ses invités.

Nulle cour en Europe n'a jamais mieux entendu les réceptions officielles, ni témoigné un goût plus exquis pour les beaux arts. En effet détachez vos yeux des tableaux qui pendent aux murs et abaissez-les sur ces admirables tables de malachite et de pierre dure, ces cabinets d'ivoire, ces meubles de mosaïque, ces coupes à anses de dragons, ces mille objets sans utilité pratique, mais qui témoignent au plus haut point du goût chez le collectionneur, du talent chez l'artiste.

Maintenant comment décrire ces tableaux ? J'en puis citer seulement quelques-uns au hasard.

Plusieurs toiles de Raphaël occupent la première place. Voici la *Vierge du grand duc*, ainsi nommée, parce que le grand duc Côme l'emportait avec lui dans ses voyages. Debout, en robe rouge avec un voile vert, l'attitude est simple. Les yeux modestement baissés, le teint d'une grande blancheur, les joues légèrement colorées, c'est une vierge ; Raphael en était encore à sa première manière, celle qu'il avait apprise du Pérugin.

La Vierge à la chaise, également de Raphaël, est toute différente ; vêtue d'étoffes orientales, elle presse son enfant contre sa poitrine ; son regard est fixe.

Philippe II, roi d'Espagne, du Titien. Il est debout, en costume de grande cérémonie, les culottes très courtes et très bouffantes, les bas montant très haut, la figure est blafarde, les mâchoires sont énormes.

La maîtresse du Titien, ravissante jeune fille, blonde, gaie, les yeux pétillants d'intelligence, les lèvres légèrement plissées par une imperceptible sourire malicieux. Sa robe est bleue, brochée d'or, ses mains exquises sont d'une finesse et d'une distinction incomparables.

La vision d'Ezéchiel, de Raphael, œuvre admirable de génie. Cette rêverie mystique emprunte à la Bible sa magistrale grandeur. Raphael y a mis sa délicatesse et sa correction habituelles, mais, en y ajoutant la fougue de Michel-Ange et les terreurs du Dante.

J'arrive au Dôme, *il Duomo*; dans le nord de l'Italie, ce mot signifie la cathédrale; il en est ainsi à Florence. La difficulté est de le voir, bâti sur un sol bas, deux cents maisons qu'il faudrait abattre, gênent la vue pour embrasser sa masse. La plupart des constructions du moyen âge ont ce défaut; elles ne sont pas proportionnées aux organes de l'homme. Dans l'antiquité, les temples étaient petits, placés sur une hauteur, on pouvait facilement saisir leur ensemble.

La cathédrale de Florence, nommée Sainte

Marie-des-Fleurs, est un temple gothique, grave, religieux, immense.

Lapo et Cimabue la commencèrent dans la seconde moitié du treizième siècle, Brunelleschi Michel-Ange et d'autres architectes célèbres la menèrent à bonne fin. Elle est revêtue en dehors de marbres, alternativement rouges, noirs et blancs. L'intérieur est grandiose, le chœur est octogone, sa toiture est soutenue par des colonnes ioniques, qui forment tout autour des arcades. La coupole, véritable chef-d'œuvre d'architecture, est l'œuvre de Brunelleschi. Cet architecte était un homme si supérieur, que ses contemporains l'appelaient fou ; c'est l'éloge le plus flatteur que puisse décerner le vulgaire.

La vanité florentine prétend que Michel-Ange, qui était grand admirateur du Dôme, vint le voir encore le jour de son départ pour Rome, où il allait construire la coupole de Saint-Pierre et dit, en se découvrant : « Adieu, beau Dôme, je vais faire ton pareil, mais non pas ton égal. »

Si cette parole est authentique, elle serait la preuve de la modestie de Michel-Ange, car tout le le monde sait que la coupole de Saint-Pierre est le plus hardi et le plus merveilleux morceau d'architecture connu jusqu'à ce jour.

Les voûtes de la cathédrale de Sainte-Marie-des Fleurs furent les témoins de drames historiques.

En 1478, les sicaires de la conjuration des Pazzi

choisirent cette basilique pour lieu de leur criminel attentat contre Julien et Laurent de Médicis, exécuté pendant la messe, au moment de l'élévation de l'hostie. Julien périt sous le poignard et Laurent blessé ne dut son salut qu'au dévouement de ses amis.

Vingt ans après en 1498, dans ce temple, tonnait en chaire contre ces mêmes Médicis, violateurs de toutes libertés, l'héroïque dominicain, Jérôme Savonarola. On vit alors cet homme, soutenu par sa seule foi chrétienne, sans soldats, sans pouvoir, sans titres, sans argent, tenter la régénération de son pays, et, par la seule puissance de sa parole pendant six ans, résister aux Borgia, diriger les délibérations du gouvernement, rétablir l'ordre, donner à ses concitoyens le courage de supporter leurs maux, et enfin payer de sa vie sur un bûcher dont il affronta les flammes, l'évangile à la main, son amour de la patrie et de la liberté.

Derrière le maître autel, on montre une *pièta* que Michel-Ange a laissée inachevée, parce que, dit-on, il rencontra dans le marbre des défauts qui ne lui permettaient pas de conduire son œuvre jusqu'à la perfection.

L'église est remplie de tombeaux magnifiques.

Le clocher, en italien *campanile*, est svelte, gracieux et tout incrusté de marbres noirs, rouges et blancs. C'est l'œuvre du Giotto. Il excita tellement l'admiration de Charles-Quint qu'en le voyant, il s'écria : « Les Florentins devraient renfermer cette tour dans un étui et ne la montrer qu'une fois par an. »

Près de la cathédrale, s'élève un vieux temple de Mars octogone surmonté d'une coupole. Il sert aujourd'hui de baptistère. Quatre immenses portes de bronze s'ouvrent à chaque extrémité. Elles ont une grande réputation artistique; l'une est due à André de Pise, les trois autres sont l'ouvrage de Lorenzo Ghiberti, qui y travailla quarante ans de sa vie.

Les Florentins font dire à Michel-Ange : « Elles sont si belles, qu'elles seraient dignes d'être les portes du paradis. »

Je citerai pour mémoire quelques églises.

L'église de *Santa-Maria-Novella* est d'une architecture simple. Ses nombreuses peintures nous exposent l'historique de l'école florentine, en nous faisant assister à ses débuts, à ses progrès et à ses triomphes.

On dit que Michel-Ange l'avait gratifiée du nom de la *Sposa*, l'épouse ; mais on en ignore la raison. C'est là probablement un de ces mots, attribués aux grands hommes, qui deviennent historiques à force d'être répétés.

L'église de *Santa-Croce* est le Panthéon florentin. En voyant les amis des arts et des lettres venir comme en pèlerinage s'incliner sur ces tombes, lord Byron appelle Sainte-Croix : « la

Mecque de l'Italie ; » et Madame de Staël fait dire à sa Corinne : « cette église de *Santa-Croce* contient la plus brillante assemblée de morts qui soit peut être en Europe. »

Arrêtons-nous d'abord au tombeau de Michel-Ange, ce sculpteur de génie qui, suivant l'expression de Madame de Staël, a donné à la figure humaine un caractère qui ne ressemble ni à la beauté antique, ni à l'affectation de nos jours. Michel-Ange, en effet, est le génie de sa propre école ; car, il n'a rien imité, pas même les anciens. Il a voulu que son tombeau fût placé près d'une fenêtre par laquelle on pouvait voir le fameux dôme qui lui servit de modèle pour la coupole de Saint-Pierre.

On s'avance entre deux rangées de tombeaux. Ici, repose Galilée, qui fut persécuté pendant sa vie pour avoir découvert les secrets du ciel. Là, est étendu Machiavel, qui établit la théorie de l'art du crime, mais, seulement en observateur désintéressé ; plus loin, dort l'Arétin, qui consacra sa vie à la plaisanterie, et dont la mort fut le seul acte sérieux ; près de lui Boccace est inhumé, lui dont la brillante imagination ne fut troublée ni par la guerre civile, ni par la peste ; plus loin, gît Alfieri, dont le tombeau est signé par Canova, ce qui fait dire à la vanité florentine : « c'est le tombeau de Sophocle, sculpté par Phidias. » J'en passe et des meilleurs.

Mais si, à l'église de Sainte-Croix, l'art fait tout le luxe des mausolées, près de là, à l'église de Saint-Laurent, les tombeaux tirent leur valeur des ornements de jaspe, de porphyre, de lapis lazzuli d'or et de bronze, dont les inscriptions pompeuses réhaussent encore l'éclat. Si nous entrons dans la sacristie, nous y trouverons deux tombes, sur lesquelles Michel-Ange a laissé l'empreinte de son génie. On dit que ce grand artiste s'enferma dans ce lieu, pour travailler avec furie et chercher, dans la tension de l'esprit et la fatigue du corps, l'oubli de la liberté vaincue, de la patrie agonisante, de la justice écrasée, de ses ressentiments inassouvis, de son désespoir inutile, de ses humiliations dévorées. Ses héros et ses vierges portent dans leur expression la révolte indomptable de l'âme de leur auteur, raidie contre l'oppression et la servitude.

La première de ces tombes est celle de Julien de Médicis, frère de Léon X ; elle est surmontée de la statue du jour, animée de toute l'expression de la vie, et de la statue de la nuit, qui sommeille et dont on croit entendre la respiration.

Un poète contemporain de Michel-Ange, Strozzi, y écrivit un quatrain, dont voici la traduction :

> Tu vois ici doucement sommeiller,
> La nuit qu'un Ange en la pierre a formée ;
> Puisqu'elle dort, c'est qu'elle est animée ;
> En doutes-tu ? Tu n'as qu'à l'éveiller.

Michel-Ange y répondit par le quatrain suivant, traduit depuis en français :

> J'aime à dormir, je ne regrette pas
> D'être de pierre ; en ces jours d'injustice,
> Voir et sentir, ce serait un supplice;
> Épargne-moi; de grâce, parle plus bas !

La deuxième tombe est celle de Laurent de Médicis, duc d'Urbin, père de l'infâme Catherine de Médicis. Sa statue décore le tombeau. Laurent silencieux, le casque en tête, en habit de guerrier, est assis, la main posée sur son menton ; il est accablé de noirs soucis; mais il va se lever.

La perfection de cette attitude est saisissante, il semble que si vous appeliez Laurent par son nom, la tête de la statue se redresserait et ses yeux profonds vous fixeraient avec fierté.

Florence possède beaucoup de magasins de curiosités que leurs propriétaires intitulent du nom de *musées* et dans lesquels on rencontre quelques antiquités d'une réelle valeur; néanmoins, les antiquités de fabrication récente y sont aussi fort nombreuses.

Les étrangers peuvent se promener dans ces magasins, examiner toutes choses et faire leur choix sans être tourmentés.

Les marchands n'assomment pas les amateurs de leur boniment insipide, comme ceux de Paris; mais, en revanche, ils ont quelquefois dans leurs vitrines des annonces qui méritent d'être rapportées.

L'un d'eux tient une boutique dans une des ruelles qui s'éclairent sur la place de la Seigneurie et possède deux pièces qui sont dignes de fixer l'attention de nos plus fameux antiquaires.

L'une, représentant un lambeau de peau rougeâtre, garnie d'écailles et de cachets de cire, porte cette inscription : Fragment de la peau du serpent qui tenta notre mère Eve, au paradis terrestre. Le reptile fut tué le lendemain par Adam d'un coup d'épieu, dont on peut voir encore la trace. Sceaux de garantie de savants et d'antiquaires célèbres.

L'autre pièce, encadrée comme la première, est une longue mèche de vieux cheveux noirs, collés sur un fragment de parchemin, peint et décoré de blasons, dans le style du moyen âge, avec agrémentation de cachets de cire.

L'inscription porte : cheveux de Charles V, dit le Chauve, roi de France, d'Alémanie et d'Aquitaine, fils de Louis le Débonnaire et de Judith de Bavière.

Des cheveux de Charles le Chauve! La plaisanterie vaut bien celle du serpent tué par le vieil Adam.

Eh bien! soyez certain qu'il se trouvera quelque lord anglais, ployant sous le faix de ses revenus, ou quelque *yankee* enrichi de fraîche date, pour acheter, au poids de l'or, ces deux curiosités rarissimes, qui viendront grossir la collection des documents de la bêtise humaine.

Pendant mon séjour à Florence, j'assistai à l'enterrement d'un sénateur. Toute la garnison de la ville rendait les honneurs militaires.

La curiosité me conduisit jusqu'au cimetière. On prononça, sur la tombe du défunt, la série d'éloges funèbres en usage. A entendre les orateurs de ces discours de circonstance, le défunt possède toujours des talents et des mérites supérieurs à ceux de ses concitoyens qui lui survivent.

Cette rengaine est vieille comme le monde. Dans une lettre, restée célèbre, et adressée à un prince de ses amis, Rachel, la fameuse tragédienne, s'en moquait en ces termes : « Le fait est qu'il fait bon mourir en ce temps-ci, pour s'assurer une bonne oraison funèbre. A en croire ces farceurs, tous ceux qui s'en vont sont toujours dignes du prix Montyon. Ah ça! il ne restera donc bientôt plus que des coquins! »

CHAPITRE XII

VENISE

Aspect de Venise. — La gondole. — La place Saint-Marc. — Les chevaux de Lysippe. — La Basilique de Saint-Marc. — Les Cicéroni. — Le grand Canal et les palais. — Le Ghetto. La loterie. — Le doge et son mariage avec l'Adriatique. — Le Bucentaure. — Biographies de Titien et de Tintoret — Le palais des doges. — L'Académie des Beaux-Arts. — Les îles. — Les églises. — Les théâtres.

Dans la campagne qui sépare Venise de Florence, s'étendent de vastes champs bien cultivés. La vigne y grimpe en guirlandes le long de baliveaux, qu'elle festonne de son feuillage. De longues rangées de mûriers reliés entre eux par leurs bras de pampre, ont l'air de se donner la main. La voie du chemin de fer est simple et n'a pas de voie de retour.

Vue de loin, Venise ressemble à une flotte d'édifices mouillés au large, et Alphonse Karr nous dit que Venise a fait sur lui l'impression d'une ville inondée, qui en aurait pris son parti. Elle est bâtie sur vingt-quatre grandes îles, plus ou moins espacées les unes des autres et sur soixante-douze îlots unis entre eux par des ponts. Une digue immense enjambe le détroit et soude Venise au continent.

J'y arrivai le soir; un vaste débarcadère reçut les voyageurs au bord du grand canal.

On entassa mes malles dans une gondole, qui me conduisit à l'hôtel de l'Europe. Cette auberge, établie dans l'ancien palais Giustiniani, est située à l'autre extrémité de la ville. De cette façon, j'eus en quelques instants une idée générale de la reine de l'Adriatique.

Je montai de suite au balcon de l'hôtel, pour y jouir d'un magnifique panorama qu'un soleil couchant dorait de ses rayons obliques.

J'étais à l'entrée du grand canal, en face la douane de mer, bel édifice supportant deux hercules, agenouillés dos à dos, et soutenant de leurs robustes épaules un globe, sur lequel tourne une statue nue de la Fortune, chauve par derrière, échevelée par devant et tenant les deux coins d'un voile qui forme girouette et tourne à la moindre brise.

Entre tous ces îlots, des embarcations de différents tonnages, depuis la modeste gondole jusqu'au grand bateau à vapeur, dessinaient leurs esparres dans la sérénité bleue du ciel.

A mes pieds, s'étendait la nappe de la mer avec ses mille aspects, tantôt claire, comme un miroir, tantôt fourmillante de paillettes, comme la robe d'une danseuse.

A Venise, on ne voit ni chevaux, ni voitures ; en vain, Richard III d'Angleterre y crierait : « *My kingdom for a horse!* » Mon royaume pour un cheval ! sa voix resterait sans écho.

Cependant, M. Maxime Du Camp raconte qu'un homme du peuple lui disait avec orgueil : « Oui, Monsieur, moi qui vous parle, j'ai vu des chevaux dans l'île du Lido, de vrais chevaux vivants ; ils appartenaient à ce vieil anglais boiteux, que sa maîtresse battait si fort. » Il voulait parler de lord Byron.

Le silence est profond dans cette ville, sans rues et sans voitures. Ce silence de mort n'est troublé que par le cri de « *hé! hé!* » que poussent les gondoliers, quand ils arrivent près d'un détour, où ils peuvent se rencontrer, et ce signal, quoique donné dans un son de voix ordinaire, s'entend à une grande distance.

Dès le lendemain matin, je pris une gondole. On me permettra d'en donner la description d'après le président de Brosses, description qui est toujours vraie, puisque la forme de la gondole n'a pas été modifiée depuis le quinzième siècle.

« La gondole, dit le comte de Brosses, est un bâtiment long et étroit comme un poisson, à peu près comme un requin ; au milieu, est posée une espèce de caisse de carosse, basse, faite en berlingot et du double plus longue qu'un vis-à-vis : il n'y a qu'une seule portière au devant, par où l'on entre.

» Il y a place pour deux dans le fond, et pour deux autres de chaque côté, sur une banquette qui y règne, mais qui ne sert presque jamais que pour étendre les pieds de ceux qui sont dans le fond.

» Tout cela est ouvert de trois côtés, comme nos carrosses et se ferme quand on veut, soit par des glaces, soit par des panneaux de bois recouverts de drap noir, qu'on fait glisser sur des coulisses, ou rentrer par le côté dans le corps de la gondole.

» Je ne sais trop si je me fais entendre. Le bec d'avant de la gondole est armé d'un grand fer en col de grue, garni de six larges dents de fer. Cela sert à la tenir en équilibre, et je compare ce bec à la gueule ouverte d'un requin, bien que cela y ressemble comme à un moulin à vent. Tout le bateau est peint en noir et verni; la caisse doublée de velours noir en dedans et de drap noir en dehors, avec les coussins de maroquin de même couleur, sans qu'il soit permis aux plus grands seigneurs d'en avoir une différente, en quoi que ce soit, de celle du plus petit particulier; de sorte qu'il ne faut pas songer à deviner qui peut être dans une gondole fermée. »

J'ajouterai quelques détails. Sur le bord de la gondole, à chaque extrémité, sont plantés deux morceaux de bois contournés, sur lesquels reposent les avirons.

Les gondoliers rament debout sur une petite plate forme, et le talon calé par un tasseau, en se penchant sur leur aviron, chacun d'eux n'en n'a qu'un. Il est étonnant qu'ils ne tombent pas dans l'eau à chaque coup de rame ; cet aplomb, qui leur est nécessaire, ne s'acquiert que par la pratique ; mais, que de plongeons doit coûter l'apprentissage !

Mon gondolier me conduit à la piazzeta, qui est comme le vestibule de la place Saint-Marc.

Cette piazzeta, vue de la mer, est le plus beau coup-d'œil qu'offre Venise. A gauche est le jardin royal, dont les arbres mirent leur verdoyante ramure dans le flot azuré. A droite, le palais des Doges présente de profil sa façade de marbre blanc et rose.

Quand on aborde, des officieux accourent, tenant à la main une gaffe, dont ils se servent pour maintenir le bateau, pendant que l'on met pied à terre. Cette sollicitude n'a pas pour but de vous empêcher de tomber, ou de prendre un bain de pied sur une des marches de l'escalier où l'on descend. Une main sale ou un chapeau crasseux humblement tendus sollicitent aussitôt la récompense monnayé de ce prétendu service.

En traversant la piazzata, on arrive à la Piazza pour y jouir d'un coup-d'œil féerique. Les quatre pans de la Piazza sont occupés par la façade de la basilique de Saint-Marc, par la tour de l'Horloge, les Procuraties vieilles et neuves, qui se font pendant, et un palais moderne élevé en 1809.

La place Saint-Marc offre de nombreux points

de ressemblance avec le jardin du Palais-Royal de Paris. Là, vers huit heures du soir, la vie vénitienne arrive à son maximum d'intensité. En été, le soleil couchant illumine la façade de Saint-Marc qui semble en rougir de plaisir. Les cafés s'emplissent de gens qui fument nonchalamment du tabac d'Orient.

Des bouquetières gracieuses et coquettes déposent, sans rien dire, des fleurs sur les tables et attendent un salaire.

Mais pour admirer la place et l'église Saint-Marc dans tout leur éclat, il faut venir, au milieu d'une belle nuit d'été, respirer l'air frais que la lagune répand sur ces dalles de marbre, brulées tout le jour par le soleil.

La lune alors découpe de sa lumière la frise de dentelle qui court sur le sommet de la basilique, et les coupoles de l'église, qui vous renvoient leurs rayons d'argent.

Toute la nuit, les cafés restent ouverts. Vous n'entendez que des rires et des chants, les lumières brillent de tous cotés sur la place.

Mais, arrivons à la basilique de Saint-Marc. Devant son portail eut lieu, au mois d'août 1177, la réconciliation du pape Alexandre III et de l'empereur Frédéric Barberousse. Un tableau du palais des Doges a pour sujet cette réconciliation. L'empereur est prosterné devant le souverain pontife, le front dans la poussière et le pape lui pose le pied sur la nuque ; c'est là une pure fantaisie destinée à flatter la vanité des Vénitiens.

Au-dessus du portique de la cathédrale, piaffent quatre chevaux en bronze. Ils sont l'œuvre de Lysippe ; on croit qu'ils furent fondus à Corinthe, de là, ils furent transportés à Rome, pour y orner les arcs de triomphe de Trajan et de Néron ; Constantin les envoya à Bysance ; les Vénitiens les rapportèrent sur la place Saint-Marc ; Napoléon Ier les plaça sur l'arc du Carousel ; en 1815, les Autrichiens les rapportèrent à Venise. Peu de chevaux vivants ont fait autant de chemin !

Saint-Marc arrondit ses cinq coupoles dressées sur ses cinq porches, étincelants de mosaïques à fond d'or. De ses corniches s'envolent des nuées de pigeons historiques, qui vont s'abattre familièrement sur la place.

On dirait une mosquée mauresque, mais chrétienne, élevée par un sultan converti. Cette basilique a été commencée en 979, mais ne s'est achevé que lentement. Cette lenteur dans la construction explique cette macédoine de styles grec, romain, byzantin, arabe, gothique, tous fondus dans une harmonie parfaite.

L'église est revêtue intérieurement de quarante-quatre mille pieds carrés de mosaïques. Essayer de les décrire serait un travail de patience et d'érudition qui demanderait un volume, et qui conviendrait mieux à un guide spécial, qu'à un recueil d'impressions de voyage.

La basilique de Saint-Marc, comme un temple antique, est précédé d'un atrium, rempli par l'ancien Testament; l'intérieur de l'église contient le nouveau Testament tout entier, avec l'Apocalypse pour épilogue.

On peut donc comparer la basilique de Saint-Marc à une grande Bible d'or enluminée, ouverte pour tous. Depuis huit siècles, le public feuillette cet édifice, comme un précieux manuscrit du moyen âge, sans avoir encore épuisé sa pieuse et profonde admiration.

Le pavé que l'on y foule est une vaste tapisserie de mosaïque endommagée, il est vrai, en quelques endroits, mais qui laisse encore un vaste champ à notre intérêt curieux.

Dans la sacristie, on conserve avec vénération, comme étant le plus ancien manuscrit du monde, l'Évangile de saint Marc. Il est in-quarto, en fort papyrus d'Égypte. Pendant longtemps, on a conservé ce livre dans un caveau plus bas que le niveau de la mer. L'humidité a gâté ce manuscrit, au point que l'on n'y distingue plus que quelques majuscules grecques de loin en loin.

A gauche de l'église, sur une petite place, sont accroupis deux lions apocalyptiques, en marbre rouge d'un poli extrême. Il est vrai que des troupes d'enfants, confiants dans leur immobilité séculaire, montent familièrement sur leur dos et s'y livrent aux plus violents exercices de l'équitation.

Combien de fonds de culotte ces lions ont-ils usés, c'est là un calcul que je propose aux mathématiciens sans ouvrage.

Hoffmann disait qu'en Allemagne, si, en sautant par la fenêtre, on tombe sur un passant, on ne risque guère de se tromper, en disant : « Pardon, Monsieur le Conseiller. » A Venise, où il est si difficile de se retrouver au milieu des deux mille ruelles et des quatre cents ponts, le nombre des *Ciceroni* est incalculable.

Tous les mendiants, les désœuvrés, les déclassés, les grévistes, les faillis, les incompris, les méconnus s'improvisent *ciceroni* à six francs par jour. Ils poursuivent et harcèlent les étrangers et s'imposent à eux. Je pris donc, malgré moi, un *cicerone*. Il me dit : Monsieur, j'étais chapelier autrefois, mais, tant de gens naissent coiffés, que le chapeau ne donnait pas, alors, je suis tombé *cicerone*.

Nous allons donc visiter Venise, en compagnie de ce guide, utile seulement pour nous délivrer des importunités de ses collègues.

Nous commencerons par une course en gondole sur le Grand Canal, qui découpe Venise, en décrivant un S gigantesque. Le Grand Canal développe ses sinuosités entre deux rangées de palais qui unissent à l'envi leurs architectures pour l'embellir.

Chacun d'eux peut admirer sa beauté sévère dans le miroir, qui coule à ses pieds ; sur leur façade, toute la noblesse vénitienne a signé son nom.

La nomenclature de ces palais est trop longue; leur histoire, qui est celle de la république de Venise, est trop vaste, pour que je l'aborde; du reste, cette histoire est faite, elle n'est plus à faire.

Plusieurs de ces palais sont du moyen âge, on les reconnaît à leurs fenêtres ogivales, que des trèfles surmontent, et à leurs balcons percés à jour de fleurons et de rosaces; le style gothique y déploie aussi sa dentelle de marbre ; d'autres datent de la Renaissance, leurs colonnes antiques, le porphyre, les marbres incrustés nous l'indiquent bientôt. Certaines façades sont roses ou bariolées d'arabesques gracieuses.

Mais le temps, imprimant sur toutes ces vieilles formes sa main inexorable, y a laissé une teinte grisâtre et fondue.

Généralement, ces palais sont dans un état de délabrement affligeant, ce sont des ruines ou des tombeaux.

Ceux qui ont été entretenus en bon état ont perdu leur destination première et sont occupés ou par les bureaux de l'administration, ou par des artistes enrichis, qui les ont travestis en maison de plaisance, ou par des princes en dispo; nibilité, qui y ont cherché une retraite sûre-

ou par des industriels qui y ont ouvert des auberges.

Près du chemin de fer, on aperçoit le palais Vendramin Calerji, le plus beau de Venise. Le comte de Chambord l'avait recueilli dans la succession de sa mère, la duchesse de Berry; mais, trouvant la vie vénitienne trop monotone, il s'est empressé de réaliser ce palais. Un certain juif, engraissé à la Bourse, s'y prélasse aujourd'hui !

Le pont du Rialto franchit d'un seul bond, je veux dire d'une seule arche, le Grand Canal, au milieu de sa course. Deux rangées d'échoppes, séparées par une arcade, chargent désagréablement le pont et gênent la circulation.

Nous sommes trop près du *Ghetto*, pour ne pas y jeter un coup d'œil rapide. Le Ghetto est la partie de Venise habitée par les Juifs, quartier fétide et purulent, qui a conservé son aspect sordide du moyen âge; mais, il est bien loin d'avoir ce caractère pittoresque du Ghetto d'Amsterdam.

Les maisons y atteignent des hauteurs démesurées; mais, elles sont délabrées, menaçant ruine, ne tiennent debout que parce qu'elles sont emboîtées les unes dans les autres. Un étage rentre, un autre fait ventre, des emplâtres pansent les blessures des carreaux des fenêtres, des loques sordies gambadent au vent.

Les habitants de ce quartier ont un type différent du type vénitien; les haillons étriqués et crasseux qui les couvrent cachent mal leur nudité; mais là, c'est une misère avare, plutôt voulue que subie. Il ne faut donc pas s'étonner du nombre considérable de bureaux de loterie que l'on rencontre dans Venise, qui a toujours été passionnée pour le jeu. L'espérance d'une fortune, subitement gagnée sans travail, agit énergiquement sur leur imagination.

Les numéros gagnants, inscrits sur des cartons, excitent la cupidité des passants.

Le soir, ils sont brillamment illuminés de bougies, de lampes et de jets de gaz.

En France, on a supprimé la loterie comme immorale. On a bien fait. La loterie a pourtant trouvé des avocats pour plaider sa cause. On a dit qu'il est plus humain de ne pas ôter l'espérance au malheur; qu'il ne faut pas donner aux pauvres la certitude qu'ils n'auront jamais le sou, et que cette chimère du gros lot a fait patienter jusqu'à la fin beaucoup de désespérés.

Je laisse ces mots vides de sens aux bavards pour leur dire : jetez les yeux sur le peuple italien et vous serez convaincus que la loterie est immorale. Vous verrez partout les pauvres se priver du strict nécessaire, arracher le pain de la bouche de leurs enfants, pour acheter la chance mensongère d'un bénéfice impossible.

Je retourne en gondole, suivi de mon guide, à la place Saint-Marc, pour visiter le palais des Doges

Le Doge était le premier magistrat de Venise, mais il n'avait qu'un pouvoir nominal. La véritable autorité était exercée par le Conseil des Dix, délégué par le Grand Conseil. En revanche, on laissait le Doge trôner à son aise, on lui décernait des honneurs royaux. Lui, de son côté, déployait un luxe et une pompe qui ne furent dépassés par aucun souverain.

C'était surtout le jour de l'Ascension que cette magnificence brillait dans tout son éclat; ce jour-là le Doge épousait solennellement la mer.

Voici en quelques mots le programme de cette cérémonie :

Un navire, nommé le Bucentaure, étincelant de dorures et peint des plus vives couleurs, occupé par cent soixante-huit rameurs, portait le Doge vers l'île de Lido. C'est là que la pleine mer attendait son noble époux dans son lit nuptial. Tout ce que Venise comptait de notabilités s'honorait de faire cortège au Doge. Je ne parle pas du peuple, qui est badaud dans tous les pays; le grand Canal et la mer disparaissaient sous les gondoles, qui charriaient péniblement ce peuple vers le lieu des épousailles.

De chaque gondole partait un concert aquatique. On pense quelle ahurissante cacophonie devait produire cette armée de musiciens, dont chacun avait la prétention d'imposer silence à son voisin, en jouant plus fort que lui.

Quand le Bucentaure avait dépassé le port du Lido, il virait de bord et tournait sa poupe du côté de la pleine mer.

Alors, l'évêque de Venise bénissait un anneau d'or qu'il remettait au Doge et versait un vase d'eau bénite sur les flots, qui devaient engloutir cet anneau. Enfin, le Doge jetait ce dernier à la mer, sa capricieuse fiancée, et prononçait en latin ces paroles : « Mer, je t'épouse en signe de notre vraie et perpétuelle suzeraineté. »

Après la cérémonie, tout le monde rentrait dans Venise, pour célébrer, le verre à la main, ce mariage annuellement renouvelé.

Le dernier doge de Venise a été Ludovici Marini. Ce malheureux s'évanouit, lorsqu'en vertu du traité de Campo Formio, il lui fallut se mettre à genoux pour prêter serment à l'empereur d'Autriche ; car alors, il abdiquait pour sa caste et pour sa patrie.

Nous arrivons au palais des doges ; mais, avant d'en franchir le seuil, il est bon de connaître au moins sommairement la biographie des deux hommes qui ont le plus puissament contribué à la gloire artistique de Venise, je veux parler de Titien et de Tintoret. A ces noms vient s'en adjoindre un troisième, celui de Véronèse.

Titien naquit à Piève di Cadore, en 1477 ; ses maîtres furent Zuccato, Gentil Bellini et Giogione qu'il eut bientôt dépassés. De bonne heure, le

Sénat décerna à Titien le titre de premier peintre de la République. Son génie eut le privilège d'exciter l'admiration de tous. Léon X voulait lui faire fixer sa résidence à Rome ; François Ier l'attirait en France ; mais il résista à toutes ces sollicitations, pour vouer tout son temps et son talent à Charles-Quint, son bienfaiteur et son ami, pour lequel il exécuta la plupart de ses tableaux.

Philippe II d'Espagne eut aussi quelques-unes de ses faveurs.

Quand la peste enleva Titien à l'âge de quatre-vingt-dix-neuf ans, elle le surprit encore la palette à la main.

Sa fécondité a été prodigieuse, le musée du Louvre possède 850 gravures faites d'après ses tableaux, et ce n'est là qu'une partie de son œuvre.

Titien occupe la première place parmi les coloristes, mais il laisse à désirer sous le rapport du dessin ; aussi Vasari dit de lui : « Titien a le tort de peindre tout de suite d'après la nature, de ne pas faire de dessin, de croire que le véritable et le meilleur moyen d'atteindre au dessin vrai, c'est de peindre sur le champ avec les couleurs elles-mêmes, sans avoir, au préalable, étudié les contours avec un crayon sur le papier. »

Le meilleur élève de Titien fut Tintoret, dont l'œuvre est presque tout entière à Venise.

Artiste fécond et puissant, il ressemble à Michel-

Ange par la rudesse, la violence et l'originalité sauvage. Titien devint bientôt jaloux de lui et le chassa de son atelier.

Tintoret, sans protecteur et sans maîtres, prend alors la résolution de tout apprendre seul, et se met à l'ouvrage avec toute la violence de son tempérament. Il dessine les plâtres d'après Michel-Ange, copie les peintures de Titien, se procure des cadavres et, le scalpel à la main, étudie l'anatomie humaine; enfin il se rend partout où l'on fait de la peinture. Il va trouver les pères de la Madona del'Orto et leur propose d'exécuter pour eux quatre tableaux, parmi lesquels : L'*adoration du veau d'or* et le *Jugement dernier*, ne demandant que le remboursement de ses frais. Il s'agissait pour notre artiste de couvrir de peinture plusieurs centaines de mètres carrés dans lesquels s'agitaient des milliers de personnages, auxquels son imagination et son génie devaient donner la vie, en semant à pleines mains les raccourcis les plus étranges et les plus splendides effets de lumière.

Tintoret achève le tout en quelques mois. — Mais, il veut encore étonner davantage ses contemporains.

On raconte que les pères de Saint-Roch, ayant fait savoir qu'ils avaient besoin d'un grand tableau, pour leur chapelle, le mirent au concours.

Tintoret gagne à sa cause le frère portier, se

procure par lui les dimensions que devait avoir le tableau, puis s'enferme dans son atelier, y exécute cette peinture avec une rapidité qui tenait du vertige. Quand les peintres, ses rivaux, présentent aux pères leurs cartons pour le concours, Tintoret apporte son tableau fini et déclare en faire hommage à Saint-Roch.

Après ce tour de force, sa réputation était faite et solidement assise.

Comme Michel-Ange, Tintoret aimait la solitude pour travailler et fuyait les plaisirs. Le travail et l'étude étaient ses seules occupations, la gloire sa seule ambition, la perfection son seul but.

Son esprit était fin, sa verve était acérée; il savait sous des termes polis dire à ses collègues les paroles les plus mordantes, sans que sa physionomie trahît jamais la moindre émotion. Mais il n'aimait pas qu'on usât des mêmes procédés à son égard. On prétend qu'un jour, le cynique Arétin l'ayant lacéré de ses épigrammes, pour toute réponse, il braqua sur lui son pistolet, en lui ordonnant le silence; inutile de dire qu'Arétin obéit.

Avec de pareils maîtres, nous pouvons affirmer, sans crainte d'erreur qu'en peinture, l'école Vénitienne n'a peut-être pas de supérieure. Mais, il est difficile à un voyageur d'analyser les différences et les analogies qui existent entre les différentes écoles; c'est affaire aux critiques et aux historiens de la peinture.

Ce préambule trop long me servira d'introduction pour la visite du palais des doges et de l'Académie des beaux-arts.

Le palais des Doges a été commencé en 1355 et occupe un des pans de la piazzeta. C'est dans ce palais que furent conçus tous les projets, qui portèrent le prestige du nom vénitien au premier rang des nations,

Jamais l'orgueil d'un peuple ne s'est plus épanoui que dans ce palais, où l'or, répandu à profusion, cesse d'être précieux par le voisinage des chefs-d'œuvre et des merveilles de peinture et de sculpture de Titien, de Tintoret, de Veronèse de Sansovino, etc.

Ces chefs-d'œuvre représentent tous l'apothéose de Venise, de Venise la puissante, la riche, la victorieuse, la terrible, l'implacable, la charmante. Rien n'y rappelle ses malheurs. Donnée aux Autrichiens par Napoléon Ier, puis donnée au roi de Piémont par Napoléon III, Venise est devenue aujourd'hui une préfecture de seconde classe. vivant seulement des voyageurs que détroussent ses aubergistes, qu'importunent ses mendiants et que harcèlent ses *Ciceroni*.

On rentre dans le palais des Doges par l'escalier des Géants, ainsi nommé parce que, sur des socles placés en haut de la rampe, deux immenses statues de Neptune et de Mars exhibent le renflement exagéré de leurs muscles athlétiques. On doit ces deux colosses au ciseau de Sansovino.

Je vais nommer, sans prétendre les décrire, les salles les plus remarquables du palais des Doges.

L'ancienne et vaste salle du Grand Conseil. Une boiserie sombre sert de cadre aux toiles de Veronèse, du Tintoret, de Palma jeune, qui décorent les murs. Elles retracent l'histoire glorieuse de Venise

Le tableau de Paul Véronèse, intitulé *le Triomphe de Venise*, mérite une description un peu détaillée. Venise la blonde, femme d'une rare beauté, est assise sur un trône ; autour d'elle, une riche architecture déploie un grand luxe de balcons et de colonnes torses. Un essaim de jeunes et jolies femmes forme son cortège. Une lumière transparente inonde les draperies et les visages et donne à cet ensemble un air de fête.

Venise semble une reine heureuse, sur son front calme, deux anges, qui fendent les airs, viennent poser un diadème.

Puis, en descendant de ce monde idéal dans le monde de la réalité, on aperçoit, se pressant derrière une balustrade, de jolies Vénitiennes, en costume de l'époque, décolletées en carré.

Enfin, tout en bas, s'agite et grouille une foule bruyante de guerriers, de chevaux, de têtes à la physionomie vigoureuse.

Le tout forme plus qu'une fête, c'est un véritable festin pour les yeux. Le panneau du fond de cette salle est tout entier occupé par la *Gloire du Paradis* de Tintoret, tableau dans lequel se meuvent plusieurs centaines de figures. Cette toile passe pour la plus grande connue jusqu'à ce jour.

La chambre *dei Scarlatti*, dont on admire beaucoup la cheminée, car la finesse de travail des bas reliefs est vraiment remarquable.

La salle de *l'Écu*, tapissée de cartes géographiques de l'abbé Grisellini et d'un plan de la Venise primitive.

La salle de *l'Anti Collegio* qui servait de salle d'attente aux Ambassadeurs. Les chefs-d'œuvre du Tintoret et de Paul Véronèse qui l'ornent, y avaient été placés probablement, pour captiver l'attention des ambassadeurs et leur faire prendre patience.

La salle des Dix. Aux angles du plafond, des hommes nus, cariatides peintes, se projettent au-dehors avec une telle vigueur, qu'au premier abord on les croit des statues. Leurs poitrines se gonflent d'un souffle violent, leurs cuisses et leurs épaules se tordent. Un Neptune colossal lance en avant ses chevaux marins, qui fendent la vague, éclaboussent tout sur leur passage; le dieu renverse son torse gigantesque et brandit sa coque. Son écharpe, ses cheveux et sa barbe flottent au gré du vent qui fait rage, on croit entendre son bruissement.

A la porte d'une de ces salles, on voit encore, mais dépouillée de la tête de lion qui l'ornait, une ouverture, en forme de boite aux lettres, dans laquelle, les délateurs venaient jeter leurs dénonciations.

De l'autre côté du Grand Canal, s'élève la Confrérie de la Charité, appelée maintenant Académie des Beauts Arts; c'est une construction de l'ordre corinthien, elle se présente à vous, encaissée dans une ruelle.

En entrant dans ce musée, le premier tableau qui s'offre aux yeux est peut-être le plus beau de tous; c'est *l'Assomption de la Vierge*, de Titien. Cette conception, pleine de douceur, d'harmonie, de limpidité brillante et d'éclat, place son auteur sur le même rang que Raphael.

Le milieu du tableau est occupée par la Vierge Marie, grande et noble figure dans sa tunique rose et son manteau d'azur, qui s'élève vers le ciel par le jaillissement de sa foi robuste et par la pureté de son âme. Des anges, en grand nombre, forment autour d'elle une garde d'honneur. Dans le bas, les apôtres sont groupés dans diverses attitudes de ravissement et de vénération.

Vient ensuite une toile du Tintoret représentant saint Marc délivrant un esclave.

Le patient, entouré de bourreaux affairés, est

étendu sur une croix. L'esclave invoque saint Marc et lui demande sa protection. Cette prière est aussitôt exaucée, car, on voit le saint, dans un raccourci qu'aucun peintre n'a jamais risqué, piquer une tête du ciel et faire un plongeon sur la terre, pour voler à la délivrance de son protégé.

Le saint arrive à nous sans ailes, sans nuages, sans chérubins, en un mot, sans aucun des moyens aérostatiques, dont les peintres de sujets de sainteté se servent d'habitude.

Remarquons la *Visite à sainte Elisabeth*; c'est le premier tableau de Titien, il y a un peu de naïveté dans ce sujet et si les attitudes sont naturelles et les figures bien posées, il faut avouer que le tout est indécis et un peu vulgaire; mais, l'auteur mérite bien quelque indulgence, il n'avait alors que quatorze ans. Puis quatre-vingt cinq ans plus tard, car nous savons que Titien est mort à quatre-vingt dix neuf ans, il esquissa cet autre tableau intitulé, *Déposition de Croix*. Palma jeune l'acheva plusieurs années après, mais une inscription prend soin de nous dire qu'il le fit avec respect : *Reverenter absolvit*.

Un peu plus loin, il faut considérer un tableau célèbre de Gentile Bellini, institulé : *Le Saint Sacrement qui tombe dans l'eau.*

En 1495, sur la place Saint-Marc passe une procession. Le diacre vient de faire une remarque, qui jette le plus affreux désordre dans cette foule pieuse. Le cercle d'or de l'ostensoir, qui renfermait l'hostie, est tombé dans l'eau ; de jeunes prêtres alors se jettent à la nage et plongent profondément ; de vieux prêtres, que leur âge attache au rivage, tendent des perches ; les principaux magistrats, qui avaient revêtu leurs habits de gala pour suivre la procession, sautent dans des gondoles et offrent leurs services ; plusieurs même sont déjà dans la mer et aident aux recherches. Une flotte de gondoles dans le lointain se dirige, à force d'avirons, vers le lieu du sinistre. Pour faire contraste à l'effarement pieux des fidèles, au premier plan, se tient un nègre, en jaquette jaune, dont l'air stupide donne la mesure de son ignorance.

Le pêcheur présentant l'anneau au doge. — Cette page d'époque, pleine de talent, est sortie de la palette de Paris Bordone. Les costumes et l'architecture y sont d'une exactitude si scrupuleuse, que beaucoup d'écrivains, d'archéologues et de savants se sont référés à cette toile pour y puiser des renseignements de détails.

Mon guide, cherchant à se rendre utile, me fait observer qu'un des personnages du sujet, vêtu d'une robe de juge, présente une ressemblance frappante avec Napoléon Ier ; qu'il a, comme lui, le front bombé, l'œil bien fendu et très ouvert, les lèvres minces et pincées, le teint basané. Comment l'artiste de ce tableau avait-il, deux siècles et demi à l'avance, deviné la physionomie de Bonaparte ?

Beaucoup de tableaux de ce musée ont fait un séjour à Paris, en vertu du traité de Campo Formio; la défaite de Waterloo les a rendus à leurs anciens maîtres.

Nous pouvons maintenant remonter en gondole et nous avancer en mer, pour jeter un coup d'œil aux grandes îles faisant partie de Venise, et semblables à des sentinelles qui montent la garde autour de leur reine.

Voici le jardin public à l'extrémité du quai des Esclavons.

Les Vénitiens, hommes de plaisir et peuple marchand, n'aimaient ni les jardins, ni les arbres, car ce n'est qu'en 1810 que Napoléon donna l'ordre de planter ce jardin.

Le préfet français se chargea de ce soin; malheureusement, ce jardin est inutile, il reste désert.

On ne se repose, on ne se promène que sur la place Saint-Marc.

Plus loin, l'île de Murano, dont les manufactures de glaces, de perles et de verroteries occupent de nombreux ouvriers. Ces manufactures ne vivent que sur leur ancienne réputation; la France et l'Allemagne ont, depuis longtemps, laissé bien loin derrière elles les prétendues merveilles des fabriques de Murano.

Plus loin encore, se dresse l'île de Saint-Lazare, rocher isolé, à l'aspect triste et sévère, qu'habitent des prêtres arméniens.

Ce lieu est bien choisi pour la méditation et l'étude, qui font la principale occupation de ces religieux. Ces hommes, dont la science est immense, ont par leurs productions captivé l'admiration des savants.

Les publications gigantesques ayant vu le jour par leurs soins, forment un vaste catalogue, dont l'ensemble est presque une encyclopédie universelle. Ils écrivent, ils impriment eux-mêmes et envoient au loin le produit de leurs veilles savantes, qui va éclairer les quatre coins du monde.

En face de la douane de mer, en se rapprochant de Venise, l'île longue et étroite de Saint-Servule profile sur le ciel bleu la silhouette d'un vaste bâtiment charitable, également dirigé par des moines qui prodiguent les soins les plus dévoués à quatre cents aliénés.

Je visitai quelques églises ; Venise n'en possède pas de très remarquables, en dehors de Saint-Marc.

Entrons dans Santa-Maria-dei-Frari. L'église est remplie de mausolées, sous lesquels les grands hommes de Venise goûtent le repos dû à leurs longs et nombreux travaux.

J'en citerai trois.

Le tombeau du doge Pesaro, mort en 1669, est fort curieux. Quatre nègres vêtus de blanc portent sur leurs épaules de portefaix la seconde partie du mausolée ; entre eux s'avance un squelette. Le doge développe son torse cambré avec un air de dédain et de fierté digne d'un grand seigneur de son temps. Des chimères rampent à ses pieds, un baldaquin ombrage sa tête, et, de chaque côté, des statues exhibent leurs tournures déclamatoires.

Le tombeau de Canova, fait par lui-même, mais préparé pour Titien, c'est l'œuvre la plus faible du grand sculpteur. Imaginez une pyramide de marbre blanc ; au milieu, s'entrouvre une porte, par laquelle s'engoufre une procession de figures sentimentales. Un génie éteint sa torche et s'endort. Un lion, le museau sur les pattes, verse des larmes en gardant les précieux restes de l'éminent artiste.

Un peu plus loin, on a infligé à Titien une sorte de portique, en guise de tombeau, flanqué de quatre jolies femmes et de deux vieillards.

Une toile me fait aller à l'église de Saint-Jean-et-Paul ; elle représente la mort de saint Pierre, chef-d'œuvre sorti de la palette de Titien. Ce tableau a beaucoup prêté à la critique, mais il n'en est pas moins exécuté avec une robustesse et une furie magistrales. Il semblait si précieux aux Vénitiens que d'anciens édits défendaient de le vendre, sous peine de mort.

Je visitai encore une autre église bien curieuse, celle des Jésuites. L'intérieur, de pure fantaisie, en y comprenant les colonnes, est tendu en damas vert et blanc, fait en mosaïque de marbre blanc et vert, si habilement exécutée et si scrupuleusement imitée, que mes yeux trompés ont demandé plusieurs fois à ma main son secours, sa vérification et son contrôle.

Devant le maître autel, un immense tapis étendu déroule ses plis jusqu'au bas des dernières marches.

Cette tapisserie de damas est également une surprenante mosaïque de marbre vert antique et de marbre jaune de Sienne. De grands rideaux également de marbre drapent, autour de la chaire, leurs longs plis élégants et soyeux.

Il ne me reste qu'un mot à dire sur les théâtres, ouverts seulement à de rares intervalles. — A Venise comme dans le reste de l'Italie, les théâtres ne jouent que des pièces d'auteur français, soit en langue originale, soit traduites d'une façon déplorable, soit encore démarquées par un scribe étranger, qui s'en approprie le mérite et la recette.

Paris approvisionne l'Europe en vaudevilles comédies, chansons, romans, objets de toilette et de parfumerie et chiffons de tout genre. Voilà les seuls articles d'exportation, pour lesquels nous ne craignons pas la concurrence. Du reste, M. Taine a nettement formulé cette opinion en disant : « J'ai vu à l'étranger, sur les tables des grands seigneurs, des recueils de chansons grivoises, dans des bibliothèques splendides des romans de Paul de Kock richement reliés au premier rang. C'est là dessus qu'on nous juge : maîtres de danse, coiffeurs, vaudevillistes, lorettes, modistes, on ne nous accorde guère d'autres titres. »

CHAPITRE XIII

MILAN

Paysage. — François Ier à Marignan, et à Pavie. — Le Dôme et Saint Charles Borromée. — La galerie Victor Emmanuel. — Léonard de Vinci. — La Cène. — Le palais Brera. — La Scala.

En sortant de Venise, le chemin de fer semble marcher sur l'eau, qui, à droite et à gauche de la voie, se ride sous le souffle du vent. Enfin, l'on arrive dans la plaine verdoyante et immense qui revêt son manteau de cultures et de moissons ; les mûriers y marient leurs rameaux aux pampres de la vigne. De riantes maisons de campagne à mi-côte absorbent par leurs fenêtres ouvertes les chauds rayons d'un soleil radieux. Le paysage est seulement fermé au loin par cette muraille noirâtre et couronnée d'une dentelle de neige, dont les Alpes semblent menacer les cieux.

Plus loin, on aperçoit le lac de Garde, d'un bleu profond que font ressortir encore les montagnes l'enserrant de leur courbe. Sur les saillies de cette bordure riante, des villages, des maisons de plaisance, des ruines se mirent dans les flots azurés du lac.

En continuant jusqu'à Milan, la campagne n'est qu'un grand verger, riche et gai.

Aux environs prospèrent deux petites villes : Marignan et Pavie, dont les noms ont été immortalisés par des batailles célèbres. Elles semblent placées côte à côte, pour prouver le néant des choses humaines et démontrer que rien n'est plus près de la victoire que la défaite.

En ce pays, à dix années d'intervalle François Ier remporta sa victoire la plus signalée et essuya sa plus cruelle défaite. A Marignan, en 1515, notre roi chevalier inaugure son règne par la conquête du Milanais, avec l'aide du connétable de Bourbon. A Pavie, en 1525, il vit son armée taillée en pièces, la fleur de sa noblesse égorgée et il tomba aux mains de ce même connétable de Bourbon, passé au service de Charles-Quint.

Milan est une ville propre, bien bâtie, luxueuse même et fort animée. Quantité de femmes sont belles, rieuses et de bonne humeur sous leur voile noir, qui leur sert de coiffure. Drapées de châles aux couleurs éclatantes, elles passent l'éventail à la main, le sourire aux lèvres, repoussant coquettement du pied les volants festonnés de leur jupe.

Stendhal, qui avait longtemps habité Milan,

nous dit que cette ville est la patrie de la bonhomie et du plaisir.

Les magasins sont arrangés avec goût. Les photographies de nos danseuses et de nos actrices illustres étalent aux vitrines les grâces séductrices de ces dames, qui font partout à l'étranger notre principale réputation.

La première préoccupation du voyageur, qui arrive à Milan, est de courir au Dôme. La place qui le précède est très vaste, la cathédrale a enfin triomphé des échoppes, dont la végétation parasite l'étouffait.

Ce Dôme a égayé bien des plaisants; mais comme Racine et le café, il est de force à résister aux lazzis des Sévignés modernes.

Le président de Brosses, qui vit les travaux de la cathédrale en 1739, nous dit : « A peine y a-t-il une troisième partie de cet immense édifice qui soit faite, depuis plus de trois cents ans qu'on y travaille, et quoiqu'il y ait tous les jours des auvriers, il ne sera pas fini dans dix siècles, c'est-à-dire qu'il ne le sera probablement jamais. »

Le président de Brosses ne pouvait évidemment pas prévoir qu'un jour Napoléon Ier viendrait à Milan, admirerait cette cathédrale et l'achèverait, faisant en quinze ans plus d'ouvrage que ses prédécesseurs en quatre siècles.

L'effet de cette merveilleuse basilique est saisissant, sa dentelure de marbre ressemble à une riche broderie posée sur un fond de lapis lazzuli. On ne saurait mieux la comparer qu'à un immense bouquet de feu d'artifice en marbre.

Au milieu de ces fusées de clochetons supportant des statues, s'élève la flèche centrale qui s'élance dans l'azur pour rapprocher du ciel la Vierge, qui se tient debout à sa pointe.

La dédicace de la façade porte ces mots : *Mariæ nascenti*.

Pour bien juger de l'effet de cette cathédrale il faut la voir le soir, vers minuit. J'eus le bonheur de jouir de ce spectacle. Le ciel était étincelant et étoilé, la lune, sans un nuage ni une ternissure, brillait comme un diamant gigantesque.

Au milieu de cet éther lumineux, sur cette place où une foule élégante et bavarde circule encore à cette heure avancée, se dresse le Dôme, qui semble tout en ivoire, le marbre alors devient dentelle, rosaces, aiguilles, formant un ensemble aussi splendide que grandiose.

Dans la journée, je me suis promené sur les terrasses de l'église, au milieu de cette forêt de cinquante mille clochetons, dont chacun supporte une statue. Mon guide me fait voir celles d'Adam et d'Ève, dans le costume de l'époque, puis celle de Napoléon Ier, par Canova.

On se demande pourquoi le sculpteur fait tenir un paratonnerre à celui qui lançait la foudre ?

Du haut de la plate forme du Dôme, on découvre le lac Majeur, la chaîne des Alpes, celle des Apennins et la petite ville de Monza. C'est dans cette localité, que se trouve la fameuse couronne dite de fer, tout en or et pierres précieuses, que Napoléon Ier, le jour de son sacre, prit des mains de Pie VII, pour se la poser sur la tête, en s'écriant : « Dieu me la donne, gare à qui la touche. »

Le style gothique n'est entré en Italie qu'à la fin du moyen âge, par la construction de la cathédrale de Milan, mais aigu, brodé, compliqué, ciselé, surchargé comme une pièce d'orfèvrerie, fait de marbre blanc brillant, au lieu de pierre grossière et terne comme en France. Cette basilique semble donc une cristallisation colossale et magnifique par sa forêt d'aiguilles, ses entrelacements de nervures, sa population de statues, sa guipure de marbre fouillé, évidé, brodé, découpé.

A l'intérieur, la voûte est portée sur d'énormes piliers, placés sur quatre rangs, semblables à une haute futaie d'arbres gigantesques.

Les vitraux aux couleurs sombres filtrent la lumière éblouissante du dehors qui, assombrie, invite au recueillement. Cette clarté, insuffisante peut-être pour le monument, est justement mesurée pour un tombeau, puisqu'il renferme le plus beau sépulcre qui puisse recouvrir les reliques d'un Saint.

L'impression est donc simple et religieuse. L'élégance superbe et bruyante du dehors y abaisse un peu son ton, et y modère ses éclats. Enfin, je puis dire que si l'extérieur a quelque chose de païen par sa légèreté et sa blancheur, l'intérieur respire un parfum de christianisme.

Au centre, à peu près, des hommes et des femmes à genoux, autour d'un espace vide semblaient absorbés dans une ardente prière. Je m'approchai. Je vis une ouverture recouverte d'un grillage, au travers duquel on apercevait un caveau faiblement éclairé par des cierges nombreux. C'était la chapelle de Saint-Charles Borromée. Un guide, à la porte, s'empare de ma personne et m'entraîne, malgré moi, par un escalier sombre, pour me montrer le tombeau du patron de Milan.

Nous arrivons devant une portière rouge, mon guide la soulève, nous sommes dans la chapelle.

Au plafond, brûle une lampe éternelle, les murs sont dissimulés sous des draperies de velours rouge, à franges d'or, sur lesquelles scintillent des lettres également d'or, qui proclament la devise des Borromée : « *Humilitas.* »

Au fond de la chapelle, un sarcophage en cristal de roche offre à la vénération des fidèles les dépouilles mortelles de saint Charles.

C'est là que repose sur un lit de parade ce prélat éminent, la mitre en tête, la crosse en main, revêtu d'habits pontificaux. Son visage, estompé d'un peu de barbe, est découvert et séché comme

couvre le lac Majeur, la chaîne des Alpes, celle des Apennins et la petite ville de Monza. C'est dans celte localité, que se trouve la fameuse couronne dite de fer, tout en or et pierres précieuses, que Napoléon Ier, le jour de son sacre, prit des mains de Pie VII, pour se la poser sur la tête, en s'écriant : « Dieu me la donne, gare à qui la touche. »

Le style gothique n'est entré en Italie qu'à la fin du moyen âge, par la construction de la cathédrale de Milan, mais aigu, brodé, compliqué, ciselé, surchargé comme une pièce d'orfèvrerie, fait de marbre blanc brillant, au lieu de pierre grossière et terne comme en France. Cette basilique semble donc une cristallisation colossale et magnifique par sa forêt d'aiguilles, ses entrelacements de nervures, sa population de statues, sa guipure de marbre fouillé, évidé, brodé, découpé.

A l'intérieur, la voûte est portée sur d'énormes piliers, placés sur quatre rangs, semblables à une haute futaie d'arbres gigantesques.

Les vitraux aux couleurs sombres filtrent la lumière éblouissante du dehors qui, assombrie, invite au recueillement. Cette clarté, insuffisante peut-être pour le monument, est justement mesurée pour un tombeau, puisqu'il renferme le plus beau sépulcre qui puisse recouvrir les reliques d'un Saint.

L'impression est donc simple et religieuse. L'élégance superbe et bruyante du dehors y abaisse un peu son ton, et y modère ses éclats. Enfin, je puis dire que si l'extérieur a quelque chose de païen par sa légèreté et sa blancheur, l'intérieur respire un parfum de christianisme.

Au centre, à peu près, des hommes et des femmes à genoux, autour d'un espace vide semblaient absorbés dans une ardente prière. Je m'approchai. Je vis une ouverture recouverte d'un grillage, au travers duquel on apercevait un caveau faiblement éclairé par des cierges nombreux. C'était la chapelle de Saint-Charles Borromée. Un guide, à la porte, s'empare de ma personne et m'entraîne, malgré moi, par un escalier sombre, pour me montrer le tombeau du patron de Milan.

Nous arrivons devant une portière rouge, mon guide la soulève, nous sommes dans la chapelle.

Au plafond, brûle une lampe éternelle, les murs sont dissimulés sous des draperies de velours rouge, à franges d'or, sur lesquelles scintillent des lettres également d'or, qui proclament la devise des Borromée : « *Humilitas.* »

Au fond de la chapelle, un sarcophage en cristal de roche offre à la vénération des fidèles les dépouilles mortelles de saint Charles.

C'est là que repose sur un lit de parade ce prélat éminent, la mitre en tête, la crosse en main, revêtu d'habits pontificaux. Son visage, estompé d'un peu de barbe, est découvert et séché comme celui des momies égyptiennes. Les doigts sont chargés de bagues, ornées de diamants. Les riches et les pauvres se sont cotisés pour enrichir cette châsse de pierreries, en témoignage de leur vénération.

La sacristie renferme des richesses inouïes. Je citerai seulement un tableau de Daniel Crespi, puis les bustes en argent de sainte Sébastien et de sainte Thècle, constellés de pierres précieuses, un évangile de 1018 et une mitre en plumes de saint Charles Borromée.

En sortant de la cathédrale, j'aperçois en face de moi la galerie Victor Emmanuel, le plus beau promenoir de l'Europe, qui dresse en croix grecque ses travées de cristal, larges comme des rues, hautes comme des voûtes de basilique, fournies de statues comme un musée. Trois cent mille kilogrammes de fer n'altèrent en rien la légèreté de sa coupole ; plus de mille becs de gaz y versent la nuit des flots de lumière.

Le lendemain, j'allai visiter la charmante église de Bramante, Sainte-Marie-des-Grâces, qui communique avec un ancien couvent aujourd'hui converti en caserne.

La célèbre fresque de Léonard de Vinci, intitulée *La Cène*, occupe un mur du réfectoire de ce couvent.

L'état de dégradation de ce chef-d'œuvre est bien regrettable ; il a pour cause, dit-on, l'emploi de la peinture à l'huile, au lieu de la peinture à l'eau, en usage pour les fresques.

Avant de parler de l'œuvre, disons un mot de l'auteur. François Ier, après la victoire de Marignan, entre à Milan en triomphateur; là, il fait la connaissance de Léonard de Vinci, avec lequel il se lie d'amitié.

Léonard, qui était mécanicien, lui fit présent d'un lion automatique, qui s'avançait, en marchant jusqu'au fauteuil du roi, mu par un mouvement d'horlogerie; arrivé aux pieds de François Ier, le corps de l'animal s'entrouvrait pour découvrir un magnifique bouquet de lys.

Le roi de France se rendit à Bologne, pour signer avec Léon X le fameux Concordat, et, pour se donner du prestige aux yeux du pape, il se fit accompagner de notre artiste.

Sur le point de retourner en France, François Ier eut l'idée de s'approprier le chef-d'œuvre de la Cène; mais, craignant de gâter cette fresque, il renonça à son projet et préféra, avec raison, emmener l'auteur à Fontainebleau.

Le grand artiste, alors âgé de soixante-quatre ans, ne devait plus revoir sa patrie et loin du soleil de l'Italie, l'inspiration lui fit défaut; il ne produisit plus rien. Il se retira dans une maison appelée le Cloux, près d'Amboise, et s'y amusa à faire les plans des canaux à creuser dans les environs de Romorantin.

En 1519, cet homme de génie mourut dans sa maison du Cloux; on dit que François I*r*, en apprenant cette perte, versa quelques larmes sincères. Les tableaux et les gravures qui représentent le roi de France, recueillant le dernier soupir de Léonard reproduisent une fantaisie, car François I*er* était alors à Saint-Germain-en-Laye. De Vinci fut un savant universel, il poussa très loin la peinture, la sculpture, l'astronomie, la mécanique et l'architecture; mais, quoiqu'il ait excellé dans ces diverses sciences, il y fut dépassé par Galilée, Raphaël et Michel-Ange, chacun dans sa spécialité.

Revenons à la fresque de Léonard. La Cène a été vulgarisée par la gravure, qui n'en reproduit exactement ni l'état actuel, ni même l'expression; ma description la représenterait bien moins encore, je me bornerai donc à la narration simple de mes sentiments. Il ne peut y avoir de surprise au point de vue du sujet et le coloris ne frappe pas les yeux, tellement il est affaibli. Mais l'œuvre est grande, le mérite considérable. En fixant les personnages pendant quelques instants, on croit voir la vie qui circule au milieu de ces personnages et l'on assiste à l'acte grandiose et sublime, dont les phases semblent se dérouler sous nos yeux.

La Cène est l'institution du sacrement de l'Eucharistie. Léonard a choisi le moment où le Christ prononça ces paroles avec mélancolie, mais sans toutefois regarder aucun de ses disciples : « En vérité, je vous le dis, l'un de vous me trahira. »

Un mouvement d'indignation se peint sur tous les visages et, comme le côté de la table, qui est vers le spectateur, est resté vide, on voit bien tous les personnages.

D'après la tradition, la figure du Christ aurait été retouchée, j'ignore si cette assertion est vraie, mais je sais que cette physionomie est d'un effet saisissant. Il est si rare de rencontrer un tableau, dans lequel la physionomie du Sauveur soit bien rendue, que nous devons admirer longuement celle-là. On dirait un pastel, sur lequel une main ignorante aurait passé, en l'effaçant à moitié. Cette teinte indécise n'exprime que mieux l'existence à peine matérielle d'un personnage incomparable et son humanité divine.

La figure du Christ réclamait une grande noblesse, pour démontrer et faire sentir que ce n'était pas une vile crainte de la mort qui l'affligeait. Le Sauveur domine la passion et la vie, sa figure est celle d'un homme, mais sa nature est celle d'un Dieu.

On sent bien que tous ceux qui entourent le Christ, ne sont que ses disciples, l'œil revient toujours se fixer sur leur divin maître.

La noble douleur qui l'accable serre le cœur; en effet, quel acte est plus noir que la trahison dans l'amitié. On se sent mal à l'aise, on a besoin d'air; aussi, Léonard de Vinci qui y pensait, a-t-il laissé ouvertes les deux fenêtres et la porte du fond, qui donnent sur la campagne. Girarldi nous raconte que Léonard avait terminé le Christ et les onze apôtres, mais n'avait fait que le corps de Judas, sans tête.

Le prieur du couvent voulant faire débarrasser son réfectoire de l'attirail de peinture, alla se plaindre au duc Ludovic. Ce dernier fit venir Léonard et lui demanda pourquoi il ne terminait pas son ouvrage. Vinci répondit qu'il ne lui restait plus à faire que la tête de Judas, à laquelle il voulait imprimer un caractère de grande scélératesse. Il ajouta que depuis un an, il allait matin et soir se promener dans les bas quartiers de la ville, sans avoir encore découvert la physionomie convenable; qu'une fois trouvée, il lui suffirait d'une journée, pour achever sa fresque; il termina en disant que si le prieur se plaignait encore, il se vengerait de lui, en peignant sa figure sur le corps de Judas.

Peu de temps après, de Vinci mit la main sur l'individu, si longtemps cherché. Nous retrouvons aujourd'hui son portrait sous les traits de Judas.

Cette fresque a beaucoup souffert des intempéries. Deux barbouilleurs, nommés Bellotti et Mazza, la gâtèrent encore, en croyant la restaurer.

En 1796, le général Bonaparte, passant à Milan, vit cette fresque et, suivant son habitude, devinant ce qu'il ne savait pas, pressentit un chef d'œuvre.

Aussitôt il exempta le réfectoire du couvent de tout logement militaire et en signa l'ordre sur son genou, avant de remonter à cheval.

Quelques mois plus tard, un autre général, mais moins intelligent, transforma le réfectoire en écurie et fut assez butor, pour rire, en voyant ses dragons jeter des pierres à la tête des apôtres.

Enfin en 1800, une inondation amena un pied d'eau dans le réfectoire.

En 1807 seulement, la main autoritaire du vice roi d'Italie, guidée par son esprit éclairé, fit restaurer la salle.

Je cite seulement pour mémoire le palais Brera; qui est tout à la fois un musée, une bibliothèque et une académie.

Remarquons seulement dans sa galerie de tableaux : une *tête de Christ*, aux trois crayons, de Léonard de Vinci, qui passe pour être l'étude de la tête du Christ de la Cène.

Le mariage de la Vierge, ouvrage de Raphaël, âgé de dix-huit ans; c'est le premier tableau complet du grand maître, quoiqu'on y sente encore la manière du Pérugin.

Abraham chassant Agar et Ismael, chef d'œuvre du Guerchin.

L'esclave part avec son fils dans le désert, où elle est vouée à une mort certaine. Il faut remarquer les yeux rouges d'Agar, qui regardent encore Abraham avec une lueur d'espérance. Le côté plaisant du tableau se trouve chez Abraham, qui chassant sa concubine, lui donne sa bénédiction par dessus le marché.

Pour en finir avec Milan, je n'ajouterai qu'un mot sur le théâtre célèbre de *la Scala*. Ce théâtre est mieux en rapport avec les goûts du siècle que l'amphithéâtre commencé par Napoléon, aux portes de la ville, et non encore achevé.

C'est un chef-d'œuvre d'acoustique, sa voûte sonore vous renvoie les plus faibles notes de l'orchestre et les moindres inflexions de la voix du chanteur. Cinq rangées de loges y sont superposées.

Toute famille milanaise, qui se respecte, doit avoir sa loge à la Scala, qu'elle meuble à sa convenance avec luxe et recherche.

Dans ces loges, on se rend des visites, on s'entretient des petits potins qui constituent l'actualité. La musique y sert de prétexte, les rendez-vous en sont le but.

CHAPITRE XIV

LE RETOUR

Le lac Majeur. — Bellagio. — Napoléon et le brigandage. —
Les progrès de l'Italie. — Conclusion.

Avant de revenir à Paris, je voulus jeter un coup d'œil à ce merveilleux paysage, servant de cadre au lac Majeur.

En arrivant à cette belle nappe d'eau, une légère brise m'apporte une fraicheur qui vient tempérer la chaleur excessive de l'atmosphère.

Je monte sur le bateau à vapeur qui fait le tour du lac et la journée se passe agréable et sans fatigue. Les rives sont semées de villages, dont les pieds traînent dans l'eau. Le versant des montagnes est bien cultivé : des oliviers et des mûriers festonnent de leur feuillage les maisons de campagne, qui abaissent leurs terrasses jusqu'au bord du lac.

Tout cela égaie la vue et ces beautés de la nature procurent un plaisir plus intense, après des mois passés dans les musées et devant les monuments de l'antiquité.

En s'enfonçant vers le nord, le paysage devient plus sévère; les montagnes sont dénudées, les traces de vie disparaissent. On entre dans un monde primitif antérieur à l'homme.

Quand on a franchi le cap de Bellagio, le spectacle est moins grandiose, mais plus joli, plus vert et plus fertile. Chaque champ porte à la fois une triple récolte de blé, de vin et de soie.

Que ce pays semble bien choisi pour un voyage de lune de miel !

Aussi, on rencontre beaucoup de jeunes couples anglais et autrichiens venus pour y passer les premiers jours de leur mariage.

A Bellagio, je descendis pour déjeuner et admirer les délicieux points de vue, que la nature, plus coquette en ces lieux que partout ailleurs, a ménagés au touriste, à chaque lacet de chemin. Je m'engage dans le pittoresque fouillis de murailles, de pignons et de terrasses qui composent Bellagio.

Une seule rue de ce bourg est accessible, celle qui borde le lac de ses arcades. Quelques boutiques s'y ouvrent bien modestes. On y incruste l'olivier en mosaïque avec d'extérité.

Le surplus des masures, accroché aux bords du lac, dessine de sombres ruelles escarpées, dont les degrés, faits de petits cailloux, se polissent sous les pieds nus des jeunes filles et des enfants qui les montent et les descendent sans cesse.

Le lendemain, je repris le chemin de fer, qui me ramenait à Paris.

Maintenant, de retour dans cette admirable capitale du monde civilisé, je crois utile de jeter un regard derrière moi, afin de terminer ce travail fait sans aucune prétention littéraire, par quelques très courtes observations.

Ne remontons pas plus haut que le commencement du siècle.

Peu de gens en France soupçonnent ce que Napoléon fit pour l'Italie. Il éleva ce pays à une hauteur qu'il n'avait jamais connue depuis les anciens, jeta du grandiose dans sa civilisation, mit le travail en honneur, renversa toutes vieilleries, enfin y établit le système autoritaire, qui assura des années de prospérité à l'Italie.

Quand Napoléon arriva dans ce pays il le trouva tellement infesté par le brigandage, que toute communication entre deux localités voisines était si non impossible, du moins fort dangereuse.

J'ai dit dans le courant de ce livre qu'il avait suffit d'un seul décret à Bonaparte, pour rendre la sécurité aux routes; mais, quand après Waterloo, on sut que le prestige de Napoléon était détruit pour toujours, les crimes devinrent d'une fréquence inouïe.

— Stendhal nons en donne quelques preuves.

Il écrit qu'en 1816, alors que les Français n'étaient plus les maîtres en Italie, il se rendit à Lucques, où il vit un énorme rassemblement, il s'informa. On lui répondit qu'un homme venait d'être frappé en plein jour de trois coups de couteau. « Ils sont enfin partis ces gendarmes français ? il y a trois ans que je t'avais condammné à mort. » Dit l'assassin à la victime, en s'éloignant, le poignard sanglant à la main.

Quelques jours après, Stendhal se trouvait à Gênes. « C'est singulier, lui dit le chef du gouvernement, 32 gendarmes français maintenaient la tranquillilé; nous en avons aujourd'hui 150 du pays et les assassinats recommencent de tous côtés.

Stendhal dit qu'étant un soir à l'Opéra, à Milan, il entendit chacun au parterre déclarer qu'il ne portait jamais d'argent sur soi. Il vit le public prendre ses mesures, pour se retirer après le spectacle. Les jeunes gens étaient armés d'un fort bâton. Tout le monde marchait au milieu des rues et tournait les coins avec d'infinies précautions.

Quand quelqu'un était attaqué, il se gardait de crier : *Au voleur ou à l'assassin!* car personne ne serait venu à son secours, il criait : « *Au feu!* »

Cet état de chose déplorable dura longtemps. Quand les Français occupèrent Rome, les États pontificaux se ressentirent aussitôt de l'heureuse influence française; néanmoins, le royaume de Naples et les Calabres étaient encore impraticables pour le voyageur, qui s'éloignait des grands centres.

Aujourd'hui, que des lignes de chemin de fer sillonnent la péninsule en tous sens, la sécurité des routes est presque complète.

Les étrangers, accourus de toutes les extrémités du monde, ont semé, dans ce pays, avec l'or qu'ils y dépensent, les idées de progrès et de confort trop longtemps ignorées.

L'Italie voit chaque jour son crédit s'affermir, sa prospérité grandir, son industrie nationale se développer. Et quand l'instruction aura pénétré dans les basses classes de la société, le peuple secouera enfin sa nonchalance séculaire. Il aimera la propreté et le bien-être, il occupera ses loisirs d'une façon noble et intelligente; beaucoup de gens pauvres arriveront à la fortune par le travail et leurs aptitudes personnelles comme la chose a lieu souvent dans les pays civilisés.

Maintenant, si nous envisageons l'Italie au point de vue artistique et historique, nous dirons que ce pays conservera toutes nos affections et nos souvenirs. En effet, les richesses inépuisables qu'il renferme nous attirent, nous captivent et nous retiennent.

Enfin ma conclusion sera : cher lecteur, étudiez

l'Italie, puis entreprenez ce voyage splendide, qui laisse de si doux souvenirs. Vous ne regretterez jamais votre peine. Vous en retirerez une augmentation de culture intellectuelle et d'agréables sujets de longues et douces causeries.

FIN

TABLE DES MATIÈRES

CHAPITRE I. — Le chemin de l'Italie.

Pages.

Un mot au lecteur. — Le *sleeping car*. — Marseille. — Le mistral. — Notre-Dame de la Garde. — Nice. — Monaco. — Monte-Carlo. — La roulette............... 1

CHAPITRE II. — Gênes et Pise.

Les tunnels. — 40 minutes écoulées en une seconde. — Les Anglais. — Le papier-monnaie. — Les ruelles de Gênes. — Anecdoctes. — Le port de Gênes. — L'Acqua-Sola. — Les églises. — Carloue. — Les palais. — Le Campo-Santo. — La gare. — Encore les tunnels. — Pise. — La cathédrale. — Le baptistère. — La tour penchée. — Le Campo-Santo. — Églises fermées............... 10

CHAPITRE III. — Rome.

Quartier des étrangers. — Vue de Rome. — Impressions. — Considérations générales. — Division. — Pincio. — Place du peuple. — Villa Médicis. — La Trinité du Mont. — Fontaine de Trevi. — Colonne Antonine. — Palais. — Le Gesu. — Villa Borghèse. — Canova...... 28

CHAPITRE IV. — Rome (suite).

Collines du Quirinal, du Viminal et de l'Esquilin. — Place et palais Barberini. — Église et cimetière des Capucins. — Villa Ludovisi. — Villa Albani. — Le Quirinal. — Thermes de Dioclétien. — Sainte-Marie-des-Anges. — Sainte-Marie-Majeure. — Saint-Laurent-hors-les-murs. — Saint-Pierre-aux-liens. — Le Tibre......... 53

CHAPITRE V. — Rome (suite).

Quartiers près du Tibre sur la rive gauche. — Le palais Borghèse. — Le Panthéon. — Fontaines. — La place Navone. — Biographie du comte Rossi. — Le palais Farnèse. — Le Ghetto. — Le théâtre de Marcellus 69

CHAPITRE VI. — Rome (suite).

Situation. — Capitole. — Forum. — Arc de Septime Sévère. — Ara Cœli. — Prison mamertine. — Les ruines. — Temple de Vénus et Rome. — Sainte-Françoise-Romaine. — Arc de Titus. — Arc de Constantin. — Le Colisée. — Forum de Trajan. — Colone Trajane. — Palais des Césars. — Thermes de Caracalla. — Saint-Jean-de-Latran. — Obélisque. — Baptistère de Constantin. — Scala Santa............................... 85

CHAPITRE VII. — Rome (suite).

Le pont Saint-Ange. — Le château Saint-Ange. — Biographie de Michel-Ange. — Biographie de Raphaël. —

Un mot du père Lacordaire. — Obélisque du Vatican. — Saint-Pierre. — Le Vatican. — Chambres de Raphaël. — La bibliothèque. — Les jardins. — Le Transtévéré et ses habitants. — L'acqua Paola. — Bouche de la Vérité. — Saint-Onufre.. 122

CHAPITRE VIII Rome (fin).

Les Catacombes et M. Rossi. — Campagne de Rome. — Les marais pontins. — Le brigandage. — Frascati et Tivoli. — Villa d'Adrien. — Caractère romain. — Les mendiants. — La noblesse romaine. — Les majorats. — Les enterrements. — La loterie. — Le népotisme. — Audience papale. — Léon XIII. — L'unité italienne et la France. — La loi des garanties. — Le roi Humbert.. 181

CHAPITRE IX. — Naples.

Le mont Cassin. — Aspect de Naples, les ruelles. — Le tombeau de Virgile. — La grotte du Pausilippe. — Caligula et Xerxès. — Les Lazzaroni. — La Chiaja. — Les équipages. — Joachim Murat. — Les églises. — Asile des sourds et muets et le comte de Chambord. — Le musée. — Les théâtres. — Les brigands. — Les véhicules. — Baïa. — Capri. — Tibère. — La grotte d'azur. 221

CHAPITRE X. — Le vésuve et pompéi.

Le chemin du Vésuve. — Joachim Murat. — Chemin de fer funiculaire. — Le cratère. — Pline l'Ancien. — Les éruptions. — Pompéi. — La catastrophe. — Les fouilles. — Aspect des ruines. — Les affiches. — L'administration antique. — Le comte de Chambord. — Maison du centenaire. — Maison de Diomède..................... 248

CHAPITRE XI. — FLORENCE.

La campagne. — Les palais. — Les Médicis. — Le palais vieux. — La galerie des offices. — Le palais Pitti. — Le Dôme. — Savonarola. — Les églises. — Les marchands d'antiquités. — Les oraisons funèbres............ 275

CHAPITRE XII. — VENISE.

Aspect de Venise. — La gondole. — La place Saint-Marc. — Les chevaux de Lysippe. — La basilique de Saint-Marc. — Les Ciceroni. — Le grand canal et les palais. — Le Ghetto. — La loterie. — Le doge et son mariage avec l'Adriatique. — Le Bucentaure. — Biographies de Titien et de Tintoret. — Le palais des doges. — L'Académie des Beaux-Arts. — Les îles. — Les églises. — Les théâtres.. 297

CHAPITRE XIII. — MILAN.

Paysage. — François Ier à Marignan et à Pavie. — Le Dôme et Saint-Charles-Borromée. — La galerie Victor-Emmanuel. — Léonard de Vinci. — La Cène. — Le palais Brera. — La Scala..................................... 325

CHAPITRE XIV. — LE RETOUR.

Le lac Majeur. — Bellagio. — Napoléon et le brigandage. — Le progrès de l'Italie. — Conclusion............... 338

FIN DE LA TABLE DES MATIÈRES.

PARIS. — IMPRIMERIE ÉMILE MARTINET, RUE MIGNON, 2.

PARIS. — IMPRIMERIE EMILE MARTINET, RUE MIGNON, 2

www.ingramcontent.com/pod-product-compliance
Lightning Source LLC
Chambersburg PA
CBHW050807170426
43202CB00013B/2592